República em notas

República em notas

Vanessa Campagnac
Gabriela Lotta
orgs.

Cobogó República.org

Sumário

ORÇAMENTO PÚBLICO E COMPRAS PÚBLICAS

GESTÃO DE PESSOAS E VALORIZAÇÃO DE SERVIDORES

Apresentação institucional

VANESSA CAMPAGNAC

A República.org é uma organização da sociedade civil dedicada à transformação da cultura de gestão de pessoas no serviço público do Brasil. Isso é feito por meio de uma filantropia apartidária, não corporativa e antirracista: o instituto desenvolve projetos e financia iniciativas criadas por parceiros, instituições e pessoas que compartilham a vontade de transformar o Brasil num país com mais equidade e crescimento por meio de um serviço público mais presente, competente e respeitado — cada vez mais efetivo e atrativo.

Para realizar essa transformação, a República.org entende que é preciso reconhecer e valorizar a essência dos bons governos — as pessoas. Dessa forma, nosso trabalho é centrado no desenvolvimento de profissionais do setor público brasileiro. Em sete anos de existência, a organização já apoiou mais de duzentos projetos relacionados à gestão de pessoas no setor público.

Sendo um dos pilares da organização a construção e a disseminação de conhecimentos acerca do serviço público brasileiro, este livro é fruto de uma seleção de artigos publicados originalmente na coluna online semanal *República em notas*, criada em 2022 pela República.org. Com o objetivo de disseminar análises que nos ajudem a compreender a complexidade e a variedade do que se passa na esfera governamental, convidamos ao longo do tempo diversos autores que trabalham com diferentes temáticas no setor público e sobre ele, dando visibilidade a esse lugar de fala. Assim, temos tentado compor um mosaico de temas fundamentais para o entendimento do funcionamento do Estado brasileiro, principalmente no que se refere à gestão de pessoas.

A edição do *República em notas* tem nos aproximado de uma rede de autores especialistas em diversos temas, os quais têm nos brindado com excelentes análises e pontos de vista ao longo do primeiro ano da coluna. Aqui, nesta compilação, celebramos uma reunião de reflexões em textos selecionados, o que contribui para a multiplicidade de olhares diante de temas tão complexos.

Com essa iniciativa, agora materializada em livro, esperamos poder colaborar com a qualificação e a diversificação do debate brasileiro sobre serviço público e sobre a gestão de pessoas nesse setor, contribuindo para a melhoria contínua do serviço público, servindo a quem serve o Brasil.

Boa leitura!

Sobre o República em notas

GABRIELA LOTTA
VANESSA CAMPAGNAC

Este livro busca fazer um apanhado de alguns dos principais temas relacionados ao poder público brasileiro, discutindo questões relativas ao Estado, à gestão pública, às políticas públicas e à burocracia estatal.

Para tanto, o livro foi organizado em cinco blocos a partir de uma lógica temática. Cada bloco apresenta artigos de diferentes autores e com distintas abordagens, buscando dar um panorama sobre o tema no campo de estudos e de experiências práticas no Brasil.

O primeiro tema tratado no livro é "burocracia", nas suas várias concepções, que perpassam tanto o conjunto de atores que dão vida ao Estado como os modelos de gestão e a estrutura governamental. No conjunto, esses textos ajudam a compreender a importância da burocracia para o funcionamento do Estado, mas também quais são os desafios a serem enfrentados para o aprimoramento da gestão pública e das políticas públicas.

O bloco é introduzido por Gabriela Lotta, doutora em Ciência Política, professora de Administração Pública e vice-presidente do Conselho da Republica.org. Em um texto inédito, a autora estabelece uma discussão sobre a importância de se estudar a burocracia para avançar na construção de um Estado melhor.

Além deste, Lotta é autora ou coautora de outros seis textos publicados originalmente em versão online, trazendo uma discussão sobre aspectos fundamentais do funcionamento da chamada "burocracia de nível de rua", focando nas pessoas que de fato prestam serviços públicos no contato direto com os cidadãos. Com as coautoras Juliana Rocha Miranda, mestre em Administração Pública e Governo pela Fundação Getulio Vargas (FGV), e Marina Meira, mestre e doutoranda em Educação pela Pontifícia Universidade Católica do Rio de Janeiro (PUC-Rio), é suscitado um debate sobre como servidores de duas áreas setoriais fundamentais para o país — saúde e educação — lidam com uma multiplicidade de decisões no cotidiano, incluindo processos de classificação e julgamento, e como suas ações têm potencial impacto na (re)produção de desigualdades.

Ainda nesse bloco, Regina Luna Santos de Souza, Especialista em Políticas Públicas e Gestão Governamental (EPPGG), estuda a burocracia estatal, partindo da caracterização sobre o que são cargos públicos, para introduzir o importante assunto sobre cargos de livre provimento. Apresentando os principais conceitos e características, tanto de cargos efetivos como os de confiança presentes em organizações públicas, a autora diferencia cargos em comissão das funções de confiança, contribuindo para a compreensão do tamanho da discricionariedade de governantes na composição de seus quadros na cadeia de comando das organizações públicas. Traz, ainda, a discussão sobre o estado de profissionalização da gestão pública no Executivo federal, abordando também os critérios formais de ocupação dos cargos e funções — impulsionados pelo Decreto nº 9.727, de 2019.

Esse bloco conta, ainda, com dois textos de José Celso Cardoso Jr., técnico de Planejamento e Pesquisa do Instituto de Pesquisa

Econômica Aplicada (Ipea), que nos ajudam na compreensão da burocracia estatal. O primeiro, com coautoria de Felix Lopez, também técnico de Planejamento e Pesquisa do Ipea, apresenta primariamente o erro comum em se generalizar afirmações sobre o funcionalismo público brasileiro, já que aquilo que o caracteriza no país são as suas heterogeneidades e desigualdades intrínsecas. O segundo, sobre corporativismo, traz a reflexão de que, embora o termo seja, em geral, definido como um "sistema de representação, tramitação e implementação de interesses coletivos específicos junto ao poder público instituído" (p. 141), tal sistema traz em seu bojo assimetrias de poder e de recursos — tanto econômicos como simbólicos — que podem distorcer a legalidade e a legitimidade dos potenciais resultados objetivos a serem obtidos por diversos grupos sociais organizados (públicos e privados) que se relacionam corporativamente com o Estado.

O segundo bloco está relacionado a uma discussão mais ampla sobre a democracia brasileira, analisando suas características e seus desafios. Em textos desenvolvidos por José Celso Cardoso Jr., o bloco conta com uma introdução inédita do autor e outros quatro textos publicados anteriormente em versão online, que buscam refletir sobre o Estado brasileiro a partir da perspectiva da democracia. Para tanto, o autor discute quatro dimensões fundantes da construção do Estado que ajudam a compreender as características da democracia brasileira, cada uma em um texto: o autoritarismo, o burocratismo, o fiscalismo o austericídio e, por último, o privatismo. No primeiro, o autor aponta a dominância autoritária que persiste no Estado brasileiro desde a instauração do regime republicano, trazendo também o desempenho dos últimos governos em questões como transparência de processos decisórios, democracia participativa e proteção social.

O segundo texto analisa o burocratismo e seus efeitos na gestão das políticas sociais. O terceiro texto analisa os impactos sociais da austeridade econômica no Brasil: "evidências e estatísticas disponíveis mostram que países que seguem o receituário da austeridade crescem menos e/ou superam mais tardiamente situações de crise econômica" (p. 172). No último texto desse bloco, o especialista aponta como a "terceirização geral da administração pública" pode provocar retrocessos no desempenho econômico do país e no combate às desigualdades. No conjunto, esses textos ajudam a dar uma perspectiva histórica e estrutural sobre o funcionamento da democracia brasileira a partir de uma análise das características fundantes do nosso Estado.

O terceiro bloco é dedicado a um tema fundamental para a administração pública brasileira e que tem ganhado cada vez mais notoriedade nos últimos anos: a diversidade no setor público. No conjunto, os textos desse bloco apresentam ricas discussões sobre os desafios enfrentados pelo Estado brasileiro no sentido de incluir e representar, no bojo de sua burocracia, a heterogeneidade da população, principalmente no que se refere às questões de raça e de gênero. O bloco se inicia com um texto inédito de Maria Aparecida Chagas Ferreira, Especialista em Políticas Públicas e Gestão Governamental e doutora em Sociologia, que analisa a temática da diversidade racial no serviço público. A autora aborda o tema sob diferentes enfoques nos seis textos subsequentes, incluindo a diversidade pela ótica dos concursos públicos, o vencimento do prazo de dez anos de vigência da Lei de Cotas, em 2024, os desafios encontrados pelas comissões de heteroidentificação e também reflexões sobre a incorporação da variável perfil racial para o dimensionamento e planejamento da força de trabalho. A autora também leva tal discussão para o âmbito específico da Gestão de Pessoas no Serviço Público (GPSP), nos convidando a refletir sobre os desafios da gestão de pessoas relativos à inclusão de pessoas negras e também a características da composição racial dos cargos de liderança, altamente desigual em termos de diversidade racial.

O bloco ainda tem outros seis textos de diferentes autoras que analisam a questão das diversidades sob enfoques distintos. Iara Alves, Especialista em Políticas Públicas e Gestão Governamental, avança na discussão sobre diversidade de gênero no serviço público, apresentando os potenciais benefícios das políticas de inclusão para a administração pública. "A gestão pública precisa alterar seus padrões brancos naturalizados de decisão e de comunicação governamental, de forma a possibilitar reverter o racismo estrutural e os estigmas sexistas internalizados nas instituições", defende. Mais especificamente, sobre a (falta de) diversidade de gênero na diplomacia brasileira, o texto de Vanessa Dolce de Faria, Alta Representante para Temas de Gênero do Itamaraty, e Audo Faleiro, assessor do Departamento de Promoção de Serviços e de Indústria do Itamaraty, confirma, com base em números: mulheres são minoria em cargos de liderança. Trazendo o resgate histórico de que até 1954 somente candidatos do sexo masculino poderiam se inscrever em concursos para o Itamaraty, os autores apontam que a representação feminina na carreira diplomática é repleta de altos e baixos, o que leva a um cenário atual, no qual mulheres historicamente progridem em cargos de liderança em menor proporção que os homens na carreira diplomática.

Ana Flávia Barros, professora associada da Universidade de Brasília (UnB) no Instituto de Relações Internacionais, reflete sobre a sub-representação das mulheres na ciência no Brasil e no mundo. "Um dos principais indicadores é a nomeação para prêmios, como no caso do prêmio Nobel" (p. 247), aponta. No artigo, a autora aborda a importância do acesso à educação e da formulação de políticas públicas, os papéis designados às mulheres pela sociedade, os recentes cortes no financiamento de pesquisas no país, entre outros fatores essenciais para uma reflexão sobre equidade no campo científico.

E ainda, sobre a interseccionalidade entre raça e gênero, Maria Aparecida Chagas Ferreira e Iara Alves voltam a nos oferecer reflexões sobre tais representações no serviço público brasileiro. A primeira aponta em seu texto que "estudos realizados com mulheres negras em posição de gestão evidenciam tendências nefastas para a nossa autoestima, saúde mental e emocional. Quando estamos em cargos de direção, sofremos constrangimentos nas relações de trabalho, somos discriminadas e enfrentamos um jogo político que não tem equidade racial e de gênero" (pp. 256-7). Já Alves, em sua pesquisa autoral com 310 agentes do setor público, nos traz informações sobre desigualdades de gênero e raça no serviço, como o fato de que, embora correspondam a 49% da força de trabalho do Executivo federal, 85% das servidoras relatam não ter acesso a berçário ou creche no ambiente profissional. A situação é ainda mais grave quando olhamos especificamente para mulheres negras.

Finalizando esse bloco, Rafaela Seixas Fontes, segunda secretária da carreira diplomática e mestranda em direito na Universidade de Brasília (UnB), em coautoria com Audo Faleiro, retomam as questões sobre raça e cor na diplomacia brasileira e como elas se relacionam com as questões de gênero. Apesar dos avanços desde a Constituição de 1988, a partir de quando a diplomacia brasileira vem sendo pressionada a ampliar a diversidade no corpo funcional do Ministério das Relações Exteriores, a composição racial do quadro de servidores do Itamaraty apresenta poucas mudanças, trazendo à tona a total desvantagem de mulheres negras nesse cenário.

O quarto bloco é voltado a um tema em geral menos debatido publicamente, mas essencial para o funcionamento do Estado: as compras públicas e o orçamento. Esse bloco se inicia com um texto inédito de Virgínia Bracarense, Especialista em Políticas Públicas e Gestão Governamental do governo federal, Andréa Heloisa da Silva Soares, especialista em Direito Público pela Universidade Presidente Antônio Carlos (Unipac), e Isabela Gomes Gebrim, pós-graduada em Gestão Pública pela União Pioneira de Integração Social (UPIS). As autoras introduzem o leitor na temática de compras públicas e orçamento, ajudando a desmistificar esse tema tão árido para o público. Em seguida, a partir de narrativas autorais e com toques de ficção, as autoras apresentam seis textos nos quais exploram os fundamentos das compras públicas e convidam os leitores a acompanhar o dia a dia dos principais agentes envolvidos no tema (que movimenta anualmente 12,5% do PIB nacional, segundo levantamento do Ipea): as pessoas. Trazem também as principais etapas vivenciadas pelos agentes públicos atuantes nessa área com relação à seleção de fornecedores e gestão e fiscalização de contratos, sempre defendendo a importância da gestão de pessoas para o êxito das aquisições públicas. Outros assuntos correlatos, como a Nova Lei de Licitações, a gestão por competências, a seleção de agentes públicos desse campo e a designação de suas funções, também ganham destaque na análise das especialistas.

Para finalizar esse bloco, apresentamos quatro textos de Cilair Abreu, doutor em Administração Pública e analista de Planejamento e Orçamento do Ministério do Planejamento e Orçamento. Trazendo o complexo tema de orçamento público em linguagem simples e direta, o autor lhe dá protagonismo, já que "o orçamento público tem um grande potencial para gerar informações sobre o Estado em diversas perspectivas e diversos formatos" (p. 314). Os textos trazem reflexões desde por que é importante acompanhar a tramitação da Lei de Diretrizes Orçamentárias (LDO), apresentando um panorama sobre a Lei Orçamentária Anual (LOA), até as classificações do Orçamento Geral da União (OGU), que inclui a soma de valores arrecadados e gastos pelos três Poderes, englobando, também, quanto se gasta com os servidores. Ainda, o autor aponta os temas urgentes para o desenvolvimento dos profissionais da área de orçamento e defende uma política de formação continuada.

O quinto e último bloco de textos trata especificamente da gestão e da valorização de profissionais públicos, tema central da atuação da República.org e que perpassa todos os blocos anteriores de diferentes formas. Com introdução inédita de Alex Cavalcante Alves, da carreira de analista administrativo da Agência Nacional de Energia Elétrica (ANEEL), essa seção traz reflexões acerca dos limites e possibilidades do campo de GPSP no Brasil. O Instituto Igarapé assina dois artigos desse bloco: no primeiro, traça um panorama das origens do serviço público pelo mundo e mostra como a fragilização dos chamados sistemas de mérito, ao longo da história, tornou a administração pública brasileira mais suscetível a ingerências políticas e a episódios de erosão democrática. No segundo, apresenta um conjunto de recomendações para fortalecer as políticas de gestão de pessoas na administração pública brasileira.

Já Dolores Teixeira de Brito, doutora em Desenvolvimento Internacional por Sussex, e os coautores Bárbara Cardozo, graduada em Administração, Renan Magalhães, mestre em Políticas Públicas, Victoria Lacasa, mestre em Administração, e Isabela Tramansoli, mestre em Planejamento Urbano e Regional, apresentam resultados de uma pesquisa que trata de um tema ainda pouco explorado no Brasil: a valorização do servidor público. A partir de entrevistas com um grupo especializado em gestão de pessoas do funcionalismo público — formado por pesquisadores, consultores e servidores, foi possível diagnosticar políticas de investimento em capital humano e os desafios do campo. Os quatro textos aqui elencados ainda tratam de motivação e do sentido do trabalho de agentes públicos, vistos da perspectiva tanto de servidores como de especialistas da administração pública.

E, por fim, Alex Alves também assina o último texto desta compilação, no qual defende que, para desenvolver uma gestão de pessoas públicas que inspire e preserve o comprometimento dos servidores com o espírito público e a democracia, alguns ingredientes são fundamentais. Entre eles, está a dose de coragem para enfrentar os desafios da área e implementar medidas inovadoras de gerenciamento de equipes e atendimento aos cidadãos.

Esses cinco blocos, compostos por 42 textos, não esgotam as discussões sobre o Estado e a administração pública brasileira, mas trazem uma boa visão para o leitor de quais são as principais temáticas para compreender esse cenário e quais são os principais desafios a serem enfrentados no futuro para a melhoria do Estado e da democracia brasileiros.

No conjunto, os textos que compõem este livro possuem várias funções. Primeiro, contribuir com o debate acadêmico com materiais que podem ser usados em sala de aula. Segundo, trazer ao público leigo conceitos e elementos fundamentais para a compreensão do Estado e das políticas públicas, o que permite melhorar e aprofundar o debate na sociedade. E, terceiro, pautar o debate público com diagnósticos bem fundamentados e propostas concretas que ajudam a construir uma agenda de melhorias do Estado brasileiro.

BUROCRACIA

Apresentação

GABRIELA LOTTA

Embora extremamente importante, o termo burocracia tem sido muito mal compreendido no debate público. Em geral, o conceito assume um tom pejorativo e de crítica, ao se associarem os problemas da gestão e das políticas públicas ao suposto "excesso de burocracia". É nesse sentido que as propostas de reformas ou de solução para a gestão parecem também tentar enfrentar o mal burocrático, assumindo discursos como "desburocratização" ou "diminuição da burocracia", como se essas soluções fossem melhorar o funcionamento do Estado. Esses conceitos, no entanto, simplificam profundamente o verdadeiro debate, os conceitos e a importância da burocracia. Burocracia, na sua concepção conceitual, tem diferentes significados. Ela pode denotar uma forma de poder, como já conceituava Max Weber, no qual a legitimidade se dá numa relação racional entre meios e fins. Ela também pode significar estrutura organizativa, na qual organizações se estruturam a partir de uma divisão de tarefas, especialização, hierarquia, eficiência e racionalidade. Burocracia também significa o conjunto de procedimentos da administração pública, organizados a partir de uma racionalidade baseada em fundamentos eficientes e legais. E, por fim, burocracia pode denotar o conjunto de atores que dão corpo e vida à administração pública — os chamados burocratas —, que são servidores públicos que concretizam o cotidiano do Estado. E todos esses conceitos são fundamentais para compreender o que é e como funciona a administração pública, a democracia e o Estado modernos. Isso porque não há Estado democrático e de direito sem procedimentos racionais e legais, sem uma estrutura hierárquica, sem uma forma de poder racional e sem um corpo funcional que exerça as funções cotidianas do Estado. Mas e o conceito pejorativo, que tanto se usa no dia a dia para criticar o Estado? Ele diz respeito às disfunções burocráticas, ou seja, às situações em que a burocracia não funciona bem, seja pelo excesso (de procedimentos, de pessoas, de leis), seja pelas exceções (a falta de leis, de procedimentos e de pessoas, por exemplo).

O conjunto de textos deste bloco discute a importância da burocracia nos vários conceitos que ela significa, mas focando especialmente na ideia de burocracia enquanto corpo funcional que dá vida ao Estado.

Alguns textos tratam de burocracia enquanto conjunto de pessoas (com olhar atento para aqueles que estão na linha de frente dos serviços públicos), mostrando como as políticas públicas precisam de uma burocracia capaz, eficiente, bem formada, sensível e preocupada com inclusão para garantir acesso a direitos. Outros textos tratam da burocracia enquanto organização dos cargos e das estruturas, mostrando a importância de se pensar quem ocupa os cargos da administração pública e como se dão os processos decisórios dentro do Estado.

Por fim, outro debate trazido pelos textos também dialoga com a ideia de burocracia enquanto corpo funcional e, nesse caso, aborda as desigualdades internas ao serviço público mostrando como o Estado brasileiro é um reflexo da sociedade, carregando diversas desigualdades de gênero e raça. Mais que isso, mostra como a burocracia é heterogênea, e políticas de melhoria da administração pública (e de reformas) devem passar pelo diagnóstico dessa heterogeneidade e das desigualdades.

No conjunto, os textos deste bloco trazem um retrato bastante realista e importante sobre a burocracia brasileira, desmistificando ideias como a do Estado inchado, de uma burocracia que não trabalha ou da baixa relevância desses funcionários para o funcionamento do Estado democrático de direito. Esperamos que, no conjunto, estes artigos ajudem a melhorar o debate público, demonstrando com conceitos e evidências a realidade da administração pública brasileira e a agenda essencial de melhorias para garantir um Estado com maior qualidade e inclusão.

Desvendando a linha de frente dos serviços públicos

GABRIELA LOTTA

4 de abril de 2022

Uma das grandes conquistas do processo de redemocratização do Brasil foi assegurar uma série de direitos sociais, como saúde, educação, segurança e assistência, na Constituição Federal de 1988. Em um país tão desigual e com índices alarmantes de pobreza e desassistência, esses direitos são essenciais para garantir o desenvolvimento do país e o bem-estar dos cidadãos. No entanto, colocar direitos na Constituição é só o primeiro passo para promover esse bem-estar. Para ter efeitos, os direitos precisam se materializar em serviços públicos concretos que precisam ser entregues a uma população real, com nome, idade, cor, demandas e necessidades. Direito à educação precisa virar aula dada (e aprendida!). Direito à saúde precisa virar consulta, exame, vacina etc.

Burocratas de nível de rua — BNR

A garantia dos direitos passa, portanto, pela materialização de serviços. E a materialização de serviços, por sua vez, depende das pessoas que irão prestar os serviços no contato direto com os cidadãos — professores, médicos, enfermeiras, policiais, para citar apenas alguns. Na literatura de políticas públicas, denominamos esse conjunto de profissionais que fazem atendimento ao cidadão de burocratas de nível de rua ou profissionais da linha de frente. O conceito de *burocratas de nível de rua* (BNR) ficou mundialmente conhecido no livro de Michael Lipsky de 1980, *Street-Level Bureaucracy*. Nesse livro, traduzido em 2019 para português e disponibilizado gratuitamente pela Escola Nacional de Administração Pública (Enap), o autor analisa o que há em comum entre os vários tipos de profissionais do serviço público que interagem com usuários durante a entrega dos serviços. Esses profissionais são, numericamente, a maioria dos funcionários públicos e chegam a ocupar mais de 70% dos postos em gestões municipais. Ao mesmo tempo, eles, em geral, recebem os piores salários, são os profissionais menos valorizados e escutados e, muitas vezes, recebem menor investimento em formação e desenvolvimento profissional.

Mas, considerando o lugar que ocupam no serviço público e a importância que têm para a garantia de direitos, é essencial conhecermos melhor a atuação deles.. Nesse sentido, Lipsky demonstra como há vários elementos em comum entre o trabalho de policiais, professores, profissionais de saúde, profissionais da assistência, entre outros, embora trabalhem em políticas muito distintas.

Ações concretas e o paradoxo da ação estatal

Em primeiro lugar, esses profissionais são todos responsáveis pelas interações cotidianas do Estado com usuários e realizam, de fato, a entrega de serviços. Por isso, eles têm o poder de determinar o acesso do público a direitos e benefícios governamentais. É por meio deles que a população consegue acessar a administração pública. Ao mesmo tempo, e por serem a interface mais visível do Estado, esses burocratas materializam a imagem que os cidadãos têm sobre o governo, seja de forma positiva, seja de forma negativa.

Em segundo lugar, esses profissionais têm o papel de transformar regras abrangentes, abstratas e contraditórias em ações concretas dentro de contextos com situações imprevisíveis e recursos escassos. Por exemplo, o professor precisa transformar o "direito à educação" em uma aula concreta para um grupo de alunos variados (muitas vezes incontroláveis), em uma situação imprevisível e, em geral, em um contexto de escassez de recursos. Outro exemplo: o policial precisa decidir como agir em uma situação potencialmente arriscada na qual ele não tem todas as informações, não sabe a consequência de seus atos e não tem controle sobre as reações dos cidadãos. Imaginem ainda um agente comunitário de saúde que faz, diariamente, dezenas de visitas em domicílios diversificados nos quais ele não controla os pacientes, não sabe como se comportarão e não consegue prever que situação encontrará — ou seja, esses profissionais desempenham um trabalho altamente criativo, imprevisível e potencialmente incontrolável. E eles fazem tudo isso exercendo o que a literatura denomina de discricionariedade, isto é, a margem de liberdade para tomada de decisão que eles precisam ter para que consigam adaptar as regras à situação real (e imprevisível) que encontram.

Em terceiro lugar, esses profissionais sofrem cotidianamente um grande paradoxo da ação estatal. Eles são pressionados pelas demandas de serviços a aumentar a eficiência e a responsividade (o chefe pressiona para serem mais produtivos, o Estado pressiona para gastarem menos), ao mesmo tempo que são pressionados pelos usuários do serviço para terem um tratamento individualizado e resolutivo (paciente pede mais tempo de atendimento, aluno pede mais atenção dos professores). As duas pressões são potencialmente contraditórias, na medida em que a primeira foca na produtividade, rapidez e eficiência e a segunda se concentra na individualidade, personalização, efetividade e no tempo para resolver os problemas. Para lidar com essa dupla pressão, os BNR desenvolvem sistemas de enfrentamento da pressão, denominados pela literatura de *coping*, como, por exemplo, priorizar usuários mais fáceis, enviesar a seleção, despersonalizar o tratamento, entre outros. Esses sistemas de enfrentamento fazem parte do cotidiano das políticas públicas e são agravados na medida em que os recursos ficam mais escassos.

O resultado da política pública

Os exemplos citados mostram como o cotidiano de trabalho dos burocratas de nível de rua é marcado por diversas situações imprevisíveis em que, no contato com usuários, eles precisam tomar importantes decisões sobre as políticas públicas e a vida das pessoas. Essas decisões são tomadas utilizando a discricionariedade na interação concreta com usuários. E o resultado da decisão vira, ao fim e ao cabo, o resultado da política pública. Por isso, embora tão invisíveis no cotidiano da gestão, os burocratas de nível de rua deveriam ser ponto fundamental de atenção de gestores preocupados em melhorar o acesso e a qualidade dos serviços públicos.

Ao longo de uma série de mais cinco textos, analisaremos melhor como os burocratas de nível de rua trabalham e quais devem ser os pontos de atenção gerencial para garantir que, por meio deles, a população possa ter acesso a serviços de qualidade e voltados para a equidade do atendimento.

As atividades cotidianas no nível da rua

GABRIELA LOTTA

11 de maio de 2022

Embora em cada política pública os burocratas de nível de rua (BNR) desempenhem tarefas específicas, há algumas atividades que são comuns a todos esses profissionais, independentemente de onde eles trabalhem ou de que política implementem.

Uma primeira tarefa dos burocratas de nível de rua é triar, classificar e categorizar usuários. A partir do contato com pessoas reais que trazem situações complexas e com informações infinitas, esses profissionais precisam transformar demandas individualizadas em categorias previamente existentes nas políticas. Essa categorização tem como consequência a alocação dos indivíduos a agrupamentos de clientes em políticas que recebem tratamentos específicos, dependendo da categoria. Por exemplo: uma mulher que chega a um serviço de assistência social com um conjunto grande de condições de vulnerabilidade e problemas sociais, econômicos e familiares precisa ser categorizada de maneira sintética como uma beneficiária (ou não) do Bolsa Família. Assim, um indivíduo que vivencia situações complexas e inter-relacionadas se transforma em um número associado a uma categoria de política pública. Outro exemplo é o professor que precisa categorizar os alunos entre os que aprenderam ou não, entre os disciplinados ou não, entre os que precisam de reforço ou não.

O processo de categorização é altamente complexo e se baseia não apenas nas regras formais das políticas, mas sobretudo em estigmas e no senso comum. As pesquisas mostram, por exemplo, que, ao categorizarem quem são os "potenciais suspeitos" para realizar abordagem, os policiais levam em conta critérios como raça e roupa, reproduzindo, muitas vezes, estigmas sociais.

Reprodução de preconceitos

O uso de estereótipos sociais faz com que o processo de categorização possa ter um duplo efeito: material, em termos de acesso diferenciado a bens e serviços, e simbólico, em termos dos efeitos sociais das categorias na produção ou reprodução de estigmas. O aluno classificado como "indisciplinado" pode não apenas receber mais sanções, como também carregar na sua vida essa categorização, gerando o que se chama de profecia autorrealizável, na qual o aluno tachado como aquele que não terá sucesso, de fato, não terá sucesso.

Uma segunda tarefa dos burocratas de nível de rua é distribuir benefícios e sanções que afetam o bem-estar dos clientes. Os burocratas fazem isso a partir das categorizações já explicadas, mas também fazem isso determinando graus de prioridade das diferentes situações ou categorias — que podem ou não ser formais (Lipsky, 1980).[1] São exemplos os agentes comunitários de saúde que distribuem consultas com médicos ou dentistas; assistentes sociais que definem quais indivíduos serão inscritos no Cadastro Único; e os fiscais de trânsito que decidem quais carros

1. Lipsky, Michael. *Street Level Bureaucracy: Dilemmas of the Individual in Public Services*. Russell Sage Foundation, 1980. Ver em: http://www.jstor.org/stable/10.7758/9781610447713. Acesso em 1º jul. 2023.

parar para fazer vistoria. A distribuição de benefícios e sanções tende a ser sempre diferente (e aquém) da idealizada pelos serviços. Isso porque recursos são escassos e burocratas precisam decidir (exercendo discricionariedade) quem deve receber o quê.

Uma terceira tarefa dos burocratas de nível de rua é estruturar contextos de interação, determinando quando, com que frequência e sob que circunstâncias a ação ocorrerá. É o caso do agente de saúde, que determina dia e horário das visitas domiciliares; dos assistentes sociais, que determinam quantidade de retornos e se haverá visita domiciliar; dos professores, que determinam distribuir ou não horário extra de atendimento aos alunos etc. Mais uma vez, como recursos são escassos e o trabalho tende ao infinito (Lipsky, 1980), os burocratas de nível de rua exercem discricionariedade, determinando quem deverá ser tratado, quando e de que forma. Essas determinações, porém, não são automáticas ou neutras, já que as situações reais encontradas pelos burocratas são muito mais complexas que aquelas previstas pelas normas e pelos regulamentos.

Por fim, uma quarta tarefa central dos burocratas de nível de rua é ensinar aos cidadãos o papel de ser cliente/usuário do Estado. Cabe a esses burocratas orientar sobre procedimentos, formas de comportamento, grau de deferência e respeito esperados, bem como sobre as possíveis penalidades. Cabe a eles ensinar ao cidadão o que é possível (ou não) ser esperado do Estado, como tratar os burocratas e como conseguir adquirir informações no sistema. Cabe a esses burocratas disciplinar os usuários para se tornarem bons cidadãos — como fazem, por exemplo, os professores, ao exigirem uniforme e silêncio em sala; ou os policiais, ao darem sanção a comportamentos indesejados; ou o assistente social, ao ensinar aos pais o tratamento correto para com as crianças.

Esses processos de instruir os usuários sobre bons comportamentos são exercidos pelos burocratas usando a discricionariedade, e assim são carregados de julgamento moral, de assimetria de poder, de categorias sociais sobre o que é certo ou errado. Mais uma vez, não são processos neutros, automáticos ou desprovidos de personalização.

Grau de liberdade

Todas essas tarefas que definem a atuação cotidiana de um burocrata de nível de rua têm como elemento constitutivo o exercício de discricionariedade. Este é, na realidade, um conceito central para entender como as decisões acontecem nos serviços públicos.

A discricionariedade implica dois elementos diferentes. O primeiro é o que chamamos de espaço de ação, ou seja, o tamanho de liberdade concedida aos profissionais para tomarem decisões. Quando um gestor define todos os procedimentos que devem ser operados, ele diminui o espaço de discricionariedade dos burocratas de nível de rua. Tende-se, assim, a aumentar a padronização dos serviços prestados. Ao contrário, quando as regras são muito genéricas, os burocratas têm mais espaço de discricionariedade. Isso significa que há mais margem de interpretação e os serviços tendem a ser menos padronizados.

Além do espaço de discricionariedade, é importante considerar como a discricionariedade é utilizada. Isso porque nem todos os burocratas sujeitos ao mesmo espaço de discricionariedade agem da mesma maneira. Um exemplo é a variação na forma de trabalho comparando professores que atuam na mesma escola: eles têm o mesmo espaço de discricionariedade, mas o usam de forma muito diversificada. Este segundo elemento é o que chamamos de exercício da discricionariedade ou discricionariedade como ação. Os estudos mostram que o exercício da discricionariedade é influenciado por vários elementos, como gênero, raça, profissão e trajetória do burocrata de nível de rua, ou pela formação, pelos incentivos que recebem, a relação com os colegas etc.

Isso significa que, para gerenciarmos melhor os serviços públicos, precisamos gerenciar melhor o espaço e o exercício da discricionariedade dos burocratas de nível de rua, já que as decisões tomadas por eles afetarão diretamente a vida dos cidadãos e os resultados das políticas públicas.

A gestão da linha de frente

GABRIELA LOTTA

22 de junho de 2022

Em outros artigos,[1] discutimos as características dos burocratas de nível de rua, o que fazem e como a atuação deles influencia o resultado das políticas públicas. Uma questão que fica evidente nas discussões anteriores é que a linha de frente dos serviços públicos é tão importante como negligenciada. Se as decisões dos burocratas de nível de rua podem afetar diretamente a imagem do Estado e o acesso a serviços e direitos pelos cidadãos, não parece que este mesmo Estado se dedica em igual proporção para garantir uma boa gestão.

Os burocratas de nível de rua correspondem, em geral, a mais de 70% da burocracia — especialmente em governos estaduais e municipais —, mas, quando pensamos em quem são os atores mais valorizados nos processos decisórios, costumamos associar à figura das lideranças, principalmente ao alto escalão. É como se a liderança fosse a centralidade das decisões e dela decorressem todas as ações que resultariam em serviços implementados.

No entanto, dada a alta discricionariedade e imprevisibilidade do trabalho na linha de frente, é irreal imaginar que a liderança sozinha seja capaz de garantir que os resultados sejam alcançados. Sem uma burocracia de nível de rua motivada, capacitada e

---

1. Ver os artigos "Desvendando a linha de frente dos serviços públicos" e "As atividades cotidianas no nível da rua", também publicados neste livro.

responsiva, é quase impossível garantir que os planos se transformem em prática.

A pergunta, portanto, é: como podemos gerenciar melhor a linha de frente?

Não há receita para esta resposta, mas há muitos fatores e questões que nos ajudam a enfrentá-la.

Para uma boa gestão

A primeira é óbvia, mas pouco aplicada: temos de dar centralidade para a burocracia de linha de frente nos processos de planejamento e gestão das políticas públicas. Isso não significa passar para a linha de frente as decisões nem envolver todos os burocratas de nível de rua nos processos decisórios; significa que temos de compreendê-los, ouvi-los e considerá-los em todo processo de planejamento. Sem conhecer o que acontece na ponta e quais são as capacidades que esses atores têm, os planos não passam de sonhos. E, pior, corre-se o risco bastante recorrente de culpabilizar os burocratas de nível de rua pelos sonhos não alcançados (quem nunca ouviu a máxima de que a educação não vai bem por culpa dos professores? Ou de que a cidade é violenta por culpa da polícia?). Conhecer, escutar e envolver os burocratas de nível de rua nos processos de planejamento aumentam as chances de implementação de uma política — ou o que chamamos de sua implementabilidade.

Uma segunda questão é reconhecer que a linha de frente sempre vai ter discricionariedade, e que a imprevisibilidade é a marca central dos encontros cotidianos entre Estado e sociedade. Assim, o afã controlador nunca vai ser suficiente — pelo contrário, pode atrapalhar o serviço e aumentar os custos. Não adianta querer supervisionar tudo o que um professor faz, controlar tudo o que uma enfermeira diz, determinar tudo o que um policial fará na rua. Esses trabalhos são, por natureza, imprevisíveis, e a gestão deve aprender a lidar com isso. Como? Apostando no direcionamento e não no puro controle. Isso significa apostar que esses profissionais terão de tomar decisões e, em vez de tomá-las por eles, ensiná-los a como fazer melhor. E também controlá-los quando necessário, mas não em tudo e a todo tempo. Não é possível prever todos os perfis de alunos que um professor terá em sala, nem todas as situações que encontrará. Mas podemos capacitar, sensibilizar, dar diretrizes para que o professor tome as melhores decisões possíveis quando o imprevisível acontecer. E quais são as melhores decisões possíveis? Aquelas que contribuem para o resultado das políticas públicas, para a garantia do direito, para a inclusão social e para o respeito às diversidades.

Aqui está uma terceira chave importante para a gestão da linha de frente: ela não nasce pronta. Burocratas de nível de rua não têm todos os conhecimentos necessários para a função; eles não nascem sendo servidores públicos e, além de tudo, como qualquer outro cidadão, também carregam estereótipos e preconceitos. É por isso que os burocratas de nível de rua devem ser treinados e capacitados constantemente para aprender a exercer a função (que pode mudar ao longo do tempo). Devem ser sensibilizados para que adquiram um *éthos* do serviço público. Devem passar por processos de reflexão e sensibilização para que aprendam a identificar seus estereótipos e a controlá-los. Também devem, claro, ser avaliados, incentivados e punidos quando couber. A gestão cotidiana dessas pessoas é tarefa fundamental para garantir que as políticas públicas sejam bem implementadas.

Essas discussões remetem a uma quarta questão-chave para pensar a gestão da linha de frente: o papel dos gestores. A literatura especializada denomina os gestores diretos dos burocratas de nível de rua como *street-level managers*, ou seja, gestores da linha de frente, termo definido por Gassner e Gofen (2018).[2] Eles são os diretores de escola, delegados de polícia, diretores de hospitais e unidades de saúde. A função desses profissionais é servir de intermediário entre o alto escalão das políticas e os burocratas de nível de rua. Eles gerenciam equipamentos públicos que entregam serviços a um grupo real, concreto e específico de cidadãos. Assim, diferentemente do alto escalão, os gestores da linha de frente têm uma relação mais direta e concreta com um grupo de cidadãos — que pode ter características específicas e distintas de outros equipamentos públicos. Mas, ao mesmo tempo, não fazem (em geral) os atendimentos específicos. Assim, diferentemente dos burocratas de nível de rua, os gerentes não lidam com pessoas únicas, mas com grupos de pessoas, que definimos aqui de "clientelas". As clientelas têm características abrangentes, "médias", que são mais representativas da realidade — comparando com o que o alto escalão enxerga —, mas menos individualizadas — comparando com o que os burocratas de nível de rua enxergam. Os gerentes de nível de rua precisam, portanto, de habilidades diferentes e específicas. Devem aprender a ler e tomar decisões para essa "clientela" sem deixar que pessoas que saem da média sejam excluídas dos serviços. Ao mesmo tempo, precisam se preocupar com diversas questões que, em geral, não são centrais para os burocratas de nível de rua, como os recursos públicos, metas gerais, leis, sistemas de controle etc.

2. Gassner, Drorit; Gofen, Anat. "Street-level management: A clientele-agent perspective on implementation". *Journal of Public Administration Research and Theory*, v. 28, nº 4, 2018, pp. 551-68.

Impacto na qualidade do serviço

Os gerentes de nível de rua são, portanto, gestores de pessoas (os burocratas de nível de rua) e gestores de equipamentos públicos (com seus recursos, regras e controles). E, assim como os burocratas de nível de rua, não nascem sabendo exercer suas funções. Muitas vezes esses gerentes são escolhidos entre os próprios burocratas de nível de rua — o professor que vira diretor da escola, a enfermeira que vira gerente da unidade de saúde. Um gerente que já foi burocrata de nível de rua tem como grande vantagem o fato de conhecer a realidade da linha de frente e poder tomar decisões coerentes com suas necessidades. Por outro lado, existe uma máxima na administração que também se aplica aqui: um ótimo técnico pode virar um péssimo gerente. Um excelente professor pode virar um péssimo diretor, porque as habilidades requeridas para ser diretor são outras daquelas necessárias a um professor.

Assim como a burocracia de nível de rua precisa ser formada, treinada, capacitada, o mesmo acontece com os gerentes do nível de rua. Eles precisam ser bem selecionados, treinados e capacitados para se tornarem bons gerentes. Os governos precisam identificar quais são as competências requeridas para um gerente de nível de rua, criar programas de seleção compatíveis, formar e adequar os programas de educação continuada, incentivos e punições para essas competências. Sem um bom gerente no nível de rua, dificilmente teremos uma boa burocracia de nível de rua. Investir na formação desse exército de pessoas do serviço público é fundamental se quisermos melhorar a qualidade e efetividade das nossas políticas públicas.

Desigualdades na linha de frente dos serviços públicos

GABRIELA LOTTA

27 de julho de 2022

Em mais um texto da série sobre burocratas de nível de rua, vamos discutir um tema bastante sensível e invisível do trabalho da linha de frente: as desigualdades. Este é um assunto bastante novo nos estudos de burocracia de nível de rua, mas que faz muito sentido se pensarmos na realidade brasileira.

Com algumas exceções, boa parte das políticas públicas é desenhada para enfrentar e reverter desigualdades sociais (de gênero, raça, região, renda etc.). No entanto, o que os estudos mostram é que, mesmo políticas desenhadas para enfrentar desigualdades, podem acabar reproduzindo ou criando novas formas de desigualdades. Um bom exemplo são as políticas de educação no Brasil, que continuam tendo resultados muito desiguais quando comparamos crianças brancas e negras. Por que isso acontece, se tivemos nas últimas décadas um investimento grande em políticas que considerassem a questão racial? A resposta para essa pergunta é muito complexa e multifacetada, mas gostaria de tratar aqui de um ponto especificamente: é possível que essas desigualdades sejam reforçadas na implementação das políticas, mesmo quando seu desenho prevê o contrário. E isso pode acontecer justamente na interação entre burocratas de nível de rua e cidadãos.

Identificar quando, como e por que isso acontece não é uma forma de culpabilizar os burocratas de nível de rua pelas desigualdades — que são estruturais e históricas —, mas de identificar quais mecanismos podem surgir nesses encontros cotidianos e que merecem uma atenção mais detida dos gestores públicos para enfrentá-los ou evitá-los.

Em *Implementando desigualdades* (2019),[1] Roberto Pires compilou algumas dezenas de casos diferentes e sistematizou esses mecanismos. Observando os casos analisados ao longo do livro, Pires identifica três mecanismos que podem ajudar a explicar como desigualdades podem ser (re)produzidas durante a interação entre burocratas de nível de rua e cidadãos.

Ignorar políticas públicas é reproduzir desigualdades

O primeiro mecanismo é o das resistências e divergências entre a formulação e as ações locais. Ele acontece quando os burocratas de nível de rua não concordam com o conteúdo ou desenho da política e decidem simplesmente não a implementar. Embora possa parecer uma ingerência absurda, é algo bastante comum, especialmente em políticas novas que não foram desenhadas com a participação dos burocratas de nível de rua. Ao não concordarem ou acharem inviável a nova proposta, burocratas de nível de rua cruzam os braços ou focam em outras atividades. Isso pode

---

1. Pires, Roberto Rocha C (org.). *Implementando desigualdades: Reprodução de desigualdades na implementação de políticas públicas*. Rio de Janeiro: Ipea, 2019. Disponível em: https://repositorio.ipea.gov.br/bitstream/11058/9323/1/Implementando%20desigualdades_reprodu%c3%a7%c3%a3o%20de%20desigualdades%20na%20implementa%c3%a7%c3%a3o%20de%20pol%c3%adticas%20p%c3%bablicas.pdf. Acesso em: 2 jul. 2023.

gerar desigualdades, na medida em que parte dessas políticas pode ter sido justamente desenhada para atender um público que sofre algum tipo de exclusão — e deixar de implementar a política significa aumentar essa exclusão. No livro, um caso emblemático relatado é da resistência de profissionais de saúde à implementação da Política Nacional em Saúde Integral da População Negra (PNSIPN), relatado por Jaciane Milanezi e Graziella Silva. Ao acreditarem que o princípio da igualdade seria desrespeitado com uma política que dava preferências à população negra, os profissionais de saúde reagiam por meio do silêncio, não dando atenção nem executando a PNSIPN.

O segundo mecanismo que pode (re)produzir desigualdades é o da classificação e julgamento operados pelos burocratas de nível de rua. Em "As atividades cotidianas no nível da rua", apontamos como categorizar usuários é uma das atribuições centrais dos burocratas de nível de rua. Eles precisam decidir quais usuários correspondem a quais categorias propostas na política e, assim, definir quem recebe o quê. Esse processo de categorização, no entanto, não é realizado de forma automática, justamente porque as categorias oficiais nunca são suficientes para enquadrar todas as situações reais (se fossem, as máquinas poderiam substituir os profissionais). É só pensar nas complexidades envolvidas em categorias como "pobres", "vulneráveis", ou mesmo nas idiossincrasias de categorias de gênero e raça, que isso fica claro. Portanto, para os burocratas de nível de rua categorizarem os casos que encontram, eles precisam interpretar a situação, preenchê-la com informações que não estão muitas vezes claras nem são objetivas. Eles usam, assim, diferentes formas de julgamento.

Os estudos nos mostram que os processos de categorização e julgamento podem ser permeados por estereótipos, julgamentos morais e preconceitos que podem excluir determinados grupos do serviço público. No livro, eu relato o caso de profissionais de saúde que, para priorizar atendimento, classificam usuários entre "aderentes" e "resistentes".[2] Aderentes são priorizados, resistentes ficam em segundo lugar. A questão é que, vinculado à ideia de resistente, estão julgamentos morais sobre merecimento, pacientes desobedientes, hostis e de certos perfis sociais que já são mais vulneráveis. Assim, ao utilizarem esses julgamentos em uma classificação que determina prioridade de acesso, profissionais de saúde reproduzem desigualdades, fazendo com que os mais vulneráveis sejam os menos priorizados.

Por fim, o último mecanismo que pode (re)produzir desigualdades é o da regulação moral para manutenção do serviço, que acontece quando os burocratas de nível de rua precisam decidir quem será mantido ou excluído de uma determinada política pública. Por exemplo, qual família se manterá no Bolsa Família, qual família continuará recebendo um determinado serviço etc. Para essa determinação, os burocratas de nível de rua aplicam regulações morais, fazendo com que apenas aqueles cidadãos que se ajustem aos padrões estabelecidos pelos burocratas de nível de rua se mantenham no programa. Assim, além de incidirem sobre acesso ao serviço, os burocratas de nível de rua também interferem nos comportamentos e modos de vida dos cidadãos, definindo aqueles que são moralmente aptos para serem beneficiários do serviço. Em *Implementando desigualdades*, Flávio Eiró discute

---

2. Lotta, Gabriela. "Práticas, interações, categorização e julgamentos: Análise da ação discricionária dos agentes comunitários de saúde". In: Pires, Roberto Rocha C. (org.). *Implementando desigualdades: Reprodução de desigualdades na implementação de políticas públicas*. Rio de Janeiro: Ipea, 2019. pp. 527-47.

como as assistentes sociais do Bolsa Família determinam formas que avaliam como adequadas para que as famílias continuem a receber o benefício.[3] Assim, aquelas famílias que "gastam mal o dinheiro", que "não priorizam certas escolhas", são excluídas do programa ao não aprenderem a se comportar como as assistentes sociais definiram que seria adequado.

Os exemplos aqui debatidos e os mecanismos evidenciados demonstram como várias desigualdades podem ser (re)produzidas nos encontros cotidianos entre burocratas de nível de rua e cidadãos para entrega de serviços que, supostamente, deveriam diminuir desigualdades. Como já mencionado, a questão não é culpar os burocratas de nível de rua, mas identificar o que acontece para discutir como podemos reverter ou minimizar esses problemas.

Espaços de formação e sensibilização

Uma das questões evidentes é que esses problemas acontecem por falta de gestão e de direcionamento, que acaba delegando aos burocratas de nível de rua decisões que não deveriam caber a eles — ou seja, a falta de gestão aumenta a discricionariedade em temas para os quais não deveria haver discricionariedade ou que, ao menos, deveria ser mais direcionada.

Por exemplo, não deveria caber aos burocratas de nível de rua decidir que políticas implementar. Nem deveria caber a eles

3. Eiró, Flávio. "A 'boa implementação' do programa Bolsa Família: A interação entre assistentes sociais e beneficiárias para além das regras burocráticas" In: Pires, Roberto Rocha C. (org.). *Implementando desigualdades: Reprodução de desigualdades na implementação de políticas públicas*. Rio de Janeiro: Ipea, 2019. pp. 617-35.

definir, sem critérios estabelecidos, quais são os casos prioritários. Burocratas de nível de rua deveriam ter diretrizes claras de classificação de prioridade e de avaliação da manutenção ou exclusão de programas. Ao não fazer isso, a política pública delega a eles questões que, quando delegadas, podem (re)produzir desigualdades.

Uma segunda conclusão desses casos é relativa à importância de se investir em mecanismos de gestão do nível da rua. Boa parte desses casos poderia ser minimizada se os gerentes de nível de rua estivessem mais próximos dos burocratas de nível de rua e tivessem instrumentos de gestão para incentivá-los, sensibilizá-los, formá-los e puni-los quando necessário.

Isso nos leva à terceira conclusão: a importância de formar e sensibilizar os burocratas de nível de rua. Como discutimos em "A gestão da linha de frente", os burocratas de nível de rua não nascem prontos para exercer a função nem para ter o *éthos* público. Eles são cidadãos e podem carregar preconceitos e estereótipos. Cabe à gestão sensibilizar e formar, criando espaços de reflexão para minimizar o uso de julgamentos morais na implementação de políticas públicas. Há uma diferença importante na literatura entre os chamados estereótipos passivos e ativos. Todos nós carregamos estereótipos, que são internalizados na nossa trajetória e relações, e são passivos até que os ativemos em uma interação concreta. O Estado deve enfrentar os estereótipos, fazer campanhas, sensibilizar, dar cursos para que sejam revertidos. Mas isso é um processo longo e difícil. Assim, é de suma importância que o Estado atue também para garantir que os estereótipos passivos não sejam ativados na implementação das políticas públicas, ou seja, que professores não atuem preconceituosamente, que policiais não sejam racistas na hora de agir, que assistentes sociais não sejam preconceituosas contra pobres. Para isso, além de reflexão e sensibilização, também é importante investir em mecanismos de incentivo e punição.

Mais uma vez, o que esses mecanismos nos mostram é que, se queremos ter políticas públicas mais bem-sucedidas — e, portanto, que reduzam desigualdades —, é central apostar na gestão dos burocratas de nível de rua. Sem isso, o Estado pode acabar sendo só mais um espaço de reprodução das estruturas e dinâmicas sociais excludentes da nossa sociedade.

Os burocratas de nível de rua no caso da saúde sexual e reprodutiva

JULIANA ROCHA MIRANDA
GABRIELA LOTTA

29 de agosto de 2022

Imagine uma adolescente de 17 anos: ela se chama Letícia, mora em um bairro do Jardim Ângela, em São Paulo. Letícia acabou de começar um namoro com Jeferson, um colega de sala, e tem várias dúvidas sobre como cuidar da saúde sexual e reprodutiva: qual o melhor método para evitar a gravidez? Como ter relações prazerosas e seguras? A quem recorrer caso tenha algum problema?

Ela poderá ter contato com diferentes abordagens sobre essas questões nas mais diversas esferas da vida — em casa, na escola, na igreja, na internet, seja com pessoas da mesma idade, gênero e raça ou não. No âmbito do Sistema Único de Saúde (SUS), Letícia será alvo de algumas políticas que visam garantir seus direitos sexuais e reprodutivos, como a Política Nacional de Planejamento Familiar, o Programa Nacional de HIV/Aids, o programa Nacional de Humanização do Parto, a Política Nacional de Atenção Integral à Saúde da Mulher, entre outras.

Muitos desses programas são implementados na atenção básica ou atenção primária em saúde. Diferentemente da atenção secundária e da terciária, que têm caráter mais emergencial e/ou de alta complexidade, a atenção básica é o nível de atenção do SUS que se encarrega do atendimento ambulatorial, orientado para prevenção e promoção de saúde. São exemplos, a prevenção a problemas cardiovasculares, hipertensão, diabetes e doenças de pequena complexidade em geral. A principal organização que implementa a atenção básica é a Unidade Básica de Saúde, chamada por muitos de UBS ou "o postinho" do bairro. O carro-chefe da atenção básica é a Estratégia de Saúde da Família (ESF), famosa pelos agentes comunitários de saúde, que vão de porta em porta fazer prevenção e verificar as necessidades da população dentro de seus domicílios.

Em termos de saúde sexual e reprodutiva, a atenção básica foca principalmente em prevenção de infecções sexualmente transmissíveis, anticoncepção e acompanhamento pré-natal, além de algumas ações preventivas nos guarda-chuvas "saúde da mulher" e "saúde do homem", como a prevenção a cânceres de mama, útero e pênis. Concretamente, trata-se de consultas de pré-natal, visitas domiciliares que tratam de opções para contracepção, realização de grupos de prevenção, como grupos de jovens para o combate a Infecções Sexualmente Transmissíveis (IST), grupos de gestantes, grupos de planejamento familiar, testes rápidos de gravidez e de IST, entre outros.

A condução desses atendimentos e práticas exemplifica o que foi apresentado nos outros textos, considerando as burocratas de nível de rua. Médicas, enfermeiras, técnicas de enfermagem e agentes comunitárias de saúde[1] materializam, para os cidadãos, a ação do Estado de promover uma política universal de saúde, pautada em prevenção, promoção e acompanhamento integral e que, ao mesmo tempo, garanta adequação individual em matéria

1. Usamos o feminino para tratar desses grupos de profissionais, para destacar que mulheres são maioria na linha de frente da implementação da APS.

de direitos reprodutivos. Embora existam orientações formais nas leis e nos protocolos de atendimento, há também bastante espaço para iniciativa e criatividade dos burocratas de nível de rua usar discricionariedade para lidar com questões relativas ao tema.

Como discutido no artigo "Desigualdades na linha de frente dos serviços públicos", a (re)produção de desigualdades na implementação das políticas públicas pode acontecer tanto pelas condições materiais e escassez de recursos como pelos repertórios morais das trabalhadoras da linha de frente, que, muitas vezes, são mobilizados em detrimento de uma perspectiva de direitos. Em pesquisa de mestrado,[2] Juliana Rocha Miranda mapeou alguns exemplos, nos dois sentidos, que serão abordados a seguir.

Falta de estrutura para o atendimento

Como exemplo da precariedade estrutural e de recursos, podemos pensar no tempo destinado para as consultas, que pode chegar a apenas 15 minutos em algumas unidades. Considerando um atendimento integral em saúde, seria esse tempo suficiente para orientar todos os métodos contraceptivos e incentivar a escolha livre e esclarecida da paciente? Quanto se consegue preparar uma gestante para o parto — conversando sobre seus direitos nesse momento crítico — junto com outras atividades requeridas em uma consulta pré-natal (medir barriga, pesar a gestante, auscultar os batimentos do feto)?

---

2. Miranda, Juliana Rocha. *Implementação e desigualdades na atenção à saúde reprodutiva.* Dissertação de mestrado, Escola de Administração de Empresas, Fundação Getulio Vargas, 2021.

Além disso, em algumas unidades, podem faltar materiais necessários para os atendimentos ou a medicação recomendada. Isso depende de fatores mais estruturais da política pública, como o orçamento para a saúde no município ou, em caso de prestação indireta, do trabalho feito pela organização que gere o serviço. Na pesquisa, foram levantados relatos de balanças e sonares quebrados, assim como falta de suplementos vitamínicos, recomendados a algumas gestantes, e de insumos para contracepção, como a injeção trimestral, dispositivo intrauterino (DIU), ou de profissionais capacitados para inserção desse dispositivo.

Questões desse tipo são sensíveis, muitas vezes, porque não dependem exclusivamente do gestor direto. Contudo, alertamos para a importância de que ele esteja atento à burocracia implementadora da política. Em cenários de restrição de recursos, combinados com alta demanda, profissionais da linha de frente relatam frustração com o trabalho e dificuldade de se motivar. Essas profissionais (em sua grande maioria mulheres na área de saúde) se sentem de mãos atadas diante das demandas que lhes chegam e impotentes para fazer aquilo que foram preparadas para fazer. É papel do gestor escutá-las quanto às necessidades e levá-las, na medida das possibilidades, para os responsáveis pelo atendimento. Quando não for possível, é importante que o gestor comunique seus esforços e mostre que se importa com a equipe. Pesquisas mostram que, ao se sentirem ouvidos, acolhidos e valorizados por seus superiores hierárquicos, burocratas de nível de rua demonstram mais resiliência e empenho nas atividades cotidianas.

Categorizações e estereótipos de gênero

A outra dimensão da (re)produção de desigualdades são os mencionados processos de categorização operados por burocratas de nível de rua. A grande preocupação que deve ocupar a gestão é que os estereótipos passivos sejam ativados, ou seja, que sejam convertidos em ação discricionária que implique produção ou reprodução de desigualdades. No caso da saúde sexual e reprodutiva, alertamos para os estereótipos de gênero, que podem servir como barreiras de acesso aos serviços, acarretar violações de direitos ou, ainda, marcar simbolicamente as pessoas que usam essa política pública.

Os estereótipos podem girar em torno dos comportamentos das pessoas, da composição familiar e posição social, incluindo, nesse caso, marcadores sociais como raça, gênero e idade. Na pesquisa *Implementação e desigualdades na atenção à saúde reprodutiva*, há exemplos de condenação às adolescentes que frequentam baile funk, às mães solteiras e às mulheres que têm muitos filhos apesar da pobreza. São categorizações que hierarquizam as pacientes entre "boas" e "más", "normais" e "anormais", sempre com base em expectativas sociais de gênero: a adolescente "normal" não vai a festas e não tem vida sexual ativa, a "boa" mãe não troca de parceria nem decide ter muitos filhos se não for rica.

Um exemplo que vem do grupo de planejamento familiar pode ilustrar como essa categorização ocorre. Entre as profissionais entrevistadas, foram muito recorrentes os julgamentos sobre as pacientes não aderentes, que queriam fazer a esterilização cirúrgica (laqueadura), mas não cumpriam os requisitos até então vigentes. Eram mulheres que não voltavam às reuniões do grupo de planejamento familiar, não levavam o termo de consentimento assinado, não explicavam por qual motivo tinham desistido do método. Essas pacientes acabavam sendo encaradas como menos merecedoras de atenção e de cuidados, porque não se empenhavam para cumprir os requisitos, mesmo que "precisassem" muito — e, nesse caso, "precisar" tinha a ver com a avaliação das profissionais sobre elas serem ou não boas mães. O exemplo traz à tona diversas camadas do que discutimos até aqui. Em primeiro lugar, as profissionais se atentam muito pouco ao fato de que há poucos homens buscando os grupos para planejar a reprodução. É como se a obrigação recaísse exclusivamente sobre as mulheres, que, além disso, são cobradas pela falta de adesão ao serviço que deveriam ter em função de preencherem ou não os ideais de normalidade estipulados para mulheres e mães.

Considerando os compromissos constitucionais e internacionais assumidos pelo Brasil para igualdade entre os gêneros e garantia de direitos sexuais e reprodutivos, é de esperar que as políticas de saúde voltadas a esses direitos combatam disparidades e injustiças nesse sentido. Ao mesmo tempo, burocratas de nível de rua são agentes situadas em estruturas sociais extremamente desiguais, inclusive no que diz respeito a gênero, raça e classe. Burocratas de nível de rua precisam ser sensibilizadas sobre as dinâmicas dessas desigualdades, como isso afeta as mulheres nos territórios onde a atenção básica é implementada e que, em alguns casos, como no de agentes comunitárias e técnicas de enfermagem, é também onde elas próprias moram.

No exemplo que contamos, seria preciso combater a ideia de que algumas mulheres devem ser mães, enquanto outras não devem, em razão do comportamento e do número de filhos. O direito à escolha sobre o próprio corpo é central no reconhecimento da autonomia da mulher sobre reprodução. Mulheres não devem ser pressionadas pelas profissionais a optar por um método, e sim apresentadas às múltiplas possibilidades para contracepção que o SUS oferece, caso desejem não ter filhos. Seria importante também desconstruir a responsabilização de que mulheres se ocupem exclusivamente da contracepção, aumentando o convite de homens aos grupos e a atividades preventivas. Ainda, seria importante estimular a compreensão às possíveis desigualdades enfrentadas no âmbito intrafamiliar, inclusive sobre possíveis interferências dos parceiros e de outros atores nas escolhas.

Capacitar as trabalhadoras e os trabalhadores da linha de frente da atenção básica para as questões de gênero e direitos reprodutivos é um caminho central para que adolescentes como Letícia, nosso caso fictício da introdução, possam garantir a saúde sexual e reprodutiva com segurança e plenitude de direitos.

Quando a linha de frente é o "chão da escola"

GABRIELA LOTTA
MARINA MEIRA

17 de outubro de 2022

Neste texto, buscamos exemplificar como temas explorados anteriormente neste mesmo livro podem ser observados no caso das políticas educacionais, em especial os processos de classificação e julgamento realizados por burocratas de nível de rua (BNR) e seu potencial impacto na (re)produção de desigualdades. Quando falamos especificamente do direito à educação, é importante ter em mente três principais dimensões: acesso, permanência e aprendizagem.

Em primeiro lugar, é preciso poder acessar as oportunidades de escolarização, ou seja, simplesmente ter uma escola onde estudar com vagas disponíveis. Por muito tempo, a escola pós-primária brasileira (os "ginásios", "liceus", entre outros) esteve reservada a apenas uma pequena elite socioeconômica, de forma que a maioria dos estabelecimentos secundários era particular. Além da escassez de escolas públicas, exames de admissão selecionavam os estudantes que iriam ingressar nessa etapa, dificultando o acesso das camadas populares que buscavam na escola secundária oportunidades para ascensão social. Foi nesse contexto que surgiram diversos movimentos reivindicatórios pela democratização da escolarização no Brasil, que se expandiu mais fortemente a partir dos anos 1960 — ampliação tardia e recente quando comparada a outros países.

Se, por um lado, a expansão de vagas resultante da construção de escolas e da extinção de exames admissionais buscava conter as tensões geradas pela oferta insuficiente desse serviço público tão desigualmente distribuído, por outro lado, ela acabou agravando esse quadro. Isso porque a ampliação veio acompanhada de uma notável dificuldade de progressão dentro do sistema, principalmente por parte dos alunos recém-ingressos. Em outras palavras, aqueles que antes estavam excluídos do acesso à escola passaram a ser excluídos em seu interior, vivenciando múltiplas experiências de repetência, baixa aprendizagem e uma consequente defasagem idade-série.

E aqui estamos falando de crianças e adolescentes reais, com marcadores sociodemográficos específicos, que desenvolvem uma baixa autoestima e maiores chances de abandono escolar por causa das reprovações. Muitos estudos mostram, por exemplo, que os meninos negros formam o grupo mais vulnerável ao chamado "fracasso escolar". Da mesma forma, quando analisamos em conjunto categorias como classe, gênero e raça/cor, a desigualdade de aprendizagem entre grupos de alunos numa mesma série pode chegar a mais de três anos. É o caso, por exemplo, da diferença no desempenho em provas de leitura de meninos pretos de baixo nível socioeconômico quando comparados a meninas brancas de nível socioeconômico mais alto, na mesma série (Alves, Soares e Xavier, 2016).[1]

---

1. Alves, Maria Teresa Gonzaga; Soares, José Francisco; Xavier, Flavia Pereira. "Desigualdades educacionais no ensino fundamental de 2005 a 2013. Hiato entre grupos sociais". *Revista Brasileira de Sociologia*, v. 4, nº 7, 2016, pp. 49-81.

Por isso, ao mesmo tempo que a (quase) universalização do Ensino Fundamental sugere que o direito à educação vem sendo cada vez mais garantido em relação ao acesso à escola, ainda não podemos dizer o mesmo sobre o direito à permanência com sucesso. E se a primeira dimensão desse direito focalizava um problema de baixa cobertura do serviço público, essas duas últimas chamam atenção para desafios encontrados na materialização e entrega desses serviços a uma população real, com nome, idade, sexo, cor e demandas específicas. Assim, voltamos ao papel fundamental dos burocratas de nível de rua e seus gestores diretos, agora no contexto educacional: professores, diretores, coordenadores pedagógicos, entre outros agentes que atuam na linha de frente ou no chamado "chão da escola".

Para tentar reduzir esse tipo de desigualdade, diversas políticas educacionais foram implementadas no país, entre as quais estão as chamadas políticas de correção de fluxo, normalmente concretizadas por meio de projetos ou programas de aceleração da aprendizagem, que preveem o reagrupamento em turmas especiais de alunos com dois ou mais anos de defasagem idade-série. Dentro dessas turmas, os alunos teriam acesso a um currículo e a uma metodologia de ensino diferenciados, que lhes permitiriam cursar dois anos em um, por exemplo. A ideia principal é que, após passarem por esses projetos, esses alunos possam ser reinseridos em turmas regulares já em séries mais avançadas, corrigindo o atraso escolar e recuperando a aprendizagem.

No entanto, muitos desafios vêm sendo observados ao longo da implementação dessas políticas. Além de problemas estruturais que dificultam o trabalho dos agentes na ponta, como falta de material didático adequado, formação e recursos humanos em quantidade suficiente, costuma haver uma forte resistência da comunidade escolar em relação à proposta de progressão continuada — já que a maioria dos projetos não prevê a possibilidade de reprovação — e uma percepção negativa sobre o público-alvo: os alunos multirrepetentes. Estes, considerados os mais problemáticos, são comumente identificados como preguiçosos, indisciplinados, "aqueles que não querem nada" e por quem se pode fazer muito pouco. Eles são frequentemente responsabilizados pelo próprio fracasso. Dessa forma, é comum que o resultado obtido não corresponda a uma redução significativa nos índices de distorção idade-série e, principalmente, a uma recuperação efetiva da aprendizagem dos alunos com atraso escolar, que muitas vezes passam por novas repetências ao serem reinseridos em turmas regulares ou até mesmo se evadem, vivenciando novos processos de exclusão.

Para entender melhor de que forma as desigualdades escolares se (re)produzem na implementação de políticas originalmente desenhadas para combatê-las, Oliveira e Paes de Carvalho (2019)[2] fizeram uma pesquisa sobre a implementação de uma política de correção de fluxo na rede municipal do Rio de Janeiro, dentro de uma escola específica. Essa escola representava o tipo mais comum de escola da rede que recebeu os projetos de aceleração desde o início da política no município, em 2010: uma escola de enorme porte, com elevado número de matrículas e atendimen-

---

2. Oliveira, Marina Meira de; Paes de Carvalho, Cynthia. "Enfrentando o fracasso escolar no nível local: A atuação discricionária de professores e diretores escolares na implementação de uma política educacional". In: Pires, Roberto Rocha C. (org.). *Implementando desigualdades: Reprodução de desigualdades na implementação de políticas públicas*. Rio de Janeiro: Ipea. 2019. pp. 549-69.

to a diferentes etapas de ensino (Lima, 2016).[3] Apesar da maior complexidade de gestão por causa de suas características, a escola vivenciava uma carência de funcionários e não contava, por exemplo, com um coordenador pedagógico para fazer a articulação entre os diferentes segmentos e as frentes de trabalho. O contexto imediato que se apresentava para os burocratas de nível de rua que ali atuavam era, portanto, de sobrecarga de trabalho e escassez de recursos materiais e humanos. Isso fazia com que os processos de triagem, categorização, priorização e alocação — já comuns ao trabalho na linha de frente — fossem ainda mais permeados por julgamentos morais sobre quem merecia ser beneficiário dos (poucos) recursos disponíveis.

Perfil do projeto

Outro fator chamava atenção na implementação da política na rede municipal e que também podia ser verificado na escola estudada. Embora a oferta não cobrisse toda a demanda existente — havia muitos alunos com atraso escolar de dois ou mais anos que não estavam sendo atendidos pelos projetos —, os dados disponíveis indicavam que havia alunos sem o perfil previsto matriculados nas turmas especiais. Isso levou as autoras a entender como funcionavam os processos de seleção dos alunos para as chamadas "turmas de projeto", pois pareciam ir além do critério

3. Lima, Maria de Fátima Magalhães de. *Correção de fluxo na rede pública municipal do Rio de Janeiro (2009-2014): Aspectos da política e as trajetórias dos alunos*. Tese de doutorado, Departamento de Educação, Pontifícia Universidade Católica do Rio de Janeiro, 2016.

estabelecido pela política. É importante mencionar que os alunos que integravam essas turmas eram majoritariamente meninos negros, refletindo desigualdades que a literatura já mostrava.

Quando questionada sobre como se dava esse processo, a diretora deu uma resposta que ilustra como os agentes de nível de rua têm percepções distintas sobre a discricionariedade concedida pela política pública e como exercem essa discricionariedade com base em suas interpretações. Apesar de inicialmente dizer que "não é a gente que escolhe, é a regra: são dois anos de defasagem", a entrevistada acrescentou em seguida:

> *Incluindo com isso, também,* o aproveitamento da criança. Às vezes o aluno pode ser indicado pra um projeto por causa da idade, mas tá muito bem alfabetizado, foi algum outro problema de percurso lá que... Teve um aqui que já era mais velho, mas ele só começou a estudar muito tarde. Então, *ele não tinha perfil de projeto*, só tava com mais idade porque aconteceu alguma coisa lá no início, *aí a gente pode tirar do projeto.* [...] Ele acompanhava, tava bem, então não havia necessidade. Mas, *sem conhecer ninguém, a regra* é dois anos de defasagem.[4]

A fala da diretora mostra como regras abrangentes e, por vezes, contraditórias são (re)interpretadas e transformadas em ações diante de uma situação não prevista ou expressamente definida pelas diretrizes formais. Se uma política tem o objetivo de resolver dois problemas articulados, pressupondo que um esteja conectado ao outro — nesse caso, que a defasagem idade-série resulta de repetências, que, por sua vez, evidenciam uma baixa

4. Grifos nossos.

aprendizagem —, o que fazer com casos mais complexos que desviem desse padrão, como um aluno que tem distorção idade-série, mas que não apresenta problemas de aprendizagem? No caso analisado, essa decisão costumava depender da percepção que se tinha sobre a política em si, o usuário em questão e quanto ele se beneficiaria ou seria prejudicado pelo serviço ofertado.

A fala da diretora descreve um aluno/usuário que podemos chamar de "merecedor" (Maynard-Moody e Musheno, 2003).[5] Apesar de apresentar uma condição classificada como um problema a ser corrigido pela política — o atraso escolar —, o estudante não tinha responsabilidade por sua situação, visto que a defasagem dele não era resultante de repetência. Pelo contrário, a causa do problema era externa a ele, já que "aconteceu alguma coisa lá no início" que o impediu de começar a estudar na idade certa, e ele parecia ser um bom aluno, "muito bem alfabetizado" e que "acompanhava bem". Esse bom aluno é justamente aquele que não tem perfil para o projeto. Quem seria, então, o aluno com perfil para o projeto? A fala da diretora adjunta é bastante representativa da percepção geral que se tinha sobre o público-alvo da política em questão:

> O aluno do projeto, você tem aluno *que tem problema emocional*, você tem aluno que tem *problema cognitivo* e você tem o aluno que é, vamos botar assim, classificar de uma maneira errada, *preguiçoso*. Você tem nessa turma três tipos de pessoa. Então, praquele que tem dificuldade de aprender, você consegue fazer alguma coisa. Mas,

5. Maynard-Moody, Steven Williams; Musheno, Michael Craig. *Cops, Teachers and Counselors: Stories from the Front Lines of Public Service*. Ann Arbor: The University of Michigan Press, 2003.

> assim, aquele que é preguiçoso, consegue, mas... tá ali. Mas aquele que tem um problema no comportamento... é difícil. Aí esse pega. E esse — eu vejo, pode ser que eu esteja enganada [...] — eu digo pra você que mais de 50% têm problema de comportamento.[6]

O usuário previsto pela política de correção de fluxo — classificado como "aluno de projeto" — aparece como o oposto do aluno merecedor, uma vez que reúne problemas cognitivos, morais ou comportamentais/emocionais, com destaque para o último. Sendo pouco cooperativos, esses alunos apresentariam baixas chances de retorno em relação aos investimentos que os burocratas de nível de rua precisariam fazer para tentar resolver o problema, isto é, corrigir o atraso escolar e recuperar aprendizagem. Por isso, a categoria em que foram enquadrados não costumava receber alto grau de prioridade quando se tratava da distribuição dos benefícios do serviço em questão (a educação escolar), concretizada também por meio da alocação de recursos materiais e humanos.

Dessa forma, não era raro ouvir de professores recém-chegados à escola que eles haviam recebido "a pior turma, aquela que ninguém quer" — as turmas de projeto —, embora a ideia por trás da política fosse de priorização dos professores considerados "prata da casa" para o trabalho com essas turmas mais desafiadoras. Da mesma maneira, materiais escassos (como livro de inglês) passaram a ser reservados apenas para as turmas regulares. Segundo a professora da disciplina, não fazia sentido "desfalcar as outras turmas e usar material numa turma que não vai ter o retorno que outra turma teria" e que tinha "um descaso com o material".

---

6. Grifos nossos.

Essa percepção negativa em relação ao "aluno de projeto" também era observada em relação à política em si, considerada uma espécie de maquiagem de indicadores promovida pela rede municipal, que buscava concentrar os alunos com desempenho mais baixo em turmas que não seriam submetidas a avaliações externas, ao passo que "quanto ao conhecimento, fica devendo, sem dúvida alguma". Essas percepções e juízos morais explicam o porquê de a diretora tentar "salvar" o aluno merecedor que tinha um atraso de dois anos ao tirá-lo do projeto, uma vez que provavelmente seria prejudicado se fosse matriculado nessas turmas.

É interessante observar que, nos raros casos que a percepção em relação à política era positiva — como a de algumas professoras que se voluntariavam para assumir as turmas de projeto por acreditar e se dedicar à proposta —, os esforços para salvar os alunos merecedores podiam seguir o caminho oposto: buscar a inclusão nessas turmas, mesmo quando o aluno já não tinha mais a distorção idade-série prevista pela política. Apesar de não ter conseguido reinserir uma "aluna maravilhosa, mas para quem faltava tudo" nas turmas de projeto que atendia, a professora em questão conta que ofereceu reforço escolar individualizado para a aluna após o horário das aulas para que ela pudesse tirar as dúvidas que surgiam nas aulas regulares.

Finalmente, para os alunos não merecedores, muitas vezes era feito o mínimo possível. Além de não serem comumente priorizados na distribuição dos benefícios escolares, por vezes pareciam ser punidos por tentativas de "burlar" o sistema. Esse seria o caso, por exemplo, de um aluno do oitavo ano regular que acumulava mais de dois anos de defasagem decorrente de repetências e dizia não conseguir ser incluído em turmas de projeto, apesar de ter feito diversos pedidos à direção. Nas palavras desse aluno, "sempre que eu peço pra eles, eles falam 'ah, é o computador que escolhe direto, o computador mexe sozinho'. Nunca vi isso, computador mexer sozinho", ou seja, embora esse aluno tivesse o perfil da política e eventualmente até mesmo se enquadrasse no estereótipo negativo cultivado em relação aos "alunos de projeto", a "esperteza" em buscar um atalho para uma saída mais rápida da escola teria sido respondida com uma sanção no acesso à política. Afinal, como discutido no artigo "As atividades cotidianas no nível da rua", parte das atividades dos burocratas de nível de rua envolve ensinar aos cidadãos o papel de ser usuário do Estado ou ensinar quem é merecedor de receber o quê, em que circunstâncias e de que forma.

Incentivo e enfrentamento de estereótipos

Para concluir, é importante retomar o contexto de escassez de recursos, intensa sobrecarga de trabalho e ausência de incentivos em que operavam os BNR na escola selecionada — assim como em tantas outras. Tais condições prepararam um terreno fértil para que estereótipos passivos fossem ativados na implementação de uma política de combate ao fracasso escolar, fazendo com que o direito à educação deixasse de ser distribuído a todos e fosse entendido como uma recompensa a ser reservada a alguns. Se formos pensar em quais deveriam ser os pontos de atenção gerencial para garantir que os alunos da rede pública recebam uma educação de maior qualidade com equidade, é importante atentar, em primeiro lugar, para a provisão de melhores condições materiais que diminuam a gama de escolhas feitas na ponta sobre quem acessa ou não um recurso escasso, como livros didáticos, por exemplo. Trata-se de um tipo de decisão que nem sequer deveria recair sobre professores e diretores, visto que o acesso a esse tipo de material é direito de todo aluno.

Além disso, cabe avaliar a estrutura de incentivos oferecida dentro do arranjo de uma política para direcionar melhor o exercício da discricionariedade, no sentido de produzir resultados mais consistentes com o esperado e gerar mais inclusão social. Por exemplo, a alocação de professores entre as diferentes turmas é, de fato, uma tarefa que costuma ficar a cargo da direção e vai depender, portanto, dos princípios (de maior ou menor equidade) que vão orientar as ações do diretor, mas também da capacidade de persuasão no caso da escolha de professores para turmas mais desafiadoras, como as de projeto. Se esse professor não puder desfrutar nenhum benefício (uma gratificação, por exemplo), ele se sentirá pouco incentivado, valorizado e mobilizado para assumir funções que vão lhe demandar mais esforços e desgaste emocional.

Por fim, destacamos a importância da formação continuada e a sensibilização dos burocratas do "chão da escola" — o pessoal docente-administrativo — para o enfrentamento de estereótipos profundamente enraizados em relação às camadas populares, que tanto lutaram pelo acesso à educação pública. A atenção e a valorização dos agentes da linha de frente são fundamentais para a efetivação desse direito para além do acesso, de forma que possa ser traduzido em permanência com aprendizagem de qualidade.

Cargos comissionados na administração pública

REGINA LUNA SANTOS DE SOUZA

4 de maio de 2022

Neste texto, procuro apresentar os conceitos e as características principais dos diversos cargos existentes nas organizações públicas, distinguindo os possíveis regimes de contratação decorrentes da ocupação desses cargos. A ênfase, no entanto, repousa na caracterização e na descrição dos cargos comissionados — ou cargos de livre nomeação e exoneração.

O que são cargos públicos?

O conceito legal de cargos públicos é bem simples: trata-se de um "conjunto de atribuições e responsabilidades previstas na estrutura organizacional que devem ser cometidas a um servidor" (artigo 3º da Lei nº 8.112, de 1990, que institui o regime jurídico dos servidores públicos civis da União, das autarquias e das fundações públicas federais). A lei desenvolve os conceitos constitucionais dispostos nos artigos 37 e 61, a saber: , os cargos públicos são todos obrigatoriamente "criados por Lei, com denominação própria e subsídios ou vencimentos pagos pelos cofres públicos, para provimento em caráter efetivo[1] como aos cargos em comis-

1. Esses cargos são os pilares da organização funcional dos órgãos públicos, sendo ocupados por pessoas aprovadas e classificadas em concursos

são de livre nomeação e exoneração,[2] com algumas distinções" e seu provimento, além de ser acessível a todos os brasileiros que cumpram os requisitos estabelecidos em lei, também devem se submeter aos princípios de legalidade, impessoalidade, moralidade, publicidade e eficiência.

Essas definições são centrais para entender o processo de profissionalização da administração pública brasileira. É sabido que, no Brasil, a implantação do sistema de mérito se deu de forma bastante precária, o que faz diversos estudiosos e práticos da área, em pleno século XXI, duvidarem mesmo da existência de uma burocracia minimamente profissionalizada no país. É um debate recorrente e, no fundo, decorre de um traço cultural reconhecidamente latino e brasileiro: o patrimonialismo.

É sempre interessante recorrer à análise de Sérgio Buarque de Holanda, em seu clássico *Raízes do Brasil*, para ilustrar essa característica social que acaba transbordando para diversas esferas de relacionamento, incluindo o setor público. A análise, de inspiração weberiana, mas manejada com muita liberdade criativa, opera por tipos contrapostos: o ibérico e o saxônico, o espanhol e o português, o rural e o urbano, o semeador e o ladrilhador, o trabalho e a aventura. Esse procedimento, na reconstituição de nossa formação social, vai se revelando, no decurso do texto,

---

públicos competitivos de provas e títulos, além de serem organizados em padrões e classes numa carreira e terem definida uma forma de evolução horizontal (padrões em uma classe) e vertical (promoção à classe seguinte) baseada em desempenho ao longo do tempo.

2. Já esses cargos, como o próprio nome já sugere, são de livre provimento e seu conteúdo atributivo se relaciona diretamente com a divisão e a hierarquia de responsabilidades, definidas na estrutura de uma organização pública.

uma estratégia particularmente eficaz para a montagem do perfil do "homem cordial", categoria que, com rara felicidade, procura apanhar as estruturas mais íntimas de nosso modo de ser. Essa "cordialidade" brasileira, traduzida pela tendência nativa de estabelecer todas as relações com base na afetividade e, principalmente, na dificuldade de objetivar ou racionalizar as relações fora da família, até o momento constitui forte base para compreensão e explicação da tendência a não considerar as fronteiras entre as esferas pública e privada. Mais que isso, da tendência de familiarizar todos os relacionamentos, inclusive no tratamento dos assuntos de interesse coletivo, uma vez que a família é, para todos os efeitos, a base de sustentação desta sociedade.

Se, no entanto, a história da administração pública brasileira começa pela ocupação de cargos públicos por laços familiares, a partir do século XIX percebe-se uma virada no sentido de garantir a profissionalização ou a objetivação de seu provimento.

Profissionalização da burocracia estatal: sistema do mérito *vs. spoils system*

São diversas as iniciativas no sentido de implantar-se um sistema de mérito na administração pública brasileira, e elas derivaram, quase sempre, da iniciativa do Estado. A Constituição de 1824 já previa, no artigo 179, inciso XIV, que "todo cidadão pode ser admitido aos cargos públicos civis, políticos ou militares, sem outra diferença que não seja por seus talentos ou virtudes". A Carta de 1934 previa a universalização do direito de ingresso no serviço público, fixando o concurso de provas e títulos como meio para a primeira investidura em postos de carreira. E, desde 1936, pelo menos, buscam-se soluções política e tecnicamente corretas para a implantação do sistema do mérito no serviço público brasileiro, reduzindo-se o espaço à corrupção no provimento dos cargos públicos.

Historicamente, tais normas têm-se constituído em *bills on the book*, posto que não se tem assegurado sua implementação efetiva ao longo das décadas. Em mais de uma oportunidade, chegou-se bem perto das soluções pretendidas, cumprindo analisar os motivos pelos quais elas não foram adequadamente implementadas. Para Guerzoni Filho (1995),[3] por exemplo, as primeiras tentativas sistemáticas de instituição de uma burocracia orgânica no Brasil, que se seguiram à Revolução de 1930, foram fruto do esgotamento do modelo de Estado existente e determinadas pela percepção da necessidade de sua constituição para que o novo governo pudesse exercer o poder de forma eficiente:

> [...] trata-se de exigência do próprio crescimento da complexidade da ação estatal. Vale registrar que os anos 1930 são marcados pelo fato de que o Governo passa a atuar em novas áreas. É sintomática a criação dos Ministérios da Educação e Saúde Pública e do Trabalho, Indústria e Comércio. A atividade de elaboração e implementação de políticas públicas começa a exigir maior especialização e profissionalismo.

3. Guerzoni Filho, Gilberto. *Burocracia, tecnocracia, pseudoburocracia e a Constituição de 1988: Tentativas e perspectiva de formação de uma burocracia pública no Brasil*. Senado Federal: Brasília, 1995.

Segundo Souza (1994),[4] ao assumir o poder em 1930, o governo Vargas tinha como plataforma implementar reformas institucionais básicas no Brasil e, nesse sentido, a administração pública deveria assumir um papel de agente do processo de desenvolvimento. Até então, segundo esse autor:

> [...] o setor público, em seus três níveis, havia sido, tradicionalmente, um dos principais esteios da oligarquia rural. Seu controle proporcionava emprego para os protegidos políticos, sob uma forte mentalidade da prática da distribuição de cargos públicos entre os membros do partido vitorioso. Numa espécie de efeito retorno, tais práticas garantiam o sucesso eleitoral para a elite que as controlava. Ordenados certos e benefícios vitalícios tinham sido sempre ponto vital para nossa embrionária classe média, numa economia de escassas fontes de emprego fora da monocultura agrária.[5]

A administração pública, assim, não apenas não estava qualificada para desempenhar as funções esperadas, como também era utilizada como uma fonte de privilégios pessoais, sendo virtualmente inexistentes as preocupações com racionalidade, qualidade dos serviços e eficiência no desempenho da atividade pública. O novo regime, por meio das reformas administrativas, visava, portanto, a controlar o poder oligárquico, redesenhando a política brasileira. Apesar das mudanças implementadas, especialmente em nível legal, tais reformas não lograram modificar as condições

---

4. Souza, Nelson Mello (1994). "Reforma Administrativa no Brasil: Um debate interminável". *Revista de Administração Pública*, Rio de Janeiro, FGV, v. 28, nº 1, 1994, pp. 54-70.

5. Idem.

que produziam o *spoils system*[6] nativo, no qual os cargos públicos continuaram a ser distribuídos entre os partidos vitoriosos.

Ao longo do século xx, a administração pública brasileira presenciou um grande cabo de guerra entre a diversas tentativas de profissionalização, racionalização e implantação do sistema do mérito (representadas pelas sucessivas reformas administrativas, pela instituição do Departamento Administrativo do Serviço Público (Dasp), no governo Getúlio Vargas, passando pela constitucionalização da implantação do sistema do mérito na Constituição de 1988, até a apresentação do Plano Diretor da Reforma do Estado, durante a gestão de Fernando Henrique Cardoso), e a tendência à utilização da patronagem para alcance de objetivos políticos (representada por ocupação de posições públicas por formas diferentes do proposto no ordenamento jurídico, na linha de contratações sem concurso público, na certeza de uma futura incorporação daqueles profissionais ao quadro, com sua efetivação).

---

6. Na política dos Estados Unidos da América, o *spoil system* (também conhecido como *patronage system*) é uma prática na qual um partido político, depois de ganhar uma eleição, dá cargos no governo para seus apoiadores, como retribuição ao apoio dado na eleição e um incentivo para continuar trabalhando pelo partido, totalmente em contraposição a um sistema que privilegie o mérito, tendo semelhanças com o clientelismo. O termo deriva da frase do então senador norte-americano William L. Marcy, "to the victor belong the spoils" ("ao vitorioso pertence o espólio"), referindo-se à vitória do democrata Andrew Jackson na eleição de 1828. Quando Andrew Jackson foi eleito presidente, muitos norte-americanos ricos possuíam cargos no governo que até então eram considerados perpétuos — uma vez indicados pelo presidente ou pelo Congresso, não eram substituídos até a morte ou aposentadoria. Todavia, Jackson, após assumir a presidência, afastou muitos desses oficiais do governo, substituindo por seguidores dele; diversos historiadores acreditam que Jackson tenha iniciado o sistema de *spoils*.

Ousaria dizer que, a partir do momento em que o Estado brasileiro tem como grandes aliados a utilização intensa de tecnologia de informação e comunicação (que permitiu, entre outras coisas, a automatização da função de gerenciar a força de trabalho) e o fortalecimento da função dos controles interno e externo (que permitiu analisar casos desviantes e desconstituir os atos lesivos à administração), parte das condições necessárias para garantir a profissionalização da burocracia pública se concretizou.

De fato, a entrada na carreira pública se faz por concursos abertos, competitivos e organizados por comissões ou bancas independentes. A transparência dos dados igualmente permite afirmar que, de modo geral, a qualidade da força de trabalho no setor público vem aumentando gradativamente, à medida que se percebe também a valorização do esforço para garantia de aprovação nos certames. O servidor público médio é, com certeza, um profissional muito mais capacitado e comprometido com a entrega de resultados do que se poderia encontrar há um século.

Por outro lado, o que se poderia dizer a respeito da ocupação dos cargos de livre provimento, responsáveis pela gestão e pelo assessoramento nas organizações públicas?

Uma breve caracterização dos cargos de livre provimento

Em primeiro lugar, deve-se ressaltar que a existência de cargos de confiança/livre provimento na estrutura das organizações públicas é inerente ao regime democrático, uma vez que se confere aos representantes e dirigentes executivos eleitos um certo grau de liberdade para compor as estruturas de comando. Entende-se ser do jogo democrático que, uma vez que haja alternância de projetos políticos, a designação para os cargos que respondem pelo funcionamento do governo, a entrega de resultados e a manutenção das atividades essenciais do Estado, haja igualmente alternância de pessoas a ocupar tais funções.

Para isso, os cargos classificados como de provimento em comissão constituem dois grupos, a saber: o grupo denominado de Direção e Assessoramento Superiores, sendo este subdividido em duas categorias, Direção e Assessoramento Superiores e Assessoramento Superior, e o grupo denominado Cargos de Natureza Especial. O primeiro grupo compreende o que se pode chamar de atividades de confiança, abrangendo planejamento, supervisão, coordenação, orientação e controle no mais alto nível da hierarquia dos órgãos da administração federal direta.

Em específico, quanto ao cargo público de livre provimento, destaca-se que a classificação "livre provimento" aplica-se em decorrência de não haver formalidades do mesmo tipo que as requeridas para ocupação de um cargo efetivo quanto à seleção do ocupante, ou seja, livre provimento é atributo do cargo público e não da pessoa que nomeia. A motivação para escolha do ocupante do cargo, futuro servidor, independentemente se originado ou não de carreira no serviço público, depende exclusivamente de quem nomeia. Esse fato implica expectativas de desempenho do cargo associadas aos interesses políticos de quem tem o poder de nomear. Por esse motivo, exige-se lealdade pessoal do nomeado e o vínculo é precário. Outra característica do cargo público de livre provimento é o poder hierárquico sobre os demais de provimento efetivo. Também existem requisitos formais quanto às atribuições funcionais associadas ao lugar que o nomeado ocupa na hierarquia e quanto às atribuições que o ato de nomeação definir.

Assim, percebe-se que a existência desses cargos no ordenamento jurídico e nas organizações públicas é tão justificado quanto a existência de assemelhados (gerentes, diretores, entre outros) no setor privado. Seus ocupantes se revestem de uma responsabilidade diretamente relacionada à garantia de bom funcionamento do órgão.

O que se procura discutir aqui é que limites devem existir na ocupação dessas funções, assegurando que as nomeações políticas atendam, em algum grau, à garantia de que os indicados detenham um mínimo de competências necessárias para a continuidade da prestação dos serviços, respeitando-se também os instrumentos normativos vigentes e os princípios constitucionais de moralidade. De fato, durante boa parte do processo de constituição dos quadros permanentes da burocracia federal brasileira, por exemplo, houve uma profusão de cargos em comissão de livre nomeação e exoneração, cujo provimento jamais foi vinculado de forma geral à ocupação de cargos efetivos. Apesar de tentativas de "enxugamento" da máquina, como afirma Luiz Alberto dos Santos (2014),[7]

> [...] os cargos foram sempre numerosos e se tornaram moeda de troca na busca de apoio político por parte do governo, quando não se constituíam em mera apropriação clientelista, fisiológica ou nepotista de postos de trabalho, cujo acesso se dá sem concurso público. As tentativas de fixar regras limitadoras do seu exercício foram ora tímidas, ora inefetivas, pela própria ausência de servidores com o

7. Santos, Luiz Alberto dos. "Burocracia profissional e a livre nomeação para cargos de confiança no Brasil e nos EUA". *Revista do Serviço Público*, v. 60, nº 1, 2014, pp. 5-28, 2009.

perfil necessário para poderem prover a administração de quadros capazes de garantir a continuidade administrativa e refrear a tendência ao clientelismo.

Esse quadro, no entanto, se alterou significativamente nos últimos anos. Desde 1988, com a implantação da Constituição Federal, avançou-se na definição de critérios para sua ocupação, com a preferência, na indicação, para servidores ocupantes de cargo de carreira técnica ou profissional, ao mesmo tempo que mantinha a necessidade de lei para definir casos, condições e percentuais mínimos em que os cargos em comissão (destinados apenas para funções de direção, chefia e assessoramento) deveriam ser preenchidos por servidores de carreira: "as funções de confiança, exercidas exclusivamente por servidores ocupantes de cargo efetivo, e os cargos em comissão, a serem preenchidos por servidores de carreira nos casos, condições e percentuais mínimos previstos em lei, destinam-se apenas às atribuições de direção, chefia e assessoramento" (Constituição Federal, artigo 37, inciso V).

Com efeito, tem-se questionado o uso desses cargos para fins menos republicanos, inclusive no caso de nomeações feitas para assegurar o apoio dos partidos no Legislativo, ou em casos de nepotismo ou de clientelismo, havendo mesmo uma Súmula Vinculante do Supremo Tribunal Federal (STF) limitando a prática:

> A nomeação de cônjuge, companheiro ou parente em linha reta, colateral ou por afinidade, até o terceiro grau, inclusive, da autoridade nomeante ou de servidor da mesma pessoa jurídica, investido em cargo de direção, chefia ou assessoramento, para o exercício de cargo em comissão ou de confiança, ou, ainda, de função gratifi-

> cada na Administração Pública direta e indireta, em qualquer dos Poderes da União, dos Estados, do Distrito Federal e dos municípios, compreendido o ajuste mediante designações recíprocas, viola a Constituição. (Súmula Vinculante nº 13, de 21 de agosto de 2008)

Assim, sustento a afirmação de que o cenário para ocupação dessas posições temporárias na administração pública brasileira mudou bastante, ainda que não esteja tão perto dos valores weberianos.

Cargos em comissão e funções de confiança

REGINA LUNA SANTOS DE SOUZA

18 de julho de 2022

Este texto é parte de uma série de seis notas técnicas, escritas para tratar com mais detalhes o tema "Cargos em comissão e funções de confiança na administração pública".[1] Nesta nota, quero tratar da diferença entre cargo em comissão e função de confiança para facilitar a compreensão de quão profissionalizada a gestão no Executivo é.

Além disso, esta nota pretende fornecer mais subsídios para enfrentar as questões do tamanho das estruturas das organizações do governo federal e dos limites da discricionariedade da liderança política na definição da ocupação desses cargos, diferenciando os cargos em comissão, de livre provimento (ocupação mais ampla, inclusive por não servidores), das funções de confiança (também de livre nomeação e exoneração, porém de ocupação exclusiva por servidores públicos, titulares de cargos efetivos, ou por militares).

1. Para esta nota, contei com as valiosas contribuições de Antonio Ignacio do Amaral e de Marcos Kroll, profissionais da gestão pública há décadas, trabalhando na área de cargos, estruturas e carreiras do setor público, a quem agradeço pelas observações.

Qual a diferença entre cargos em comissão e funções de confiança?

Já vimos antes que "cargo" é um conceito importante para delimitar o espaço ocupacional desempenhado por um servidor na administração, seja este efetivo, "temporário"[2] ou comissionado. Como esta série de notas se propõe aprofundar nos meandros dos cargos de confiança/comissionados, é importante dedicar atenção à diferença entre os "cargos" e as "funções", ambos destinados ao exercício de atividades de direção, chefia e assessoramento nas organizações públicas.

De fato, segundo a definição constitucional,

> Art. 37. A administração pública direta e indireta de qualquer dos Poderes da União, dos Estados, do Distrito Federal e dos Municípios obedecerá aos princípios de legalidade, impessoalidade, moralidade, publicidade e eficiência e, também, ao seguinte:
>
> [...]
>
> V — as *funções de confiança*, exercidas exclusivamente por servidores ocupantes de cargo efetivo, e os *cargos em comissão*, a serem preen-

2. A rigor, não existe a categoria "cargo temporário", mas "contratado por tempo determinado", sobre o que a Lei nº 8.745, de 9 de dezembro de 1993, dispõe: "contratação por tempo determinado para atender a necessidade temporária de excepcional interesse público, nos termos do inciso IX do artigo 37 da Constituição Federal". O termo "temporário", no entanto, ainda que não seja o mais preciso para esse vínculo, acabou sendo o mais conhecido popularmente para classificá-lo. Levando em consideração que, nos últimos vinte anos, diversos processos seletivos para suprir vagas "temporárias" foram e continuam sendo realizados, é razoável considerar essa modalidade de vínculo em próximos ensaios sobre a gestão de pessoas na administração.

chidos por servidores de carreira nos casos, condições e percentuais mínimos previstos em lei, destinam-se *apenas às atribuições de direção, chefia e assessoramento*. (Brasil, 2019, p. 41)[3]

Por isso, segundo o *Manual de estruturas organizacionais*,

As funções de confiança, assim como os cargos em comissão, são criadas por lei para o exercício das atribuições de direção, chefia e assessoramento. Seu provimento também dispensa concurso público — *são vocacionadas à ocupação em caráter transitório, por pessoas de confiança da autoridade competente para preenchê-las, a qual também pode exonerar ad nutum, isto é, livremente e a qualquer momento.* A diferença das funções de confiança para os cargos em comissão é que as funções são exclusivas de servidores públicos de carreira, que ingressaram no setor público por meio de concurso público e ocupam cargo efetivo. As "funções de confiança" são, assim como "cargos em comissão", os termos exatos que constam no inciso V do art. 37 da Constituição, e os únicos termos em todo o art. 37 associados às atribuições de direção, chefia e assessoramento. Embora haja o costume de se referir a funções de confiança de outras formas, como "função comissionada", "função em comissão" e outras, fato é que o inciso V do art. 37 da Constituição Federal de 1988 se refere exclusivamente a "funções de confiança". (Idem, pp. 41-2)

3. Brasil. Ministério da Economia. *Manual de estruturas organizacionais do Poder Executivo Federal/ Ministério da Economia, Secretaria de Gestão*. Brasília: Ministério da Economia, 2019.

Evolução recente dos cargos em comissão e das funções de confiança na administração pública

Um tema recorrente na discussão sobre o setor público é o inchaço da máquina pública, representado pelo tamanho desproporcional do Estado e de suas estruturas organizacionais em relação às atividades que precisa cumprir. De fato, com o início do governo Lula, em 2003, percebeu-se uma tentativa de reconstrução das capacidades estatais via criação de novos órgãos e entidades para garantir cumprimento de compromissos e metas em programas e políticas públicas, principalmente as que diziam respeito a políticas sociais. Como a gestão anterior tinha uma outra orientação, no sentido de ter um Estado mais enxuto, foi necessário naquele momento proceder à superação do chamado déficit institucional.

Rodrigues (2018),[4] em iniciativa desenvolvida pela Escola Nacional de Administração Pública (Enap) e a Secretaria de Gestão do Ministério do Planejamento (Seges/MP), traz um auxílio importante para compreender o acontecido entre 2003 e 2017, no que diz respeito ao comportamento de estruturas e cargos nas organizações públicas. Lembra ele, a partir de estudo de Barbosa e Pompeu (2017)[5] sobre a trajetória da organização do governo federal entre

---

4. Rodrigues, Carlos Henrique. *Substituição de cargos em comissão do grupo Direção e Assessoramento Superior (DAS) por Funções Comissionadas do Poder Executivo (FCPE): Histórico recente e lições aprendidas. Casos SEGES: Renovando a gestão pública*. Brasília: Escola Nacional de Administração Pública (Enap)/ Secretaria de Gestão (SEGES/MP), 2018. Disponível em: http://repositorio.enap.gov.br/handle/1/3456. Acesso em: 4 jul. 2023.

5. Barbosa, Sheila Cristina Tolentino; Pompeu, João Cláudio. "Trajetória recente da organização do governo federal". *Boletim de Análise Político-Institucional*, nº 12, 2017. Disponível em: http://repositorio.ipea.gov.br/handle/11058/8094. Acesso em: 4 jul. 2023.

1994 e 2015, do expressivo crescimento de órgãos com *status* de ministérios, passando de 26, no primeiro governo Fernando Henrique Cardoso (FHC), para 39 no início do segundo governo Dilma Rousseff, um aumento de 50%, conforme apresentado na Tabela 1:[6]

Tabela 1 — Evolução do número de Ministérios e Secretarias Especiais (1994-2016)

Governo	Ministério	Ministério extraordinário	Ministérios militares	Órgãos da Presidência com *status* de ministério	Banco Central com *status* de ministro	Total geral	Variação (%)
FHC 1 (1995-1998)	17	4	3	2	0	26	—
FHC 2 (1999-2002)	20	1	0	6	0	27	4%
Lula 1 (2003-2006)	23	0	0	6	1	30	11%
Lula 2 (2007-2010)	24	0	0	12	1	37	23%
Dilma 1 (2011-2014)	24	0	0	14	1	39	5%
Dilma 2 (2015-2016)	24	0	0	14	1	39	0%
Temer (2016–)	21	0	0	5	1	27	-31%

Fonte: Barbosa e Pompeu (2017),[7] com adaptações de Rodrigues (2018).[8]

6. Luiz Alberto dos Santos questiona essa contabilidade. De fato, em levantamento feito para uma publicação ainda em revisão, afirma que: "(...) ao término de seu Governo, Dilma Rousseff contava com 32 pastas de nível ministerial, já resultantes de reduções na estrutura ocorridas no início de seu segundo mandato, adotadas como forma de atender a pressões pelo 'enxugamento' da máquina, que chegou a contar com 39 pastas ministeriais. Ao encerrar o seu mandato, em 2018, Michel Temer já havia reduzido essa estrutura para 29 pastas ministeriais, mantendo o Presidente do Banco Central do Brasil com *status ministerial*."

7. Barbosa, Sheila Cristina Tolentino; Pompeu, João Cláudio, op. cit.

8. Rodrigues, Carlos Henrique, op. cit.

Segundo os três autores, o maior crescimento se deu durante os dois governos do presidente Lula, responsável por 42% do aumento de novos órgãos,[9] movimento este que foi acompanhado pela ampliação da força de trabalho efetiva e transitória na administração pública.[10] No que tange aos cargos em comissão, comparando o término do segundo governo FHC com o segundo do governo Lula, é possível perceber um aumento de mais de 17 mil (25%) cargos em comissão ocupados, sendo que, ao final do segundo governo Dilma, esse montante somava um acréscimo de mais de 30 mil (41%) cargos, sendo que destes, mais de 4,5 mil (15%) foram de direção e assessoramento superior (DAS), que

---

9. Um detalhe curioso que os autores apontam é a nova estratégia para o crescimento da estrutura. Em vez de criar novos ministérios ou nomear ministros extraordinários, os governos passaram a elevar o *status* de órgãos da Presidência da República, conservando a nomenclatura como secretaria, porém conferindo a elas *status* equivalentes ao de ministérios. Com isso, promovia-se um *upgrade* na estrutura, com ampliação de cargos e funções, mas não necessariamente com a criação de "novos" órgãos. Essa estratégia, por um lado, acaba por trazer menos atenção da mídia e da sociedade a respeito do tamanho absoluto do Estado e, por outro, produz resultados práticos no que se refere a elevação de *status* de temas na agenda governamental, bem como na elevação do poder de negociação do governo, que passaria a ter cargos mais valorizados para distribuição de poder dentro da coalizão de governo.

10. Parte desse crescimento se explica, logicamente, pela mudança de mentalidade a respeito da importância do Estado como promotor do desenvolvimento e como garantidor de direitos trazida pelos governos do Partido dos Trabalhadores (PT) entre 2003 e 2016. Além disso, deve-se ressaltar que houve um esforço grande de regularização de vínculos trabalhistas por força de auditorias dos órgãos de controle e de Ação Civil Pública movida pelo Ministério Público do Trabalho no fim do governo FHC, que verificou a utilização indevida de projetos de cooperação internacional para provimento de força de trabalho que deveria ter sido realizada por contratação de terceirizados, contratações por prazo determinado ou por contratação de servidores públicos efetivos, mediante concursos públicos. Tudo isso, combinado a um momento econômico favorável, proporcionou esse crescimento observado na máquina pública.

refletem de forma mais direta o crescimento da estrutura. Crescimento mais expressivo ainda se nota no que tange ao ingresso por concurso público, o que demonstra uma política clara de fortalecimento dos quadros de pessoal, bem como de busca por uma maior robustez da estrutura criada (Tabela 2).

Tabela 2 — Evolução ocupação de Cargos em Comissão e DAS

Governo	Ano	Cargos comissionados	DAS	Ingresso concurso
FHC 2	1999	59.715	16.306	2.927
	2000	66.100	17.449	1.524
	2001	71.409	17.995	660
	2002	68.931	18.374	30
Lula 1	2003	67.774	17.559	7.220
	2004	67.798	19.083	16.121
	2005	69.753	19.925	12.453
	2006	73.846	19.797	22.112
Lula 2	2007	75.909	20.187	11.939
	2008	76.039	20.597	19.360
	2009	81.564	21.217	29.728
	2010	86.086	21.870	36.600
Dilma 1	2011	86.784	22.103	20.059
	2012	90.173	22.395	20.171
	2013	95.081	22.692	25.815
	2014	99.234	22.926	33.477
Dilma 2	2015	99.234	21.795	21.663
Temer	2016	97.874	17.128	20.813

Fonte: Rodrigues (2018)[11] e Barbosa e Pompeu (2017),[12] a partir de dados do "Boletim Estatístico de Pessoal 2016".

11. Rodrigues, Carlos Henrique, op. cit.

12. Barbosa, Sheila Cristina Tolentino; Pompeu, João Cláudio, op. cit.

Apesar desse crescimento expressivo das estruturas — ou, eventualmente, por causa dele —, um outro movimento começa a ganhar força, no sentido de reduzir o quantitativo de cargos ocupados por pessoas estranhas à administração. Entre outras propostas, destaca-se a edição do Decreto nº 5.497, de 21 de julho de 2005, que havia definido percentuais mínimos dos cargos em comissão do grupo direção e assessoramento superiores (DAS) a serem ocupados por servidores públicos efetivos[13] e a apresentação do Projeto de Lei nº 3.429/2008, encaminhado ao Congresso Nacional a fim de extinguir cargos comissionados do tipo DAS para substituí-los por funções comissionadas do Poder Executivo (FCPE), a serem ocupadas de forma privativa por servidores públicos efetivos.[14]

---

13. Esse decreto foi revogado com a publicação do Decreto nº 10.829, de 2021. Previa percentuais mínimos a serem ocupados exclusivamente por servidores de carreira nos seguintes cargos em comissão do grupo-direção e assessoramento superiores — DAS da administração pública federal direta, autárquica e fundacional: 75% dos cargos em comissão DAS, níveis 1, 2 e 3, e 50% dos cargos em comissão DAS, nível 4. Posteriormente, houve um ajuste para 50% dos cargos de nível 1 a 4 e 60% do total de cargos em comissão DAS, níveis 5 e 6, introduzido pelo decreto nº 10.829/21. Pelo decreto de 2005, considera-se como servidor de carreira os servidores, ativos ou inativos, oriundos de órgão ou entidade de qualquer dos Poderes da União, dos estados, do Distrito Federal e dos municípios, suas empresas públicas e sociedades de economia mista, ocupante de cargo ou emprego permanente no qual ingressou mediante concurso público ou, se em data anterior a 5 de outubro de 1988, mediante forma de provimento permitida pelo ordenamento da época de ingresso. Essa disposição foi mantida pelas normas posteriores.

14. Conforme consta na exposição de motivos do projeto de lei, essa ação não se tratava de prática estranha à administração, mas uma continuidade ao processo de valorização dos servidores, iniciado por meio do Decreto nº 5.497, de 2005. Outra ação interessante foi a instituição de programas de profissionalização no âmbito da Administração Federal, ofertados por escolas de governo. As FCPES, dessa forma, seriam destinadas a atividades de direção, chefia e assessoramento, possuiriam cinco níveis e remuneração

A reforma proposta por esse projeto de lei abrangeria cinco órgãos da administração executiva federal que, de acordo com a exposição de motivos, já possuíam carreiras com profissionais concursados, com boa formação e experiência profissional e aptos a assumir posições de direção, chefia e assessoramento. Incluíram-se, então, as seguintes entidades:

1. Secretarias de Gestão, de Planejamento e Investimentos Estratégicos e de Orçamento Federal, do Ministério do Planejamento, Orçamento e Gestão;
2. Procuradoria-Geral da Fazenda Nacional, Secretaria da Receita Federal do Brasil e Secretaria do Tesouro Nacional, do Ministério da Fazenda;
3. Controladoria-Geral da União;
4. Advocacia-Geral da União; e
5. Departamento de Polícia Federal e Departamento de Polícia Rodoviária Federal do Ministério da Justiça.

A despeito da fundamentação apresentada e dos esforços realizados ao longo dos anos que se seguiram, o projeto não ganhou força. Uma das principais causas do insucesso está relacionada ao contexto político, em que o governo, para conseguir apoio na aprovação de projetos relevantes, muitas vezes se valia

---

equivalente à dos DAS (correspondente ao valor percebido pelos servidores efetivos). De fato, o projeto de lei propôs a criação de um total de 2.477 funções, com a extinção equivalente de cargos DAS de níveis correspondentes, visando a uma reestruturação que não trouxesse aumento de despesa, mas que traria ainda alguma economia orçamentária. Essa economia seria obtida em razão do fato de que servidores efetivos ocupando DAS recebem, de acordo com a legislação, o equivalente a 60% do valor total do cargo. Assim, para manter remuneração equivalente entre as FCPES e DAS, as novas funções teriam valores similares a 60% do valor de um DAS de mesmo nível e não seriam revertidas ao estado anterior.

dos cargos e posições como moeda de troca. Nesse cenário, extinguir cargos de livre provimento possivelmente iria em sentido contrário à necessidade.

Em 12 de maio de 2016, como resultado da votação do processo de impedimento pelo Senado, ocorreu o afastamento da presidenta Dilma, assumindo, inicialmente em caráter interino, o vice-presidente, Michel Temer. No mesmo dia, após a posse, foi publicada em edição extra do *Diário Oficial da União* a Medida Provisória (MP) nº 726, convertida na Lei nº 13.341/2016, que reduzia de 32 para 23 o número de ministérios e secretarias especiais. É fato que, durante todo o último ano do primeiro mandato e o primeiro ano do segundo governo Dilma, houve uma tentativa de redução das estruturas ministeriais por parte do Ministério do Planejamento e da Casa Civil da Presidência da República, sem êxito.[15] A relativa rapidez de apresentação de proposta nesse sentido é explicada pela existência de diversos estudos e simulações já acumulados no órgão central.[16]

---

15. Antônio Amaral e Marcos Kroll ponderam que a falta de êxito desse esforço é refletido pelo baixo número de decretos de estrutura regimental publicados na época com redução do número de cargos em comissão e funções de confiança de algumas autarquias e dos Ministérios do Esporte e do Turismo: Fundação Cultural Palmares (FCP) — Decreto nº 8.697/2016; Instituto Brasileiro de Museus (Ibram) — Decreto nº 8.696/2016; Departamento Nacional de Obra Contra as Secas (DNOCS) — Decreto nº 8.684/2016; Superintendência de Desenvolvimento do Nordeste (Sudene) — Decreto nº 8.679/2016; Superintendência de Desenvolvimento do Centro-Oeste (Sudeco) — Decreto nº 8.678/2016; Superintendência de Desenvolvimento da Amazônia (Sudam) — Decreto nº 8.677/2016; Instituto Nacional de Metrologia, Qualidade e Tecnologia (Inmetro) — Decreto nº 8.671/2016; Fundação Alexandre de Gusmão (FAG) — Decreto nº 8.664/2016; Superintendência da Zona Franca de Manaus (Suframa) — Decreto nº 8.639/2016; Ministério do Turismo (MTur) — Decreto nº 8.627/2016; e Ministério do Esporte (ME) — Decreto nº 8.774/2016.

16. Antônio Amaral e Marcos Kroll igualmente ponderam que esse acúmulo de estudos e simulações pela burocracia profissional da gestão pública ajuda

A Tabela 3 apresenta de forma consolidada a relação dos ministérios e secretarias extintos, tal como os que foram transformados e aqueles que seriam criados.

Desde 2015, em decorrência da crise fiscal, foram iniciadas ações voltadas para a redução de despesas com cargos em comissão e funções de confiança. Nesse contexto foi realizada uma ampla reforma administrativa (com mais de setenta novos decretos de estruturas regimentais editados), que, além de reduzir as despesas, procuraram ajustar a estrutura das instituições direcionadas para a melhoria da gestão. No total, a reforma de então extinguiu definitivamente 4.184 cargos, funções e gratificações, incluindo 2.547 cargos do tipo DAS, propiciando uma economia orçamentária de aproximadamente 193 milhões de reais.[17]

Seguindo a orientação estratégica de reduzir as despesas e, ao mesmo tempo, buscar a melhor profissionalização do serviço público, essa reforma administrativa foi implementada com a troca de cargos do tipo DAS pelas FCPE — que já substituíram mais de 90% do total de 10.462 autorizado na Lei nº 13.346, de 2016 (mais de 40% dos DASs que existiam).[18]

---

a explicar o porquê de o governo Temer ter sido bem-sucedido na redução de cargos. Além disso, para demonstrar que havia estudos e simulações acumuladas, a edição do Decreto nº 8.785/2016 definiu quantitativos mínimos de redução de estrutura, em função de DAS-Unitários, a serem efetivados por pasta (ministério e suas entidades vinculadas). Esse decreto foi publicado somente cerca de um mês após o início da gestão Temer e previa a redução de mais de 3 mil cargos e funções das estruturas regimentais dos ministérios e autarquias.

17. Segundo a exposição de motivos do Decreto nº 8.947, de 28 de dezembro de 2016.

18. A referida lei extinguiu, no âmbito do Poder Executivo federal, 10.462 cargos em comissão do grupo DAS, sendo 1.201 DAS-4, 2.461 DAS-3, 3.150 DAS-2 e

Tabela 3 — Reforma ministerial 2016

<table>
<tr><th>Extintos</th><th>Criados</th></tr>
<tr><td>• Casa Militar;
• Controladoria-Geral da União;
• Ministério das Comunicações;
• Ministério das Mulheres, da Igualdade Racial, da Juventude e dos Direitos Humanos;
• Ministério do Desenvolvimento Agrário;
• Secretaria de Aviação Civil da Presidência da República;
• Secretaria de Comunicação Social; e
• Secretaria de Portos.</td><td>• Gabinete de Segurança Institucional da Presidência da República; e
• Ministério da Transparência, Fiscalização e Controladoria-Geral da União — CGU.</td></tr>
<tr><th colspan="2">Transformados</th></tr>
<tr><th>De</th><th>Para</th></tr>
<tr><td>Ministério do Desenvolvimento, Indústria e Comércio Exterior</td><td>Ministério da Indústria, Comércio Exterior e Serviços</td></tr>
<tr><td>Ministério da Ciência, Tecnologia e Inovação</td><td>Ministério da Ciência, Tecnologia, Inovações e Comunicações</td></tr>
<tr><td>Ministério do Trabalho e Previdência Social</td><td>Ministério do Trabalho</td></tr>
<tr><td>Ministério da Justiça</td><td>Ministério da Justiça e Cidadania</td></tr>
<tr><td>Ministério do Desenvolvimento Social e Combate à Fome</td><td>Ministério do Desenvolvimento Social e Agrário</td></tr>
<tr><td>Ministério do Planejamento, Orçamento e Gestão</td><td>Ministério do Planejamento, Desenvolvimento e Gestão</td></tr>
<tr><td>Ministério dos Transportes</td><td>Ministério dos Transportes, Portos e Aviação Civil</td></tr>
</table>

Fonte: Rodrigues (2018),[19] elaborado pelo autor com base na Lei nº 13.341/2016.

3.650 DAS-1, e autorizou, na medida em que forem extintos os citados cargos, a substituição deles, na mesma proporção, por FCPE, privativas de servidores efetivos, criadas pela lei. Iniciativas semelhantes haviam sido desenvolvidas anteriormente em relação aos cargos da estrutura regimental de outros órgãos: Instituto Nacional do Seguro Social (INSS), Departamento de Polícia Rodoviária Federal (DPRF), Departamento Nacional de Infraestrutura de Transportes (DNIT), Fundo Nacional do Desenvolvimento da Educação (FNDE), Instituto Nacional da Propriedade Industrial (INPI) e Departamento Nacional de Produção Mineral (DNPM), com reconhecido sucesso, o que deu mais respaldo à administração para prosseguir com esse movimento.

19. Rodrigues, Carlos Henrique, op. cit.

Esses movimentos resultaram em uma redução de 9% (–2.499) no total do grupo DAS e de FCPE de dezembro de 2015 até julho de 2018. O resultado dessa maciça transformação de cargos em funções representou uma modificação importante no perfil das organizações públicas entre 2015 e 2017, reduzindo de forma expressiva a ocupação de pessoas sem vínculo com a administração nos cargos destinados ao exercício de funções de direção, chefia e assessoramento:

Tabela 4 — Evolução dos quantitativos de cargos

Mês	Total comissionados	DAS	FCPE
dez./15	99.234	21.795	—
dez./16	97.874	17.128	2.185
jan./17	98.799	16.538	6.027
abr./17	97.844	11.772	10.319
jul./17	98.559	11.362	10.980
nov./17	98.825	11.359	11.274

Fonte: Rodrigues (2018),[20] com base em dados extraídos do "Boletim Estatístico de Pessoal".

Panorama atual dos cargos em comissão e das funções de confiança na administração pública federal

Com o início do governo Bolsonaro, mais uma redução no quantitativo de cargos e funções ocorreria, com a edição da Medida Provisória nº 870, de 2019 (convertida posteriormente na Lei nº 13.844, de 18 de junho de 2019). Essa medida provisória estabe-

20. Idem.

leceu a organização básica dos órgãos da Presidência da República e dos ministérios. Conforme o artigo 19 e o artigo 20 da respectiva lei:[21]

> Art. 19. Os ministérios são os seguintes:
> I — Ministério da Agricultura, Pecuária e Abastecimento;
> II — Ministério da Cidadania;
> III — Ministério da Ciência, Tecnologia e Inovações;
> III-A — Ministério das Comunicações;
> IV — Ministério da Defesa;
> V — Ministério do Desenvolvimento Regional;
> VI — Ministério da Economia;
> VII — Ministério da Educação;
> VIII — Ministério da Infraestrutura;
> IX — Ministério da Justiça e Segurança Pública;
> X — Ministério do Meio Ambiente;
> XI — Ministério de Minas e Energia;
> XII — Ministério da Mulher, da Família e dos Direitos Humanos;
> XIII — Ministério das Relações Exteriores;
> XIV — Ministério da Saúde;
> XV — Ministério do Turismo; e
> XVI — Controladoria-Geral da União.
> XVII — Ministério do Trabalho e Previdência.
>
> Art. 20. São Ministros de Estado:
> I — os titulares dos Ministérios;
> II — o Chefe da Casa Civil da Presidência da República;

---

21. A Lei nº 13.844, de 18 de junho de 2019, foi revogada pela Lei nº 14.600, de 19 de junho de 2023.

III — o Chefe da Secretaria de Governo da Presidência da República;

IV — o Chefe da Secretaria-Geral da Presidência da República;

V — o Chefe do Gabinete de Segurança Institucional da Presidência da República; e

VI — o Advogado-Geral da União, até que seja aprovada emenda constitucional para incluí-lo no rol das alíneas c e d do inciso I do caput do art. 102 da Constituição Federal.

Essa redução de órgãos e entidades representou uma diminuição no quantitativo de cargos e funções, em comparação com o cenário encontrado em dezembro de 2018. Mais adiante, um outro passo no sentido de dar mais transparência ao tamanho do Estado e à ocupação dessas funções e cargos seria dado. Até a edição da Medida Provisória nº 1.042, de 2021 (convertida na Lei nº 14.204, de 16 de setembro de 2021), que simplificou a gestão de cargos em comissão e de funções de confiança na administração pública federal direta, autárquica e fundacional, para dar materialidade a essas posições de direção, chefia e liderança, além dos cargos do grupo DAS e FCPE, havia uma quantidade considerável de espécies de funções de confiança e de gratificações (temporárias ou de representação), como apresentado no Quadro 1:

Quadro 1 — Denominação e descrição dos cargos em comissão e funções de confiança

Denominação	Legislação de referência	Natureza do cargo
Cargo de Natureza Especial (NE)		Cargos de chefia ou direção que respondem por uma unidade administrativa interna na estrutura da Presidência da República e dos ministérios, situada no nível mais alto de autoridade pública na estrutura hierárquica dos órgãos, estando abaixo somente dos ministros de Estado.
Cargo em Comissão do Grupo — Direção e Assessoramento Superiores (DASs)	Lei nº 5.645, de 10 de dezembro de 1970	São os cargos mais identificados com a ideia de livre nomeação e exoneração. Os DASs desdobram-se em seis níveis hierárquicos, em função do grau de autoridade pública atribuída ao seu ocupante. Quanto maior o nível, maior o grau de autoridade.
Funções Comissionadas do Poder Executivo (FCPE)	Medida Provisória nº 731, de 10 de junho de 2016, convertida na Lei nº 13.346, de 10 de outubro de 2016	Para todos os efeitos legais e regulamentares, são equiparadas aos cargos em comissão DAS: desdobram-se em seis níveis hierárquicos, conforme o grau de autoridade pública atribuída ao seu ocupante e, quanto maior for o nível, maior será o grau de autoridade. No entanto, as FCPEs são exclusivas de servidores de cargos efetivos oriundos de órgão ou entidade de quaisquer dos Poderes da União, dos estados, do Distrito Federal e dos municípios, possuem provimento regido pelo critério da confiança e são destinadas ao exercício de atividades de direção, chefia e assessoramento nos órgãos e nas entidades do Poder Executivo federal.
Funções Gratificadas (FGs)	Art. 26 da Lei nº 8.216, de 13 de agosto de 1991	Correspondem a funções de chefia ou assistência intermediária, desdobradas em três níveis hierárquicos que representam, na estrutura dos órgãos e entidades federais, os níveis mais elementares de autoridade pública. No caso da FG, quanto menor o nível, maior o valor da função.
Funções Comissionadas Técnicas (FCT)	Medida Provisória nº 2.229-43, de 6 de setembro de 2001, disciplinada pelo Decreto nº 4.941, de 29 de dezembro de 2003	Exercidas exclusivamente por servidores ocupantes de determinados cargos efetivos do Poder Executivo federal. São funções de assessoramento, vinculadas ao exercício de atividades essencialmente técnicas por postos de trabalho, das diversas unidades administrativas dos órgãos e entidades do Poder Executivo federal. As FCT são descritas, analisadas e avaliadas de acordo com requisitos previamente estabelecidos, sendo remuneradas de acordo com o nível de complexidade e de responsabilidade das atividades exercidas.

Cargos de Direção e Funções Gratificadas das instituições federais de ensino	Lei nº 8.168, de 16 de janeiro de 1991 (essas funções não devem ser confundidas com as FGs dos demais órgãos e entidades do Poder Executivo federal, criadas no art. 26 da Lei nº 8.216, de 1991)	Cargos criados para atender às necessidades das instituições federais de ensino (Instituições Federais de Ensino Superior, Centros Federais de Educação Tecnológica, Escolas Agrotécnicas Federais, Escolas Técnicas Federais e Instituições Federais de Ensino Militar). Estruturam-se a partir dos Cargos de Direção (CD), divididos em quatro níveis, das Funções Gratificadas, divididas em nove níveis, e também por meio das Funções Comissionadas de Coordenação de Curso (FCC).
Cargos comissionados das agências reguladoras	Lei nº 9.986, de 18 de julho de 2000	As agências reguladoras possuem cargos em Comissão de Direção (CD), de Gerência Executiva (CGE), de Assessoria — CA e de Assistência (CAS) — e os Cargos em Comissão Técnicos (CCT), conforme estabelecido na Lei nº 9.986, de 18 de julho de 2000. Essas autarquias especiais possuem autonomia para alterar os respectivos quantitativos de cargos e distribuí-los, no âmbito de cada grupo, sem aumento de despesa (art. 14 da Lei nº 9.986, de 2000).
Funções Comissionadas do Banco Central do Brasil	Lei nº 9.650, de 27 de maio de 1998	Cargos de exercício privativo por servidores do Banco Central do Brasil. Seus quantitativos também poderão ser alterados por ato do presidente do Banco Central do Brasil, desde que não impliquem aumento de despesa.
Gratificação Temporária das Unidades dos Sistemas Estruturadores da Administração Pública Federal (GSISTE)	Art. 15 da Lei nº 11.356, de 19 de outubro de 2006	Devida aos titulares de cargos de provimento efetivo, em efetivo exercício no órgão central e nos órgãos setoriais, seccionais e correlatos, enquanto permanecerem nessa condição, no âmbito dos sistemas estruturados a partir do disposto no Decreto-Lei nº 200, de 25 de fevereiro de 1967, e relacionados no referido art. 15: I. de Planejamento e de Orçamento Federal; II. de Administração Financeira Federal; III. de Contabilidade Federal; IV. de Controle Interno do Poder Executivo federal; V. de Informações Organizacionais do Governo Federal (SIORG); VI. de Gestão de Documentos de Arquivo — SIGA; VII. de Pessoal Civil da Administração Federal (SIPEC); e VIII. de Serviços Gerais (SISG).
Gratificação Temporária do Sistema de Administração dos Recursos de Informação e Informática (GSISP)	Art. 287 da Lei nº 11.907, de 2 de fevereiro de 2009	Devida aos titulares de cargos de provimento efetivo que se encontram em exercício no órgão central e nos órgãos setoriais, seccionais e correlatos do SISP, enquanto permanecerem nesta condição, no quantitativo máximo previsto no § 1º do art. 287 da Lei nº 11.907, de 2009, independentemente do número de servidores em exercício no órgão central e nos órgãos setoriais, seccionais e correlatos do SISP.

Gratificação Temporária de Atividade em Escola de Governo (GAEG)	Art. 292 da Lei nº 11.907, de 2009	Devida aos titulares de cargos de provimento efetivo, em efetivo exercício na Escola de Administração Fazendária (ESAF); Escola Nacional de Administração Pública (Enap); Instituto Rio Branco (IRBr) e Academia Nacional de Polícia (incluída em 2012 pelo art. 292-A), enquanto permanecerem nesta condição, no quantitativo máximo previsto no Anexo CLXI da Lei nº 11.907, de 2009, independentemente do número de servidores em exercício nas citadas escolas.
Gratificações de Representação e de Exercício em Cargo de Confiança	Art. 145 da Lei nº 1.711, de 28 de outubro de 1952	I. Gratificação de Representação de Função de Gabinete Militar (RMM) nos Gabinetes dos Ministros Militares e do extinto Estado-Maior das Forças Armadas (Emfa) — Lei nº 8.460, de 17 de setembro de 1992 II. Gratificação pela Representação de Gabinete (RGM) nos ministérios, para civis e militares — Decreto-Lei nº 1.341, de 22 de agosto de 1974; Decreto nº 77.242, de 26 de fevereiro de 1976; e art. 10 da Lei nº 8.460, de 1992; III. Gratificação de Representação da Presidência da República (RGA para civis e RMA para militares) — art. 145 da Lei nº 1.711, de 28 de outubro de 1952; Decreto-Lei nº 1.341, de 22 de agosto de 1974; art. 13 da Lei nº 8.460, de 1992; e Lei nº 8.911, de 11 de julho de 1994; e Decreto nº 5.452, de 1º de junho de 2005; IV. Gratificação de Representação dos órgãos integrantes da Presidência da República (GR) — art. 145 da Lei nº 1.711, de 1952; Decreto-Lei nº 1.341, de 1974; art. 13 da Lei nº 8.460, de 1992; e Lei nº 8.911, de 1994; e Decreto nº 5.452, de 2005; e V. Gratificação de Exercício em Cargo de Confiança nos órgãos da Presidência da República e no Ministério da Defesa (RMP), conhecidas como letras militares, instituída no art. 11 da Lei nº 8.460, de 1992, privativa de militares.
Gratificação de representação da carreira militar	Lei nº 6.880, de 1990, do estatuto dos militares, Medida Provisória nº 2.215-10, de 31 de agosto de 2001, e Decreto nº 8.733, de 2 de maio de 2016	Gratificação de representação devida a exercício de comando, direção e chefia de organização militar, devida conforme as disposições do art. 1º do Decreto nº 8.733, de 2016.

Fonte: Sistematização da autora, a partir dos dados do *Manual de estruturas organizacionais* (2019).

Deve-se ressaltar, a respeito de cargos e funções apresentados no Quadro 1, que algumas das gratificações de exercício criadas durante as gestões Lula, com o fim de compensar financeiramente os servidores atuantes em escolas de governo e nos chamados Sistemas Estruturantes (notadamente as GSISTE, GSISP e GAEG) têm natureza de funções de confiança, apesar da denominação. No entanto, por não integrarem a estrutura regimental, a ocupação não é tão transparente e os critérios de ocupação/designação são mais elásticos. Em compensação, para permanecer designado em uma dessas gratificações, os servidores passam por processo constante de avaliação de desempenho, devendo manter compromisso e resultados elevados.

A Medida Provisória nº 1.042, de 14 de abril de 2021, convertida na Lei nº 14.204, de 16 de setembro de 2021, substituiu essa miríade de cargos e funções na administração pública federal direta, autárquica e fundacional por dois tipos: o de Cargos Comissionados Executivos (CCE) e as Funções Comissionadas Executivas (FCE), distribuídos conforme o Quadro 2:

Quadro 2 — Denominação dos cargos comissionados e funções comissionadas

Denominação	Abreviação
Cargo Comissionado Executivo-18	CCE-18
Cargo Comissionado Executivo-17/ Função Comissionada Executiva-17	CCE -17/ FCE-17
Cargo Comissionado Executivo-16/ Função Comissionada Executiva-16	CCE -16/ FCE -16
Cargo Comissionado Executivo-15/ Função Comissionada Executiva-15	CCE -15/ FCE -15
Cargo Comissionado Executivo-14/ Função Comissionada Executiva-14	CCE -14/ FCE -14
Cargo Comissionado Executivo-13/ Função Comissionada Executiva-13	CCE -13/ FCE -13
Cargo Comissionado Executivo-12/ Função Comissionada Executiva-12	CCE -12/ FCE -12
Cargo Comissionado Executivo-11/ Função Comissionada Executiva-11	CCE -11/ FCE -11
Cargo Comissionado Executivo 10/ Função Comissionada Executiva-10	CCE -10/ FCE -10
Cargo Comissionado Executivo-9/ Função Comissionada Executiva-9	CCE -9/ FCE -9
Cargo Comissionado Executivo-8/ Função Comissionada Executiva-8	CCE -8/ FCE -8
Cargo Comissionado Executivo-7/ Função Comissionada Executiva-7	CCE -7/ FCE -7
Cargo Comissionado Executivo-6/ Função Comissionada Executiva-6	CCE -6/ FCE -6
Cargo Comissionado Executivo-5/ Função Comissionada Executiva-5	CCE -5/ FCE -5
Cargo Comissionado Executivo-4/ Função Comissionada Executiva-4	CCE -4/ FCE -4
Cargo Comissionado Executivo-3/ Função Comissionada Executiva-3	CCE -3/ FCE-3
Cargo Comissionado Executivo-2/ Função Comissionada Executiva-2	CCE -2/ FCE -2
Cargo Comissionado Executivo-1/ Função Comissionada Executiva-1	CCE -1/ FCE -1

Fonte: Anexo I da MP 1.042/2021.

Na tentativa de organizar e racionalizar as diferentes tabelas de remuneração vigentes, os valores de cada nível foram estabelecidos conforme os valores das funções e cargos que substituem, tornando a compreensão das estruturas organizacionais mais transparente e, de certa forma, mais auditáveis pelo público externo.

Nos termos da Medida Provisória nº 1.042/2021, foram extintos os seguintes cargos em comissão, funções de confiança e gratificações, para transformação em CCE ou em FCE:

I — os cargos em comissão do Grupo-Direção e Assessoramento Superiores (DAS), instituídos pelo inciso I do caput do art. 2º da Lei nº 5.645, de 10 de dezembro de 1970;
II — as Funções Comissionadas do Poder Executivo (FCPE), instituídas pela Lei nº 13.346, de 10 de outubro de 2016;
III — as Funções Comissionadas Técnicas (FCT), de que trata o art. 58 da Medida Provisória nº 2.229-43, de 6 de setembro de 2001;
IV — as Funções Gratificadas (FG), instituídas pelo art. 26 da Lei nº 8.216, de 13 de agosto de 1991;
V — as gratificações de representação dos órgãos integrantes da Presidência da República, de que trata o art. 13 da Lei nº 8.460, de 17 de setembro de 1992, previstas na tabela c do Anexo iii da Lei nº 11.526, de 4 de outubro de 2007; e
VI — as Gratificações Temporárias pelo exercício na Advocacia-Geral da União, de que trata o art. 17 da Lei nº 9.028, de 12 de abril de 1995.

Além desses, em consulta aos decretos de estrutura regimental já publicados, percebe-se que é possível também extinguir gratificações de exercício (GSISTE, GSISP, GAEG, que acabam funcionando como funções comissionadas) para transformação em FCE. O processo de substituição das estruturas antigas pela nova iniciou-se gradualmente em 2021, tendo como datas-limite para conclusão o dia 31 de outubro de 2022 (para autarquias e fundações públicas) e o dia 31 de março de 2023 (para os órgãos da administração pública direta ou sem alocação definida).[22]

22. Em consulta ao Painel Estatístico de Pessoal em 16 de agosto de 2023, percebeu-se que esse processo de substituição está praticamente concluído.

Quadro 3 — Estruturas organizacionais revisadas

Decreto	Órgão ou entidade reestruturado/a
Decreto nº 10.868, de 25 de novembro de 2021	Ministério da Economia (ME)
Decreto nº 10.869, de 25 de novembro de 2021	Fundo Nacional de Desenvolvimento (Inventariança)
Decreto nº 10.875, de 30 de novembro de 2021	Gabinete de Intervenção Federal no Estado do Rio de Janeiro
Decreto nº 10.883, de 6 de dezembro de 2021	Ministério da Mulher, da Família e dos Direitos Humanos (MMFDH)
Decreto nº 10.907, de 20 de dezembro de 2021	Casa Civil da Presidência da República (CC/PR)
Decreto nº 10.925, de 31 de dezembro de 2021	Fundação Jorge Duprat Figueiredo, de Segurança e Medicina do Trabalho — Fundacentro
Decreto nº 10.943, de 24 de janeiro de 2022	Fundação Alexandre de Gusmão (Funag/MRE)
Decreto nº 10.951, de 27 de janeiro de 2022	Gabinete de Segurança Institucional da Presidência da República (GSI/PR)
Decreto nº 10.975, de 22 de fevereiro de 2022	Autoridade Nacional de Proteção de Dados (ANPD)
Decreto nº 10.994, de 14 de março de 2022	Advocacia-Geral da União (AGU)
Decreto nº 10.995, de 14 de março de 2022	Instituto Nacional do Seguro Social (INSS)
Decreto nº 10.998, de 15 de março de 2022	Ministério da Defesa (MD)
Decreto nº 11.023, de 31 de março de 2022	Ministério da Cidadania (MCID)
Decreto nº 11.024, de 31 de março de 2022	Ministério das Relações Exteriores (MRE)
Decreto nº 11.036, de 7 de abril de 2022	Ministério do Trabalho e Previdência (MTP)
Decreto nº 11.056, de 29 de abril de 2022	Superintendência do Desenvolvimento do Nordeste (Sudene)
Decreto nº 11.057, de 29 de abril de 2022	Superintendência do Desenvolvimento do Centro-Oeste (Sudeco)
Decreto nº 11.065, de 5 de maio de 2022	Ministério do Desenvolvimento Regional (MDR)
Decreto nº 11.068, de 10 de maio de 2022	Ministério do Trabalho e Previdência (MTP)
Decreto nº 11.094, de 13 de junho de 2022	Fundação Escola Nacional de Administração Pública (Enap)
Decreto nº 11.095, de 13 de junho de 2022	Instituto Brasileiro do Meio Ambiente e dos Recursos Naturais Renováveis (Ibama)

Fonte: Elaboração da autora a partir de consulta ao Portal da Legislação do governo federal em 14 de junho de 2022.

Contabilizaram-se 29.814 Funções Comissionadas Executivas e 7.266 Cargos Comissionados Executivos na administração em geral. Os poucos cargos DAS e FCPE que ainda são encontrados (35 ao todo) referem-se a órgãos que estão terminando o ciclo de atualização: Ministério da Defesa (22); Ministério do Desenvolvimento, Indústria e Comércio (7); Ministério do Trabalho e Previdência (5); e Ministério da Educação (1).

Em consulta ao Painel Estatístico de Pessoal,[23] tem-se um total de 90.118 cargos e funções, sendo:[24]

Tabela 5 — Quantitativos de cargos/funções na APF, abril de 2022

Cargo/ Função	Quantitativo	Percentual
FG (IFE)	22.418	24,78
Demais funções técnicas	19.762	21,85
FG (ministérios, autarquias e fundações)	10.961	12,12
FCPE	10.645	11,77
DAS*	8.862	9,80
IES e IF	8.701	9,62
CCE* e FCE (Lei nº 14.204, de 2021)	4.778**	5,28
Funções técnicas agências reguladoras	2.492	2,75
Cargos em comissão agências reguladoras*	951	1,05
Natureza especial	73	0,08
Outros	818	0,90
Total	90.461	100,00

* Cargos de ocupação mais ampla (servidores e não servidores).
** O pep não discrimina quantos CCE e quantas FCE existem, por força das cláusulas de entrada em vigência diferenciadas de cada decreto de estrutura regimental e diferentes datas de publicação dos respectivos regimentos internos e estatutos. Com isso, a análise do impacto dessa transformação fica prejudicada.

Como se viu até aqui, a questão do tamanho e da adequação das estruturas organizacionais é algo dinâmico e depende, basicamente, dos valores defendidos pelo governo em exercício, das visões de futuro e compromissos políticos e dos graus de complexidade e responsabilidade decorrentes do processo de desenho, implementação, monitoramento e avaliação das po-

23. Disponível em: painel.pep.planejamento.gov.br. Acesso em: 4 jul. 2023.

24. Os dados do PEP se referem a abril de 2022.

líticas consideradas prioritárias e adequadas ao cumprimento dos programas de governo. Dessa forma, varia bastante entre gestões e durante as gestões para adequação às estratégias em curso e para obter melhores resultados. É difícil categorizar de antemão uma estrutura de governo apenas pelos quantitativos de cargos e funções sem conhecer e avaliar as ambições que a gestão pretende realizar e sem contrapor essas expectativas aos resultados efetivamente alcançados. Essa discussão, em que pese transcender aos objetivos desta série de notas, é meritória e não deve ser deixada de lado.

Cargos de confiança e funções comissionadas

REGINA LUNA SANTOS DE SOUZA

31 de agosto de 2022

Neste texto, seguimos com a série de notas técnicas escritas para tratar com mais detalhes o tema "Cargos de confiança e funções comissionadas na administração pública".[1] Nesta nota, quero tratar do estado de profissionalização da gestão pública no Executivo Federal, abordando os critérios de ocupação de cargos e funções, e dar mais subsídios para a compreensão do tamanho da discricionariedade do governante na composição da cadeia de comando das organizações públicas. Analisamos os critérios para a ocupação dessas posições na administração com base no artigo "Profissionalização da gestão e desenvolvimento de competências gerenciais para a alta administração pública — A eficiência como mandamento para o mérito", apresentado ao CLAD em 2019 por mim, Antônio Amaral e Marcos Kroll, que descreve a situação da profissionalização da gestão até então.

Há critérios objetivos para ocupação das posições de direção, chefia e assessoramento na administração?

Em que pese ao senso comum entender que a ocupação de cargos de confiança e funções comissionadas depende mais da afinidade

1. Para esta nota, tive a valiosa contribuição e os comentários de Antonio Ignacio do Amaral e Marcos Kroll, já apresentados no texto anterior para entender melhor a corrupção por essa ótica sistêmica (ação coletiva).

política que seus ocupantes tenham com o governo em exercício, há evidência forte no sentido de que, mais recentemente, essa definição deve observar também os princípios constitucionais e o mandamento da eficiência como base do mérito.

De fato, Amaral, Kroll e Souza (2019)[2] lembram que o artigo 37 da Constituição Federal define a espinha dorsal da administração pública brasileira. Entre as disposições de seus 22 incisos, estão a determinação que a investidura em cargo ou emprego público depende de aprovação prévia em concurso público; que as nomeações para cargo em comissão são de livre nomeação e exoneração; que as funções de confiança são exclusivas de servidores efetivos e que essas, junto com os cargos em comissão, destinam-se apenas às atribuições de direção, chefia e assessoramento.[3]

---

2. Amaral, Antonio Augusto Ignacio do; Kroll, Marcos Santos; Souza, Regina Luna Santos de. *Profissionalização da gestão e desenvolvimento de competências gerenciais para a alta administração pública — A eficiência como mandamento para o mérito*, 2019. Trabalho apresentado em Ideias para a Gestão em 15 minutos (Panel Fast) — XXIV Congresso do Centro Latinoamericano de Administração para o Desenvolvimento (CLAD), Argentina, 2019. (Texto não publicado)

3. "Art. 37. A Administração Pública direta e indireta de qualquer dos Poderes da União, dos Estados, do Distrito Federal e dos Municípios obedecerá aos princípios de legalidade, impessoalidade, moralidade, publicidade e eficiência e, também, ao seguinte. [...] II — a investidura em cargo ou emprego público depende de aprovação prévia em concurso público de provas ou de provas e títulos, de acordo com a natureza e a complexidade do cargo ou emprego, na forma prevista em lei, ressalvadas as nomeações para cargo em comissão declarado em lei de livre nomeação e exoneração; [...] V — as funções de confiança, exercidas exclusivamente por servidores ocupantes de cargo efetivo, e os cargos em comissão, a serem preenchidos por servidores de carreira nos casos, condições e percentuais mínimos previstos em lei, destinam-se apenas às atribuições de direção, chefia e assessoramento". (Idem)

Exige-se do agente público a busca pela melhor maneira de gerir. Levando esse mandamento para a gestão de pessoas, é impensável inferir que esteja dispensada a aplicação da meritocracia. Por óbvio, a possibilidade de adoção de critérios meritocráticos de seleção não é exclusiva de determinados cargos e deve ser utilizada nas diversas situações funcionais específicas.

Preliminarmente, antes de arguir com os avanços conferidos pelo Decreto nº 9.727, de 15 de março de 2019 (o qual, de forma inédita, estabeleceu critérios técnicos mínimos para ocupação dos cargos e funções de confiança no Poder Executivo federal que se mantiveram na mais recente legislação sobre cargos de confiança e funções comissionadas, a Lei nº 14.204, de 16 de setembro de 2021, e o Decreto nº 10.829, de 5 de outubro de 2021), bem como as possibilidades de ampliação e melhoria contínua, é importante referenciar teoricamente, contextualizar os últimos movimentos e o atual contexto para a seleção do comando diretivo das organizações públicas.

Mérito e desempenho, esses conceitos mal interpretados

Mérito e desempenho dizem respeito não só à organização, mas também às pessoas que nela atuam. Um modelo de gestão estratégica de pessoas inclui, para além dos aspectos relativos ao recrutamento, realocação, redistribuição do pessoal, de estrutura de carreiras, de remuneração e de incentivos, a definição dos perfis profissionais adequados a cada posição.

A avaliação do nível de capacitação, segundo Dutra (2004),[4] é um fator importante no dimensionamento do quadro de pessoal,

4. Dutra, Joel Souza. *Competências: Conceitos e instrumentos para a gestão de pessoas na empresa moderna*. São Paulo: Atlas, 2004.

devendo ser considerada a capacidade das pessoas existentes em relação ao grau de preparo em que se encontram para assumir as atividades de maior complexidade nos processos essenciais, bem como atender às necessidades do presente e do futuro.

Para isso, é preciso uma avaliação contínua das possíveis mudanças no contexto interno e externo, a fim de identificar os *gaps* de competências e desenvolver estratégias para supri-los. Chega-se, assim, à necessidade de gerir competências.

Desse modo, é necessário caracterizar competência e, para isso, entre as diversas definições existentes, destaca-se a de Fleury e Fleury (2000),[5] apresentada a seguir: "Competência é um saber agir responsável e reconhecido, que implica mobilizar, integrar, transferir conhecimentos, recursos, habilidades, que agreguem valor econômico à organização e valor social ao indivíduo." Essa definição pressupõe a aplicação de conhecimentos, habilidades e atitudes do indivíduo na organização em que atua.

Entretanto, a materialização dessa aplicação, segundo Dutra (2004), só se realiza efetivamente se o indivíduo realmente entregar suas competências à organização. Indiscutível que temos exemplos de servidores em exercício que reúnem esses requisitos; são os profissionais certos nos lugares certos. Contudo, também é inequívoco o fato de que a ausência de instrumentos mais aprimorados de seleção meritocrática de dirigentes aumenta o risco de subutilização do recurso.

Fica evidente que, subjacente à maior parte das tecnologias e estratégias organizacionais empregadas, está o reconhecimento de que o capital humano, formado pelos valores e normas indi-

---

5. Fleury, Afonso; Fleury, Maria Tereza Leme. *Estratégias empresariais e formação de competências*. São Paulo: Atlas, 2000.

viduais e organizacionais, bem como pelas competências, habilidades e atitudes de cada servidor, é a mola propulsora da geração de conhecimentos e de valor agregado ao sistema.

Esse entrelaçamento tem ficado cada vez mais evidente à medida que o método e os diversos sistemas que hoje utilizamos foram sendo construídos ao longo do tempo. Hoje, praticamente não há área de atuação da máquina pública que não se relacione, com maior ou menor intensidade, com outra. Isso vem exigindo do dirigente alta capacidade analítica nas diversas funções das políticas públicas, como a definição de agenda, a formulação da política, o processo de tomada de decisão, a implementação e a avaliação de planos e programas.

Essa capacidade ampla foi bem descrita no trabalho de Wu, Ramesch, Howlett e Fritzen (2014),[6] segundo o qual o papel do gestor público nas funções das políticas públicas não é isolado e pode contribuir com conhecimento e experiência, em maior ou menor grau, para o sucesso da política:

> As funções gerais da criação de políticas públicas que os gestores públicos podem realizar consistem em cinco atividades essenciais: definição de agenda, formulação, tomada de decisão, implementação e avaliação. Nessa concepção, as atividades das políticas não ocorrem em "estágios", com uma progressão linear de um para outro. Ao contrário, são conjuntos de atividades discretas, embora inter-relacionadas, em que os gestores públicos podem se envolver para alcançar os objetivos das políticas da sua sociedade e do seu governo. Um gestor público típico pode estar fortemente envolvido

---

6. Wu, Xun; Ramesh, M.; Howlett, Michael; Fritzen, Scott. *Guia de políticas públicas: Gerenciando processos*. Brasília: Enap, 2014.

em algumas atividades de criação de políticas, um tanto mais envolvido em outras e nem um pouco envolvido no resto. No entanto, gestores de políticas podem fazer uma contribuição crucial para todas essas funções pela influência de sua perspicácia nas políticas, capacidade analítica e experiência de gestão.

Espera-se que indivíduos posicionados em postos de tomada de decisão referentes a políticas públicas sejam capazes de identificar problemas com clareza, definir soluções adequadas e implementá-las com a melhor relação custo-benefício possível. Ainda sobre a questão da gestão do conhecimento, espera-se a designação de um dirigente com base no perfil profissional e nas competências desejadas e compatíveis com a responsabilidade e a complexidade inerentes a cada cargo/função. É a isso que nos referimos ao falar em meritocracia, tirando do conceito qualquer conotação pejorativa ou estamental. Ao selecionar os melhores candidatos para uma posição diretiva, espera-se que a organização aplique os princípios constitucionais inscritos no caput do art. 37 da Constituição. Mas será que isso ocorre na administração pública federal brasileira no contexto recente? É o que se começa a discutir no próximo item.

Trajetória e tentativas da profissionalização dos cargos de direção no Executivo federal

Várias iniciativas pontuais de profissionalização da gestão e da ocupação dos cargos de direção, chefia e assessoramento podem ser encontradas na história recente da administração pública federal. Ordinariamente, foram focadas em entidades específicas, mas todas de maneira mais ou menos independente e isolada. Como regra, não houve até a edição do Decreto nº 9.727, de 2019, e da Lei nº 14.204, de 2021, uma preocupação do governo central em organizar o sistema de cargos comissionados, seja por restrições a seu preenchimento, seja por definições de critérios.[7]

Em que pese aos cargos em comissão do tipo direção e assessoramento superiores (DAS) serem de livre nomeação, o que permite que profissionais de fora da administração ocupem cargos de direção, temos, na essência, um modelo burocrático consolidado em carreiras estruturadas, com acesso por meio de concursos públicos (de caráter amplo e meritocrático). Tal modelo originou uma diversa gama de carreiras, algumas delas componentes de um nicho altamente qualificado. Isso propicia ao Estado um corpo técnico capacitado, porém não garante que esses servidores possuam todos os conhecimentos gerenciais necessários à ocupação de um cargo de chefia. Desse modo, a limitada parcela de cargos destinada a profissionais de fora da administração mostra-se importante no papel de oxigenação da máquina pública.

A possibilidade de atrair profissionais externos para o sistema DAS permite que o governo traga competências diferentes das existentes em seu quadro fixo, o que é salutar. Porém, uma das principais críticas para esse modelo é a falta de transparência e ausência de critérios técnicos nas escolhas. Tal situação foi bem diagnosticada no trabalho *Avaliação da gestão de recursos humanos no governo*

---

7. Mesmo os decretos anteriores que tentaram estabelecer algum critério para ocupação desses cargos e funções foram muito tímidos, não ultrapassando a definição de cotas mínimas de ocupação por servidores públicos. Repare-se que o Decreto nº 5.497, de 21 de julho de 2005, e o Decreto nº 9.021, de 31 de março de 2017, que o modificou, não avançaram além desse ponto.

— *Relatório da* OCDE*: Brasil 2010*, ofertado pela Organização para a Cooperação e Desenvolvimento Econômico (OCDE):[8]

> É necessário reformar a gestão dos gerentes seniores não apenas para melhorar a orientação por desempenho do sistema de recursos humanos, mas também para profissionalizar ainda mais os servidores públicos seniores e assegurar a transparência na gestão dos executivos de topo. O sistema DAS fornece aos gerentes seniores a bem-vinda possibilidade de trazer habilidades externas e aumentar o nível de competição pelos cargos, mas a delimitação entre o nível de cargos — cuja nomeação pode permanecer discricionária — e o nível de nomeações baseadas em critérios mais transparentes de nomeação deve ser mais clara. Isso não quer dizer que as nomeações devem seguir os critérios habituais e os processos de entrada no serviço público e todo esforço deve ser feito para basear o processo em requisitos de competência e históricos de desempenho. [...]
>
> As vagas em cargos não gerenciais no sistema DAS podem permanecer abertas a indivíduos que não são servidores públicos, mas não há nenhuma razão para não desenvolver critérios de recrutamento e processos transparentes para o seu recrutamento. Sua gestão também deve ser reintegrada em uma estrutura reformada de categorias de emprego.

Ainda que controverso, o fato de grupos políticos buscarem cargos no governo não pode ser visto como algo ilegítimo. É natural em qualquer Estado democrático que o partido ou coalizão partidária vencedora em um processo eleitoral implemente seu programa. Para tanto, é necessário que dirigentes políticos exer-

8. OCDE. *Avaliação de gestão de recursos humanos no governo — Relatório da* OCDE*: Brasil 2010*. Governo Federal. Paris: Publishing, 2010, p. 239.

çam liderança mediante a ocupação de cargos de direção que os permitam conduzir o país na direção desse programa.

A profissionalização da gestão pública sempre foi um objetivo. Desafios normalmente surgem quando pessoas sem vínculo efetivo com o serviço público, ou mesmo servidores efetivos, mesmo que tenham características técnicas positivas, sejam ou não indicados por grupos políticos, não reúnem as características adequadas para ocupar os cargos. Na ausência de uma diretriz geral para a seleção dos dirigentes, a ocupação desses postos depende da escolha individual de um dirigente de um posto hierarquicamente mais elevado. Esse mecanismo individual de escolha varia bastante conforme as percepções, compromissos e objetivos de cada dirigente. Entretanto, é crível supor que um dos principais critérios utilizados no momento de postular um cargo público de direção é a rede de relacionamento.

Assim, parece mais racional e efetivo definir critérios e qualificação mínima para ocupação de cargos de direção, sejam seus ocupantes servidores ou não. Essa foi a estratégia escolhida no âmbito das transformações implementadas na estrutura organizacional da administração pública federal, de 2019 a 2023, para tentar equilibrar a discricionariedade de escolha política por meio da instituição de critérios técnicos e de mérito, de modo a qualificar os cargos diretivos da administração pública.

Profissionalizar a gestão, mas com que critérios?

É preciso reconhecer que o Poder Executivo não impõe óbices a que seus órgãos e instituições trabalhem no sentido de propiciar maior qualificação para seu corpo diretivo. A Lei Federal nº 13.346, de 10 de outubro de 2016, que transformou boa parte dos cargos em comissão de livre provimento do tipo DAS em funções comissionadas do Poder Executivo (FCPE), determina que os órgãos deverão incluir nos planos de capacitação ações destinadas à habilitação de seus servidores para o exercício dos cargos de direção com base no perfil profissional e nas competências desejadas e compatíveis com a responsabilidade e complexidade inerentes, bem como estabeleçam programas de desenvolvimento gerencial para esses servidores.

Essa lei, portanto, trouxe consigo um fator relevante na tentativa de sanar uma das principais críticas ao modelo de livre provimento dos cargos em comissão: a falta de transparência e ausência de critérios técnicos nas escolhas dos ocupantes dos cargos.

De fato, a Lei nº 13.346, de 2016, estabeleceu que serão definidos por decreto os critérios, perfil profissional e procedimentos gerais a serem observados para a ocupação das FCPEs e dos cargos em comissão do Grupo-DAS: "Art. 5º Ato do Poder Executivo federal definirá os critérios, perfil profissional e procedimentos gerais a serem observados para a ocupação das FCPE e dos cargos em comissão do Grupo-DAS."

Assim, em sintonia com o mandamento constitucional, havia um claro comando legal no sentido de se buscar a meritocracia. A regulamentação desse normativo tinha potencial para representar uma virada de página na forma de composição do corpo diretivo e ser um marco para que aprimoramentos constantes da norma ajam no sentido de aperfeiçoá-la.

Porém, até o início do ano de 2019, a administração ainda não tinha editado a regulamentação desse dispositivo. Desse modo, órgãos de controle passaram a pressionar o Executivo para que editasse a regulamentação. Como exemplo, pode ser citado o Acórdão nº 3.194/2016-TCU Plenário, do Tribunal de Contas da União, que determina agilizar providências para regulamentação dos artigos 5º e 6º da Lei nº 13.346, de 2016, os quais estabelecem que ato do Poder Executivo definirá critérios, perfil profissional e procedimentos gerais a serem observados para a ocupação das FCPEs e DASs, bem como a Ação Direta de Inconstitucionalidade por Omissão (ADO) nº 44, interposta em 2017 pela Ordem dos Advogados do Brasil (OAB), alegando omissão quanto à edição de lei prevista no artigo 37 do inciso V da Constituição Federal, define que deverá haver a definição de condições e percentuais mínimos destinados a servidores públicos para ocupação de cargos em comissão.[9]

Além disso, o vácuo do Poder Executivo em exercer seu poder regulamentador abriu um flanco para avanços de iniciativas do Poder Legislativo, que chegou a propor e discutir uma série de projetos no Congresso Nacional sobre a questão, a exemplo da Proposta de Emenda à Constituição (PEC) nº 110, de 2015, do Senado Federal, que cria limites e critérios para a ocupação de cargos comissionados na administração pública; a PEC nº 21, de 2017, que altera o artigo 37 da Constituição Federal para determinar que as nomeações para cargos em comissão observem qualificações técnico-profissionais; o Projeto de Lei do Senado nº 54, de

9. Embora os percentuais para ocupação de cargos em comissão por servidores estejam definidos no artigo 14 da Lei nº 8.460, de 1992, e no Decreto nº 5.497, de 2005, não havia até então regulamentação sobre condições ou critérios para ocupação desses tipos de cargo. A Lei nº 14.204/21 veio suprir essa falta de regulamentação, especialmente ao fixar que 60% dos cargos comissionados sejam ocupados por servidores. Um detalhe relevante a esse respeito foi o fato de que o MPF considerou a ADO improcedente.

2012, que altera o artigo 5º da Lei nº 8.112, de 1990, para estabelecer novas condições para posse em cargo público efetivo e em comissão; e o PL nº 8.440, de 2017, que prevê requisitos mínimos para ocupação de cargo ou função de chefia e assessoramento em órgãos e entidades públicas integrantes do Sistema Único de Saúde (SUS). Não há que se questionar a legitimidade do Congresso em discutir o assunto, que é de grande interesse público e de alta relevância para o bom funcionamento das instituições públicas. Porém, ao não regulamentar a questão, o Poder Executivo poderia perder a oportunidade de protagonizar o debate e pautar a discussão de acordo com as suas necessidades específicas. Novamente, percebe-se a relevância da Lei nº 14.204/21.

O Decreto nº 9.727, de 2019

A regulamentação do artigo 5º da Lei nº 13.346, de 2016, foi finalmente realizada mediante a edição do Decreto nº 9.727, de 15 de março de 2019, colocando o Executivo federal na vanguarda dessa matéria no país, além de responder aos anseios da maior parte das propostas em tramitação no Poder Legislativo federal e dos órgãos de controle.

Esse decreto foi um avanço de modernização da gestão pública, na medida em que definiu critérios técnicos mínimos para a ocupação de cargos e funções, proporcionando maior segurança à administração pública federal quanto à ocupação desses postos por profissionais qualificados e contribuindo para a melhoria dos serviços públicos. Experiência semelhante já havia sido iniciada em relação às empresas estatais e às agências reguladoras, que foram "pioneiras" no sentido de definir critérios para ocupação de cargos e funções. Os artigos 16 e 17 da Lei nº 13.303, de 2016, de fato, estipulam que:

Art. 16. Sem prejuízo do disposto nesta Lei, o administrador de empresa pública e de sociedade de economia mista é submetido às normas previstas na Lei nº 6.404, de 15 de dezembro de 1976.

> Parágrafo único. Consideram-se administradores da empresa pública e da sociedade de economia mista os membros do Conselho de Administração e da diretoria.
>
> Art. 17. Os membros do Conselho de Administração e os indicados para os cargos de diretor, inclusive presidente, diretor-geral e diretor-presidente, serão escolhidos entre cidadãos de reputação ilibada e de notório conhecimento, devendo ser atendidos, alternativamente, um dos requisitos das alíneas "a", "b" e "c" do inciso I e, cumulativamente, os requisitos dos incisos II e III:
>
> I — ter experiência profissional de, no mínimo:
>
> a) 10 (dez) anos, no setor público ou privado, na área de atuação da empresa pública ou da sociedade de economia mista ou em área conexa àquela para a qual forem indicados em função de direção superior; ou
>
> b) 4 (quatro) anos ocupando pelo menos um dos seguintes cargos:
>
> 1. cargo de direção ou de chefia superior em empresa de porte ou objeto social semelhante ao da empresa pública ou da sociedade de economia mista, entendendo-se como cargo de chefia superior aquele situado nos 2 (dois) níveis hierárquicos não estatutários mais altos da empresa;
>
> 2. cargo em comissão ou função de confiança equivalente a DAS-4 ou superior, no setor público;
>
> 3. cargo de docente ou de pesquisador em áreas de atuação da empresa pública ou da sociedade de economia mista;

c) 4 (quatro) anos de experiência como profissional liberal em atividade direta ou indiretamente vinculada à área de atuação da empresa pública ou sociedade de economia mista;

II — ter formação acadêmica compatível com o cargo para o qual foi indicado; e

III — não se enquadrar nas hipóteses de inelegibilidade previstas nas alíneas do inciso I do caput do art. 1º da Lei Complementar nº 64, de 18 de maio de 1990, com as alterações introduzidas pela Lei Complementar nº 135, de 4 de junho de 2010.

§ 1º O estatuto da empresa pública, da sociedade de economia mista e de suas subsidiárias poderá dispor sobre a contratação de seguro de responsabilidade civil pelos administradores.

§ 2º É vedada a indicação, para o Conselho de Administração e para a diretoria:

I — de representante do órgão regulador ao qual a empresa pública ou a sociedade de economia mista está sujeita, de Ministro de Estado, de Secretário de Estado, de Secretário Municipal, de titular de cargo, sem vínculo permanente com o serviço público, de natureza especial ou de direção e assessoramento superior na administração pública, de dirigente estatutário de partido político e de titular de mandato no Poder Legislativo de qualquer ente da federação, ainda que licenciados do cargo;

II — de pessoa que atuou, nos últimos 36 (trinta e seis) meses, como participante de estrutura decisória de partido político ou em trabalho vinculado a organização, estruturação e realização de campanha eleitoral;

III — de pessoa que exerça cargo em organização sindical;

IV — de pessoa que tenha firmado contrato ou parceria, como fornecedor ou comprador, demandante ou ofertante, de bens ou serviços de qualquer natureza, com a pessoa político-administrativa controladora da empresa pública ou da sociedade de economia mista ou com a própria empresa ou sociedade em período inferior a 3 (três) anos antes da data de nomeação;

v — de pessoa que tenha ou possa ter qualquer forma de conflito de interesse com a pessoa político-administrativa controladora da empresa pública ou da sociedade de economia mista ou com a própria empresa ou sociedade.

§ 3º A vedação prevista no inciso I do § 2º estende-se também aos parentes consanguíneos ou afins até o terceiro grau das pessoas nele mencionadas.

§ 4º Os administradores eleitos devem participar, na posse e anualmente, de treinamentos específicos sobre legislação societária e de mercado de capitais, divulgação de informações, controle interno, código de conduta, a Lei nº 12.846, de 1º de agosto de 2013 (Lei Anticorrupção), e demais temas relacionados às atividades da empresa pública ou da sociedade de economia mista.

§ 5º Os requisitos previstos no inciso I do caput poderão ser dispensados no caso de indicação de empregado da empresa pública ou da sociedade de economia mista para cargo de administrador ou como membro de comitê, desde que atendidos os seguintes quesitos mínimos:

I — o empregado tenha ingressado na empresa pública ou na sociedade de economia mista por meio de concurso público de provas ou de provas e títulos;

II — o empregado tenha mais de 10 (dez) anos de trabalho efetivo na empresa pública ou na sociedade de economia mista;

III — o empregado tenha ocupado cargo na gestão superior da empresa pública ou da sociedade de economia mista, comprovando sua capacidade para assumir as responsabilidades dos cargos de que trata o caput.

Em adição, a Lei nº 13.848, de 25 de junho de 2019, reafirmou, entre outras necessárias para a boa governança regulatória, a disposição de que os membros das diretorias colegiadas devam, além de ser brasileiros, ter reputação ilibada, formação universitária e elevado conceito no campo de especialidade dos cargos a serem exercidos.

A opção da administração, demonstrada pelo Decreto nº 9.727, de 2019, foi pela definição de critérios para a ocupação dos cargos DAS e FCPE baseados em experiência profissional, qualificações acadêmicas e em competências dos candidatos, que sejam mais exigentes conforme sobe-se o nível hierárquico do cargo ou função e que prevejam incentivos para facilitar o desenvolvimento e a formação de um corpo gerencial de servidores efetivos.

Por se tratar de norma que atinge grande parte do Poder Executivo federal, o decreto evitou estipular critérios complexos ou de difícil implementação, pois há órgãos e entidades em diferentes estágios de maturidade e com atribuições específicas bastante distintas. Em contrapartida, a norma permite e incentiva que órgãos e entidades estabeleçam dentro dos seus processos seletivos outros critérios de análise, seja com base na *expertise* específica, seja pela definição do perfil ideal para cada cargo.

É intenção, inclusive, que os órgãos e entidades realizem, por um lado, processos seletivos para ocupação de cargos e funções, orientando que sejam levados em consideração, nesses casos, resultados de trabalhos anteriores, familiaridade com a atividade exercida no cargo em comissão ou na função de confiança, capacidade de gestão e liderança e o comprometimento do candidato com as atividades do ente público.[10] Por outro lado, a norma não

10. Decreto nº 9.727, de 2019, art. 6º.

obriga a realização de processos seletivos, pois poderia criar uma burocracia de baixa efetividade, além de atrasar nomeações para postos importantes. Processos seletivos devem auxiliar o processo de escolha, mas não limitar a faculdade de livre provimento. No entanto, defende-se aqui que, uma vez que o órgão opte por fazer um processo seletivo, este se torne vinculante. Não é razoável esperar que o órgão que abre o processo seletivo possa, por razões meramente discricionárias, ignorar o resultado da seleção. Essa prática rompe com o princípio da confiança legítima, uma vez que, aberta a seleção, as regras têm caráter público e garantem o cidadão (e o candidato ao cargo/função) contra o Estado.

A lógica impôs ainda critérios gerais de reputação para todos os cargos e funções, porém, à medida que sobem na hierarquia, critérios mais rígidos são exigidos. Assim, como critérios gerais que deverão ser atendidos por todos os ocupantes de DAS e FCPE, exige-se ter idoneidade moral e reputação ilibada, ter perfil profissional compatível com o cargo ou função para o qual foram indicados e não se enquadrar nas hipóteses de inelegibilidade previstas no inciso I do caput do artigo 1º da Lei Complementar nº 64, de 18 de maio de 1990 (conhecida como Lei da Ficha Limpa, que trata dos casos de inelegibilidade a cargos públicos).

Além disso, para cada nível, ou grupo de níveis selecionados, há critérios específicos diferenciados. Assim, foram estabelecidos critérios técnicos classificados em três grandes grupos: alta direção, para DAS e FCPE níveis 5 e 6; nível gerencial, para DAS e FCPE nível 4; e nível tático-operacional, para DAS e FCPE níveis 2 e 3. Ao longo dos artigos 3º, 4º e 5º do decreto nota-se que critérios específicos estabelecidos para cada um dos três grupos de cargos e funções configuram uma gradação na qual, conforme maior o nível do cargo ou função, maior o patamar mínimo exigido de conhecimento e/ou experiência profissional do ocupante.

Os critérios específicos são de caráter alternativo e não excludentes — preenchimento de uma ou outra condição adicional estabelecida para cada um dos grupos já referidos, prevendo-se, entre elas, não apenas a formação acadêmica, como igualmente a formação em serviço ou a experiência profissional, a fim de garantir a flexibilidade e diversidade na atração de quadros para desempenho dos cargos de direção. Assim, cada gestor responsável pode priorizar a vertente de conhecimento mais adequada para uma determinada função (experiência profissional, conhecimento acadêmico ou perfil gerencial).

Cabe observar que nos critérios específicos não foram incluídos os DASs e FCPEs de nível 1, considerados nível de entrada, mas para cuja ocupação, todavia, continuará necessário o atendimento aos critérios gerais estabelecidos no artigo 2º. A regra visa, por um lado, relacionar a demonstração de capacidades com as responsabilidades inerentes ao cargo a ser assumido. Por outro, prevê que a ocupação de cargos inferiores possa servir como estágio para alcançar os superiores, e oferece, assim, uma expectativa de "carreira" dentro da organização, ferramenta importante de motivação e valorização do servidor.

Além disso, a norma, de certa forma, privilegia os servidores efetivos ao garantir o cumprimento dos critérios específicos para os níveis hierárquicos 2 e 3 a ocupantes de cargo efetivo de nível superior ou militar do círculo hierárquico de oficial ou oficial-general, ou ainda àqueles que concluíram cursos de capacitação em escolas de governo em áreas correlatas ao cargo ou à função para o qual tenha sido indicado, com carga horária mínima acumulada de 120 horas.

Essa diferenciação é importante não só por esses servidores terem um vínculo profissional mais estável com o serviço público, mas também pelo inegável fato de que esse grupo se manterá no serviço público, agregando competências para futuro uso em outras posições. Além disso, é preciso reconhecer que o servidor efetivo já passou pelo concurso público, o que, no caso brasileiro, é a base do funcionamento da máquina, devendo ser estimulado e preparado para ocupação de postos diretivos. Os critérios específicos traçados para cada nível de DAS e de FCPE estão resumidos na Tabela 1.

Importa sublinhar que a medida não impede ou cerceia a possibilidade de a administração contar com profissionais sem vínculo efetivo, preservando na íntegra o comando que todos esses cargos e funções são de livre provimento. Porém, a partir de então, espera-se que as contratações ocorram mediante critérios profissionais e acadêmicos, que valorizam a experiência, o conhecimento, a aptidão e o perfil adequados, aumentando a eficiência do Estado e o resultado de políticas públicas.

Uma iniciativa importante de transparência dada pelo decreto foi a determinação de que os órgãos e as entidades deverão manter atualizado o perfil profissional desejável para cada cargo em comissão do Grupo-DAS ou FCPE, de níveis 5 e 6, alocados em suas estruturas regimentais ou seus estatutos, até 15 de janeiro de 2020.[11]

11. Artigo 11 do Decreto nº 9.727, de 2019.

Tabela 1 — Critérios do Decreto nº 9.727, de 2019, por nível

Critérios Basta atender a um deles	**Níveis 2 e 3**	**Nível 4**	**Níveis 5 e 6**
Perfil	Tático	Gerencial	Estratégico
Experiência profissional Em atividades correlatas às áreas de atuação do órgão/entidade ou em áreas relacionadas às atribuições ou competências do cargo ou função	2 anos	3 anos	5 anos
Ou			
Experiência Ter ocupado cargo ou função de confiança em qualquer poder público ou ente federativo	1 ano	2 anos	3 anos em DAS-3 ou superior
Ou			
Formação acadêmica Na área do órgão/entidade ou do cargo/função	Especialização, mestrado ou doutorado	Especialização, mestrado ou doutorado	Mestrado ou doutorado
Ou			
Formação profissional Perfil do servidor público	Ocupante de cargo efetivo de nível superior ou militar do círculo hierárquico oficial ou oficial-general	—	—
Ou			
Cursos de aperfeiçoamento Cursos de captação em áreas correlatas com o cargo/função indicados	Conclusão de cursos em escolas de governo com carga horária mínima acumulada de 120 horas	—	—

Fonte: Amaral, Kroll e Souza (2019).[12]

12. Amaral, Antonio Augusto Ignacio do; Kroll, Marcos Santos; Souza, Regina Luna Santos de, op. cit.

Uma iniciativa importante de transparência dada pelo decreto foi a determinação de que os órgãos e as entidades deverão manter atualizado o perfil profissional desejável para cada cargo em comissão do Grupo-DAS ou FCPE, de níveis 5 e 6, alocados em estruturas regimentais ou em seus estatutos, até 15 de janeiro de 2020.[13]

A edição da Medida Provisória nº 1.042, de 2021, e sua posterior conversão na Lei nº 14.204, de 16 de setembro de 2021, consolidaram esses avanços,[14] quando mantiveram no diploma legal os critérios gerais para ocupação de cargos em comissão e de funções de confiança na administração pública federal direta, autárquica e fundacional:

> I — idoneidade moral e reputação ilibada;
> II — perfil profissional ou formação acadêmica compatível com o cargo ou com a função para a qual tenha sido indicado; e
> III — não enquadramento nas hipóteses de inelegibilidade previstas no inciso I do caput do art. 1º da Lei Complementar nº 64, de 18 de maio de 1990.

Além disso, a lei definiu linhas gerais para ocupação dos cargos e funções diretivos, delegando para decreto o aprofundamento:

> Art. 10. Decreto definirá requisitos mínimos para ocupação dos CCE e das FCE, disciplinará a exigência de divulgação do perfil profissional

13. Artigo 11 do Decreto nº 9.727, de 2019.

14. Um dos grandes avanços obtidos com a publicação dessa lei, conforme Marcos Kroll, foi exatamente conseguir garantir que ela tornasse obrigatório o que estava disposto no Decreto nº 9.727/19, especialmente o inciso II.

desejável e estabelecerá os procedimentos gerais a serem observados pelos órgãos e pelas entidades do Poder Executivo federal, com estímulos à gestão por competências.

§ 1º Os órgãos e as entidades deverão definir e manter atualizado o perfil profissional desejável para os CCE e as FCE de níveis 11 a 17 alocados em suas estruturas regimentais ou em seus estatutos, observados os critérios gerais definidos nesta Lei, os requisitos mínimos definidos na regulamentação e a necessidade de validação pela autoridade máxima do respectivo órgão ou da entidade.

§ 2º Poderão ser considerados nos critérios para ocupação de CCE ou de FCE a conclusão, com aproveitamento, de cursos de formação e aperfeiçoamento direcionados ao exercício de cargos públicos, desde que para cargos ou funções exclusivos de servidores.

§ 3º Os órgãos e as entidades do Poder Executivo federal deverão incluir em seus planos de capacitação ações destinadas à habilitação de seus servidores para a ocupação de CCE e de FCE, com base nas competências necessárias e compatíveis com a responsabilidade e a complexidade inerentes ao cargo em comissão ou à função de confiança.

§ 4º Os órgãos e as entidades deverão utilizar mecanismos de transparência ativa para divulgação do perfil profissional desejável de CCE e de FCE de níveis 11 a 17 alocados em suas estruturas regimentais ou em seus estatutos, na forma prevista no art. 8º da Lei nº 12.527, de 18 de novembro de 2011, e em orientações da Secretaria de Gestão da Secretaria Especial de Desburocratização, Gestão e Governo Digital do Ministério da Economia.

§ 5º A partir de 1 (um) ano após o término dos prazos a que se referem os incisos I e II do caput do art. 18 desta Lei, os órgãos e as entidades que não cumprirem o disposto neste artigo não poderão nomear ou designar titulares ou substitutos para os CCE e as FCE de níveis 11 a 17.

Art. 11. O disposto nesta Lei não afasta a exigência de requisitos complementares constantes de normas mais restritivas, inclusive aquelas constantes de atos internos dos órgãos e das entidades, referentes à nomeação ou à designação para CCE ou para FCE.

[...]

Art. 13. Nas nomeações ou nas designações de cargos em comissão e de funções de confiança, serão observadas as seguintes regras:

I — para os CCE dos níveis 1 a 4, somente poderão ser nomeados servidores ocupantes de cargo efetivo, empregados permanentes da administração pública e militares;

II — para as FCE, somente poderão ser designados servidores ocupantes de cargos efetivos oriundos de órgão ou de entidade de quaisquer dos Poderes da União, dos Estados, do Distrito Federal e dos Municípios; e

III — para os cargos em comissão existentes na administração pública federal direta, autárquica e fundacional, no mínimo, 60% (sessenta por cento) do total serão ocupados por servidores de carreira.

A regulamentação dessa lei foi trazida pelo Decreto nº 10.829, de 5 de outubro de 2021, representando alguns discretos aumentos nas restrições para ocupação dos cargos em comparação com os dispositivos anteriormente vigentes.

Os dispositivos que tratam dos critérios específicos para ocupação de CCE e FCE estão expressos nos artigos 16 a 23 do referido decreto:

Critérios específicos para ocupação de CCE e FCE

Art. 16. Além do disposto no art. 15, os ocupantes de CCE ou de FCE de níveis 5 a 8 atenderão, no mínimo, a um dos seguintes critérios específicos:

I — possuir experiência profissional de, no mínimo, dois anos em atividades correlatas às áreas de atuação do órgão ou da entidade ou em áreas relacionadas às atribuições e às competências do cargo ou da função;
II — ter ocupado cargo em comissão ou função de confiança em qualquer Poder, inclusive na administração pública indireta, de qualquer ente federativo por, no mínimo, dois anos;
III — possuir título de especialista, mestre ou doutor em área correlata às áreas de atuação do órgão ou da entidade ou em áreas relacionadas às atribuições do cargo ou da função;
IV — ser servidor público ocupante de cargo efetivo de nível superior ou militar do círculo hierárquico de oficial ou oficial-general; ou
V — ter concluído ações de desenvolvimento com carga horária mínima acumulada de cento e vinte horas ou obtido certificação profissional em áreas correlatas ao cargo ou à função para o qual tenha sido indicado.
Art. 17. Além do disposto no art. 15, os ocupantes de CCE ou de FCE de níveis 9 a 11 atenderão, no mínimo, a um dos seguintes critérios específicos:
I — possuir experiência profissional de, no mínimo, três anos em atividades correlatas às áreas de atuação do órgão ou da entidade ou em áreas relacionadas às atribuições e às competências do cargo ou da função;
II — ter ocupado cargo em comissão ou função de confiança em qualquer Poder, inclusive na administração pública indireta, de qualquer ente federativo por, no mínimo, três anos;
III — possuir título de especialista, mestre ou doutor em área correlata às áreas de atuação do órgão ou da entidade ou em áreas relacionadas às atribuições do cargo ou da função; ou

IV — ter concluído ações de desenvolvimento com carga horária mínima acumulada de cento e vinte horas ou obtido certificação profissional em áreas correlatas ao cargo ou à função para o qual tenha sido indicado.

Art. 18. Além do disposto no art. 15, os ocupantes de CCE ou de FCE de níveis 12 a 14 atenderão, no mínimo, a um dos seguintes critérios específicos:

I — possuir experiência profissional de, no mínimo, quatro anos em atividades correlatas às áreas de atuação do órgão ou da entidade ou em áreas relacionadas às atribuições e às competências do cargo ou da função;

II — ter ocupado cargo em comissão ou função de confiança em qualquer Poder, inclusive na administração pública indireta, de qualquer ente federativo por, no mínimo, quatro anos;

III — possuir título de especialista, mestre ou doutor em área correlata às áreas de atuação do órgão ou da entidade ou em áreas relacionadas às atribuições do cargo ou da função; ou

IV — ter realizado ações de desenvolvimento de liderança, estabelecidas pelo Ministério da Economia, com carga horária mínima de cento e vinte horas.

Art. 19. Além do disposto no art. 15, os ocupantes de CCE ou de FCE de níveis 15 a 17 atenderão, no mínimo, a um dos seguintes critérios específicos:

I — possuir experiência profissional de, no mínimo, seis anos em atividades correlatas às áreas de atuação do órgão ou da entidade ou em áreas relacionadas às atribuições e às competências do cargo ou da função;

II — ter ocupado cargo em comissão ou função de confiança equivalente a CCE de nível 13 ou superior em qualquer Poder, inclusive na administração pública indireta, de qualquer ente federativo por, no mínimo, seis anos;

III — possuir título de mestre ou doutor em área correlata às áreas de atuação do órgão ou da entidade ou em áreas relacionadas às atribuições do cargo ou da função; ou

IV — ter realizado ações de desenvolvimento de liderança, estabelecidas pelo Ministério da Economia, com carga horária mínima de cento e vinte horas.

Processo de pré-seleção

Art. 20. A autoridade responsável pela nomeação ou pela designação poderá optar pela realização de processo de pré-seleção destinado a subsidiar a escolha para a ocupação de CCE ou de FCE.

§ 1º Na hipótese de realização do processo de pré-seleção de que trata o caput, além dos critérios de que trata este Decreto, poderão ser considerados outros requisitos para orientar a seleção, tais como:

I — a trajetória profissional e os resultados obtidos em trabalhos anteriores relacionados com as atribuições do cargo ou da função;

II — a formação e o conhecimento relacionados à atividade a ser exercida; e

III — as competências requeridas para exercício do cargo ou da função.

§ 2º Para fins de aferição do requisito constante no inciso III do § 1º, o órgão ou a entidade poderá adotar as competências transversais ou essenciais de liderança desenvolvidas pela Escola Nacional de Administração Pública — Enap.

§ 3º O disposto no caput não se aplica nas hipóteses previstas no § 2º do art. 23.

Dispensa excepcional dos critérios específicos para ocupação de CCE e FCE

Art. 21. Os critérios de que tratam os art. 16 a art. 19 poderão ser dispensados, justificadamente, pelo Ministro de Estado titular do órgão ou da entidade vinculada em que estiver alocado o CCE ou a FCE, de forma a demonstrar a conveniência de dispensá-los em razão de peculiaridades do cargo ou do número limitado de postulantes para a vaga.

Parágrafo único. A competência de que trata o caput será exercida:

I — no âmbito do Banco Central do Brasil, pelo Presidente do Banco Central do Brasil; e

II — no âmbito dos órgãos subordinados diretamente ao Presidente da República cujo titular não seja Ministro de Estado, pela autoridade máxima do órgão.

Escolha final do postulante

Art. 22. Observado o disposto nos art. 15 a art. 19 e no art. 21, a escolha final do postulante é ato discricionário da autoridade responsável pela nomeação ou pela designação.

Parágrafo único. A participação ou o desempenho em processo de pré-seleção não gera direito à nomeação ou à designação.

Aferição dos critérios

Art. 23. O processo de nomeação ou de designação para ocupação de CCE ou de FCE será encaminhado à autoridade responsável pela nomeação, pela designação ou, na hipótese prevista no § 2º, pela indicação, instruído com o currículo do postulante e com outras informações ou justificativas pertinentes que comprovem o cumprimento dos critérios para a nomeação ou a designação.

§ 1º O postulante ao CCE ou à FCE é o responsável por prestar as informações de que trata este Decreto e responderá por sua veracidade e sua integridade.

§ 2º Sem prejuízo do disposto no § 1º, na hipótese de a nomeação ou a designação ser competência do Ministro de Estado Chefe da

Casa Civil da Presidência da República ou do Presidente da República, caberá à autoridade responsável pela indicação a aferição do cumprimento do disposto neste Decreto.

§ 3º Na hipótese em que se fizer necessária a apreciação prévia da indicação pela Presidência da República, a aferição do cumprimento dos critérios para a nomeação ou a designação constantes deste Decreto será realizada previamente pela autoridade responsável pela indicação, com base nas informações prestadas pelo postulante, nos termos do disposto no § 1º.

§ 4º Os critérios de tempo de experiência profissional e de ocupação de cargos em comissão ou função de confiança considerarão períodos contínuos e não contínuos.

A lei também avançou na questão da divulgação do perfil profissional esperado ou desejado e no estímulo à gestão por competências e ao desenvolvimento de pessoas.

Divulgação de perfil profissional

Art. 24. Os órgãos e as entidades deverão manter atualizado o perfil profissional desejável para cada CCE ou FCE, de níveis 11 a 17, alocados em suas estruturas regimentais ou seus estatutos, conforme o modelo definido em ato do Secretário de Gestão da Secretaria Especial de Desburocratização, Gestão e Governo Digital do Ministério da Economia.

§ 1º O perfil de que trata o caput será elaborado pelo órgão ou pela entidade em que o CCE ou a FCE estiver alocado e deverá ser validado pela autoridade máxima do órgão ou da entidade.

§ 2º Os órgãos e as entidades deverão utilizar mecanismos de transparência ativa para disponibilizar, de forma organizada e em formato aberto, o perfil de que trata o caput e o currículo do ocupante de cada cargo em comissão ou função de confiança.

Estímulo à gestão por competências e ao desenvolvimento de pessoas

Art. 25. Os órgãos e as entidades do Poder Executivo federal, como forma de estimular a gestão por competências, poderão:

I — estender aos CCE e FCE dos níveis de 1 a 10 a definição e a divulgação de perfis profissionais desejáveis de que trata o art. 24;

II — adotar, nos processos de pré-seleção de que trata o art. 20, requisitos de competências gerais e específicas para o cargo ou função, aferidos por meio de certificação específica ou por método próprio de aferição;

III — adotar o diagnóstico de competências de que tratam os § 2º e § 3º do art. 3º do Decreto nº 9.991, de 28 de agosto de 2019, com a identificação de competências profissionais e comportamentais desejáveis a setores ou níveis hierárquicos, de forma a produzir referencial próprio de competências do órgão ou entidade; e

IV — adotar processos de avaliação de desempenho no cargo em comissão ou função de confiança, de modo a considerar o desenvolvimento das competências estabelecidas para o cargo ou função.

Art. 26. Os órgãos e as entidades incluirão em seus planos de desenvolvimento de pessoas ações destinadas à habilitação de seus servidores para a ocupação de CCE e de FCE, com base no perfil profissional e nas competências necessárias e compatíveis com a responsabilidade e a complexidade inerentes ao CCE ou à FCE, em alinhamento com a Política Nacional de Desenvolvimento de Pessoas, de que trata o Decreto nº 9.991, de 2019.

Parágrafo único. Quando se tratar de CCE ou FCE exclusivo para servidores de carreira, a conclusão, com aproveitamento, de treinamento regularmente instituído para a formação e o aperfeiçoamento de carreiras poderá ser considerada nos critérios para ocupação de CCE ou de FCE.

Entretanto, há ainda a possibilidade de aperfeiçoamento. Por exemplo, a lei prevê a realização de processos seletivos competitivos para a seleção dos melhores candidatos, mas não obriga o titular do órgão ou entidade a considerar o resultado na indicação para o cargo. Não se tem notícia, ainda, do grau de adesão de ministros e demais autoridades máximas a respeitar o resultado dos processos seletivos e é até razoável supor, dado o histórico de patrimonialismo da administração, que tal atitude não seja generalizada. Nesse cenário, além de representar um enorme desperdício de tempo, recursos e capital político, contribui igualmente para o descrédito dessa iniciativa. Futuros estudos devem observar com detalhe como essa previsão foi incorporada às organizações.

Por fim, a norma faz uma previsão de dispensa excepcional de cumprimento dos critérios. Para tanto, deve haver justificativa pelo ministro de Estado, não sendo permitida delegação, ao qual o DAS ou a FCPE esteja subordinado ou a autarquia ou fundação esteja vinculada. Ao autorizar a exceção ao cumprimento do decreto, o ministro deve demonstrar o motivo da não observação dos critérios em razão de peculiaridades do cargo ou do número limitado de postulantes para a vaga. Embora o dispositivo limite a possibilidade de dispensa à autoridade máxima de cada setorial, o ministro, e restrinja a necessária justificativa à peculiaridade do cargo ou ausência de postulantes, não é possível assegurar que não haja tentativas de interpretações elásticas da norma, no sentido de deixar de cumpri-la em alguns casos. Salvo casos de cargos de direção em localidades distantes, de difícil provimento e fixação de servidores, ou mesmo no caso absolutamente justificável de nomeação de um nativo (mateiros, indígenas, apenas para ilustrar), custa a crer que o dispositivo possua outra real necessidade de ser utilizado. Espera-se que haja um acompanhamento pelos órgãos de controle sobre eventuais casos em que ocorra tal dispensa.

Conclusão

Não resta dúvida que o Decreto nº 9.727, de 2019, marcou um avanço de modernização da gestão pública, na medida em que define critérios técnicos mínimos para a ocupação de cargos e funções, proporcionando maior segurança à administração pública federal quanto à ocupação desses postos por profissionais qualificados, contribuindo para a melhoria dos serviços públicos. Esse avanço foi consolidado nos movimentos recentes de simplificação da gestão de cargos e funções diretivas e sobreviveu, com a edição da Lei nº 14.204, de 2021, e do Decreto nº 10.829, de 2021.

Não obstante vigorasse, desde junho de 1998, a nova redação do art. 37, inciso V, da Constituição, fixando a exclusividade do provimento de funções de confiança por servidores ocupantes de cargo efetivo, a necessidade de lei para fixar os casos, condições e percentuais mínimos para preenchimento de cargos em comissão por servidores de carreira, até a edição do Decreto nº 9.727, de 2019, não havia qualquer critério para a nomeação e a designação para cargos em comissão ou funções de confiança. Apenas a partir de 2016, a Medida Provisória nº 731, de 2016, convertida na Lei nº 13.346, de 2016, estabeleceu que o Poder Executivo federal definiria os critérios, perfis profissionais e procedimentos gerais a serem observados para a ocupação de FCPE e de DAS. A regulamentação do art. 5º da supracitada norma pode representar um marco na forma como a administração pública lida com o livre provimento, uma vez que DAS e FCPE (e seus sucedâneos, CCE e FCE) representam a maior parte dessas posições gerenciais e diretivas.

É interessante notar a ousadia dessa regulamentação quando comparada à experiência brasileira pregressa. Normalmente a nomeação para cargos em comissão é acompanhada de critérios apenas para as posições de mais alto nível, raramente aplicando-se de forma ampla para todos os cargos e funções de confiança. No caso do Poder Executivo federal, o Decreto nº 9.727, de 2019, abrangeu todos os DASs e FCPEs existentes, aplicando-se tanto aos futuros quanto aos atuais ocupantes, tanto no nível tático-operacional como no nível estratégico. Ademais, espera-se que a iniciativa seja indutora de outras semelhantes nos outros poderes e entes da Federação.

Além disso, o decreto foge à lógica que permeou a discussão sobre ocupação de cargos comissionados durante vários anos de somente restringir a ocupação desses postos por pessoas de fora da administração sem olhar para as habilidades, experiência e capacidades do postulante. Ainda assim, conseguiu ser completa, mas flexível o suficiente, para não atrapalhar a gestão dos órgãos; fortalecer a figura do dirigente, legitimando sua atuação; ser ampla o suficiente para que contemple as principais características desejadas de acordo com cada perfil necessário para cada posto sem impor condições não alcançáveis; desse modo, espera-se que sua aplicação ocorra de forma gradual e segura, dando embasamento e, ao mesmo tempo, incentivando as instituições a buscar melhores formas de seleção de seu corpo diretivo.

Por outro lado, notam-se algumas lacunas e desafios à implementação dessa regulamentação. Não ficou claro como o governo pretende inserir os servidores dentro do encarreiramento dos cargos comissionados explicitado na norma. Não há dúvida de que é desejável que se aproveite o conhecimento de quem já está ou venha a ingressar na máquina pública. No entanto, faz-se necessário deixar mais claro como os órgãos e entidades promoverão ações de capacitação e desenvolvimento de pessoal necessárias à ocupação dos DASs e das FCPEs.

Entende-se que há oportunidade de destacar o protagonismo da Enap, como organização criada especificamente para a formação e o aperfeiçoamento das carreiras de Estado (conforme disposto na Lei nº 7.834, de 6 de outubro de 1989) e líder da rede de escolas de governo, no auxílio das análises das necessidades de treinamento, aperfeiçoamento ou desenvolvimento de conhecimentos, habilidades e competências junto aos órgãos e entidades. De toda sorte, a Enap tem mostrado disposição em atuar nesse sentido, ao atualizar e organizar, de forma mais clara, a oferta de cursos para formar tanto gestores no nível estratégico como para os que atuam no nível tático-operacional, com trilhas de capacitação orientadas a temas específicos do dia a dia da gestão. É necessário observar se, e como, os órgãos e entidades vão integrar seus processos de seleção ao esforço formativo que vem sendo construído pela Enap e demais escolas de governo.

Outra tarefa relevante para a consolidação da tendência de profissionalizar a ocupação de cargos e funções comissionados é olhar para o quesito habilidades para a ocupação dos cargos em comissão, visto que experiência, conhecimento acadêmico e conhecimento técnico estão contemplados. Esse é um grande desafio, já que é necessário entrar em um campo de maior subjetividade, tentando preservar a transparência e o caráter procedimental da administração pública.

Por fim, desafios devem ser enfrentados na busca de maior transparência na ocupação desses postos, na definição dos perfis ideais para cada posto e no constante aprimoramento de processos seletivos.

A burocracia e o desenvolvimento no Brasil contemporâneo

JOSÉ CELSO CARDOSO JR.
FELIX LOPEZ

19 de dezembro de 2022

A partir de uma leitura e interpretação de conjunto dos vinte capítulos que compõem o livro *Trajetórias da burocracia na Nova República: Heterogeneidades e desigualdades (1985/2020)*,[1] lançado em 2023, há, neste texto, ao menos três pontos muito importantes a se dizer sobre ele a respeito do Estado brasileiro, a força de trabalho que o compõe e a relação com o desenvolvimento nacional.

O primeiro deles é que a tese principal do livro é demonstrar ser metodologicamente inadequado e politicamente indesejável generalizar afirmações e prognósticos sobre o funcionalismo público brasileiro. Tal como explicitado no subtítulo do livro, o que mais e melhor caracteriza esse importante subgrupo ocupacional do mundo do trabalho no país são as suas heterogeneidades e desigualdades intrínsecas. Isso deveria ser óbvio, a julgar pelo fato de que, no Brasil, tudo parece ser ao mesmo tempo heterogêneo e desigual. Mas como são características que se perpetuam e se reproduzem ao longo de décadas, elas vão sendo naturalizadas em nosso cotidiano, vão se amalga-

1. Lopez, Felix G.; Cardoso Junior, José Celso (orgs.). *Trajetórias da burocracia na Nova República: Heterogeneidades e desigualdades (1985/2020)*. Brasília: Ipea, 223.

mando na paisagem a ponto de quase desaparecerem aos olhos da crítica. Nesse sentido, parece pouco, mas o fato é que, ao se demonstrar a tese principal nesse livro, dá-se um passo enorme rumo a uma melhor qualificação pública do debate sobre os temas que emanam desse objeto de estudo tão controverso e vilipendiado na conjuntura atual.

O segundo dos pontos iniciais importantes a se dizer sobre o livro é que a tese principal está farta e solidamente amparada em evidências teóricas e empíricas das quais emergem as melhores interpretações possíveis sobre cada um dos subtemas aqui apresentados. Em particular, é possível afirmar que as heterogeneidades e desigualdades que muito claramente caracterizam os perfis do funcionalismo público pelo Brasil estão ampla e detalhadamente descritas nessa publicação, a partir de recortes de análises que, juntos, combinam ineditismo de alguns temas (como nos casos dos capítulos sobre pessoal empregado nos poderes Judiciário, Legislativo e nos órgãos de controle), releituras interpretativas (como nos casos dos capítulos sobre gastos com pessoal, diferenciais de remunerações e carreiras públicas e seus recortes por gênero e raça no serviço público), além de desagregações estatísticas pouco usuais ou incomuns na maior parte dos capítulos.

Em praticamente todos os casos, os textos utilizam dados do Atlas do Estado Brasileiro,[2] certamente o mais robusto acervo de informações hoje disponível sobre o funcionalismo público no país. Organizado e mantido pelo Instituto de Pesquisa Econômica Aplicada (Ipea), trata-se de uma plataforma de dados que

2. Disponível em: https://www.ipea.gov.br/atlasestado/.

reúne, padroniza e disponibiliza séries estatísticas desde 1985, com diversos atributos pessoais e desagregações possíveis por níveis da Federação e poderes da República. Suas existência e consistência são uma das razões mais importantes por trás desse esforço coletivo de sistematização e reflexão sobre temas tão atuais quanto complexos para o entendimento acerca da estrutura e da dinâmica do funcionalismo público no Brasil.

Por fim, mas não menos importante, o terceiro dos pontos iniciais sobre o livro é que, seja isoladamente ou em conjunto, os estudos ali reunidos permitem derivar ou extrapolar uma compreensão mais acurada acerca desse objeto de investigação e suas implicações para um país igualmente heterogêneo e desigual como o Brasil. Em outras palavras, para muito além de se poder afirmar, com base nos melhores dados empíricos que hoje se tem a respeito, que nem o estoque de servidores nem o gasto agregado com pessoal no setor público são — ou um dia qualquer o foram — exorbitantes ou explosivos na realidade brasileira, é possível também dizer, com todas as letras, que esse subgrupo ocupacional é tão relevante e necessário como qualquer outro para o cumprimento de tarefas indispensáveis ao desenvolvimento nacional.

Embora esse aspecto não esteja presente de modo explícito ou orgânico nesse livro, tampouco caiba aqui nesta breve resenha um alongado muito extenso sobre isso, algumas palavras rápidas são necessárias. Estamos aqui a propor, sem rodeios, que o funcionalismo público brasileiro, em todas as esferas da Federação e níveis de poder, ainda que guardados os ajustes e aperfeiçoamentos institucionais imprescindíveis a maior profissionalização e melhor desempenho individual e organizacional ao longo do ciclo laboral, deveria ser visto como agente ativo do desenvolvimento brasileiro. Para tanto, há pelo menos três níveis de abstração por meio dos quais se poderia perscrutar a correlação positiva entre emprego público e desenvolvimento nacional.

No nível micro ou estritamente individual, dados apresentados nesse estudo mostram que, entre outras coisas, em função dos critérios de ingresso, da ampla concorrência e dos incentivos posteriores à formação, a escolarização média dos servidores públicos, em quaisquer dos recortes analisados, é superior à escolarização de trabalhadores similares no setor privado e vem inclusive aumentando, desde a Constituição Federal de 1988 (CF/1988). É claro que há inúmeros problemas metodológicos e éticos nessa comparação, ainda mais tratando-se de um mercado de trabalho altamente precário, heterogêneo e desigual como o brasileiro, mas o que aqui se quer destacar é que o corpo de funcionários a serviço do Estado, no Brasil, já detém um dos atributos mais necessários — e mundialmente reconhecidos — para a deflagração de processos de trabalho e percursos profissionais que combinam inovação, produtividade e desempenho na realização das respectivas tarefas e missões institucionais. Daí a importância de se ter, em países como o Brasil, um corpo de servidores públicos dotados de: i) estabilidade funcional e proteção contra arbitrariedades e assédio institucional do Estado empregador; ii) remuneração adequada, previsível e o mais isonômica possível ao longo do ciclo laboral; iii) qualificação elevada desde a entrada e capacitação permanente atrelada à progressão e ao interesse público; iv) cooperação interpessoal e intra/interorganizacional (e não competição) como fundamento do processo de trabalho no setor público; e v) liberdade de organização e autonomia de atuação sindical.

Desenvolvimento como resultado da sinergia entre Estado, mercado e sociedade

Um segundo nível de abordagem/abstração é o que correlaciona positivamente as dimensões setoriais e territoriais do desenvolvimento com a presença ativa do Estado, por meio das inúmeras políticas públicas e dos servidores/funcionários que as engendram cotidianamente. Alguns desses casos, sobretudo em áreas sociais, como educação, saúde e assistência, estão explicitamente tratados no livro. E nesse nível meso, ainda, entram funções permanentes e indelegáveis de Estado, como o planejamento governamental, a orçamentação, a implementação, a gestão pública, o controle e a avaliação, tanto setorial como territorial, das políticas de governo, que exigem especializações e competências típicas de Estado, bem como criatividade, iniciativa e distintas capacidades de atuação para enfrentar e transformar problemas complexos, os quais são impossíveis de serem superados apenas com a lógica de mercado.

Por fim, no nível macro de abstração aqui proposto, tem-se a máxima de que o Estado, suas organizações, políticas e servidores públicos são agentes de noções sem as quais debater valores normativos, como desenvolvimento, inclusão e progresso, perde o sentido. Se é verdade que existem falhas de governo que merecem um olhar atento sobre problemas como patronagem, captura, corrupção, ineficiência etc., também é certo haver falhas de mercado tão ou mais graves do ponto de vista da construção de trajetórias nacionais de desenvolvimento que impliquem soberania, democracia, inclusão e equidade, sustentabilidade ambiental, produtiva, humana etc. Nesse sentido, em vez de contrapor modelos abstratos, é preciso caminhar em direção a uma institucionalidade sinérgica entre Estado, mercado e sociedade — e os respectivos princípios estruturantes: autoridade, interesses e solidariedade —, tal qual o desenvolvimento possa ser um resultado meritório, consensual e duradouro dos recursos, das energias e das capacidades instaladas e criadas nesse tempo/espaço específico da história. Para tanto, o Estado, suas organizações, políticas e servidores públicos precisam sair da prateleira dos problemas, em relação aos quais são sempre identificados e responsabilizados, para adentrar a seara dos recursos, dos instrumentos e das soluções para o país se alinhar a trajetórias de desenvolvimento e progresso exitosos e continuados. Na era dos Estados nacionais, a autoridade pública e suas capacidades foram protagonistas, e não coadjuvantes, nas trajetórias de êxito coletivo.

Senão pelo resto, detalhar alguns processos que alinham Estado, burocracia pública e desenvolvimento socioeconômico é também um dos objetivos centrais deste livro.

O corporativismo predatório: farinha pouca, meu pirão primeiro!

JOSÉ CELSO CARDOSO JR.

5 de dezembro de 2022

O corporativismo é comumente definido como um sistema de representação, tramitação e implementação de interesses coletivos específicos junto ao poder público instituído. Não cabe aqui discorrer sobre suas variantes histórico-institucionais, ou seja, se corporativismo estatal (organizado e tutelado pelo Estado), se corporativismo societal (animado e sustentado pelo pluralismo de interesses presentes na sociedade), bem como as combinações e derivações observadas empiricamente de ambos os modelos principais ao longo do tempo.

Para os interesses deste texto, basta dizer que o corporativismo se firmou, na história do capitalismo contemporâneo (basicamente após a Segunda Guerra Mundial), como uma forma politicamente legítima e relativamente eficaz de explicitação de atores e interesses e de canalização e resolução de conflitos, tanto na relação entre setores públicos e privados como internamente ao setor público. No caso do setor público, isso se deu em função da grande diversidade de áreas de atuação estatal, burocracias e arenas decisórias, interesses e processos institucionais envolvidos.

Mas, em ambos os casos, para além das decisões de Estado emanadas das regras tradicionais da democracia representativa, o corporativismo (via atividades formais e informais de *lobby*, *advocacy* etc.) veio a ser considerado também uma forma — complementar e mais direta, ainda que menos regulada — de manifestação, negociação e intermediação de interesses organizados, corporativamente, visando influenciar e moldar processos decisórios em âmbitos governamentais.

Até aqui, então, nada de mais, apenas as coisas como efetivamente são e funcionam nas sociedades capitalistas contemporâneas. Mas o problema começa quando, saindo da discussão formal e abstrata sobre conceitos e categorias de análise, chegamos ao chão da política como ela é. E ela é dominada, no Brasil e alhures, por grupos e corporações mais poderosos e privilegiados que outros. Essa hierarquia e assimetria de poder e de recursos (econômicos e simbólicos) distorcem a legalidade, a legitimidade e os resultados concretos obtidos pelos diversos grupos organizados da sociedade (públicos e privados) que se relacionam corporativamente com o Estado. Este, por sua vez, acolhe, tramita e implementa diferenciadamente decisões e políticas públicas, mais em favor de uns que de outros grupos sociais.

Nesse sentido, sempre e quando o Estado age apenas como canal de transmissão dos interesses mais fortes e bem representados em seus circuitos decisórios, ele colabora para sacralizar as desigualdades econômicas e sociais presentes na sociedade e também para reforçar a assimetria de recursos e o poder (formal) de voto e (informal) de veto dos atores mais influentes. Ao fim e ao cabo, é a própria política em regimes formalmente democráticos que vai perdendo potência transformadora, já que, por meio do corporativismo predatório, posições de poder dos grupos já privilegiados vão se consumando e se fragilizam as posições de atores com menos recursos e vozes menos potentes na sociedade e no interior dos governos.

Pode-se dizer que o mesmo fenômeno acontece nas relações intraestatais, nas quais determinadas elites burocráticas conseguem não apenas impor e manter seus próprios privilégios de classe, como, por meio disso, também afastar sua atuação dos interesses e necessidades verdadeiramente nacionais. Que isso seja a regra das corporações privadas já o sabemos, mas que tal comportamento seja a tônica de burocracias corporativas sobrerrepresentadas no seio do setor público, é um péssimo sinal de esvaziamento substantivo do republicanismo e da democracia em nosso país.

Um bom exemplo disso diz respeito aos privilégios remuneratórios que capitaneiam as ações de determinadas organizações públicas e seus sindicatos e associações de servidores. Ainda que sejam justas e legítimas algumas das reivindicações em curso por recomposição salarial, nada justifica privilégios remuneratórios seletivos concedidos a um subconjunto de carreiras públicas que já são, por sinal, as mais privilegiadas do ponto de vista salarial e institucional.

No Poder Executivo, o *hub* das remunerações mais altas encontra-se no Ministério das Relações Exteriores e em órgãos que cumprem funções indelegáveis de Estado, tais como militares de altas patentes das Forças Armadas, Polícia Federal e Polícia Civil, Advocacia-Geral da União e Receita Federal do Brasil. No Poder Legislativo, ele é dividido entre a Câmara dos Deputados, o Senado e o Tribunal de Contas da União; e no Poder Judiciário, entre o Ministério Público da União e os Tribunais Regionais e Superiores — notadamente, os Tribunais Regionais do Trabalho.

Em outros termos, a elite salarial do funcionalismo público federal é composta, fundamentalmente, por procuradores, desembargadores, juízes, dirigentes do serviço público federal, deputados, senadores, diplomatas, ministros e secretários de ministérios. Dessa forma, se o objetivo for de fato enfrentar as distorções salariais no setor público, o trabalho deveria começar por aí. Para tanto, o efetivo cumprimento do teto remuneratório, por exemplo, dispensa qualquer mudança na Constituição, uma vez que já está inscrito em seu artigo 37 — isto é, poderia ser feito por legislação ordinária infraconstitucional.

Já em linha oposta a esta tendência recente de dispersão das remunerações no interior do setor público, é preciso ter claro que, durante o segundo mandato presidencial de Lula (2007 a 2010), houve esforços no sentido de se conferir maior racionalidade e equidade remuneratória a diversas carreiras públicas da administração federal. A substituição de inúmeras formas de pagamento por meio de auxílios e benefícios pecuniários pelo pagamento de vencimentos por meio de subsídio foi um avanço nessa direção e impactou positivamente as remunerações e o desempenho institucional de uma gama ampla de carreiras, organizações e servidores públicos.

Desde 2015, no entanto, vem acontecendo movimento inverso, por meio do qual organizações e carreiras mais poderosas no interior do Estado vêm tentando — e conseguindo — driblar a lógica do vencimento básico por subsídio, bem como o próprio teto remuneratório constitucional. Dessa feita, a fragmentação remuneratória com heterogeneização da atuação de organizações e carreiras dentro do aparato estatal contribui para a perda de organicidade entre servidores, reinstitui conflitos distributivos indesejáveis no âmbito público e faz piorar o desempenho setorial e agregado do Estado, com consequências deletérias, ao fim e ao cabo, para a própria economia e sociedade nacional. Dessa maneira, uma das formas de se mitigar ou combater o corporativismo predatório no seio do setor público consiste em relembrar e reforçar o caráter público tanto da configuração burocrática como da atuação estatal, conforme o Quadro 1.

Quadro 1 — Perfil e lógica pública × lógica privada

Perfil e lógica pública da burocracia e ação estatal	Perfil e lógica privada das empresas e ação corporativa
1. Vocação	1. Necessidade
2. Altruísmo	2. Autointeresse
3. Atender o coletivo: prestação de serviço	3. Atender o indivíduo: venda mercantil
4. Visão de longo prazo	4. Visão de curto/médio prazo
5. Perspectiva macro	5. Perspectiva micro/meso
6. Valor social/cidadania	6. Valor econômico/lucro
7. Perspectiva não monetária	7. Perspectiva monetária

Fonte: Elaboração do autor.

Vemos que há diferenças importantes entre os setores público (Estado) e privado (mercado) no que diz respeito à essência, aos objetivos gerais e às formas de atuação de cada uma dessas esferas da vida contemporânea. Tais diferenças ajudam a entender melhor o espaço e as atribuições de Estado e mercado nas relações entre si e de cada uma dessas instâncias diante dos mundos econômico, social e político. Dessa maneira, perceber e entender as diferentes perspectivas e especificidades de atuação entre ambos nos ajuda também a nos situarmos melhor em relação às nossas preferências e opções de atuação profissional. Embora de forma bastante simples e esquemática, o Quadro 1 lista algumas das principais diferenças.

De modo geral, a atuação das pessoas no setor privado está ancorada em imperativos de necessidade de sobrevivência e autointeresse, cujo principal objetivo é atender aos desejos e necessidades dos indivíduos mediante a venda de bens e serviços de caráter mercantil, seja diretamente como pessoa física (autoemprego, trabalho por conta própria), seja por meio de empresas formais ou informais (pessoas jurídicas). Além disso, é importante entender que, no setor privado, por razões ligadas à lógica interna do sistema capitalista, as empresas e as pessoas que produzem para o mercado são induzidas a priorizar o curto/médio prazo, adotar perspectivas micro/meso econômicas e visar a acumulação de valor econômico na forma de lucro monetário.

Por sua vez, a atuação no setor público deve, idealmente, estar motivada por atributos pessoais ligados à vocação, à esfera pública, ao altruísmo e ao desejo de prestar serviços à população como forma de viabilizar ou aperfeiçoar o atendimento estatal/ público à coletividade. Além disso, trabalhar para o Estado — mas sempre a serviço da sociedade — implica entender que este é o principal ente, criado historicamente pela humanidade, que pode e deve pautar e orientar sua atuação a partir de uma visão de longo prazo para o desenvolvimento nacional, tendo as perspectivas macroeconômica, macrossocial e territorial como guias, bem como a produção de valor social de sentido não monetário como paradigma.

DEMOCRACIA

Apresentação

JOSÉ CELSO CARDOSO JR.

Passada — mas não totalmente superada! — a tormenta liberal-autoritária que caracterizou o período antidemocrático que vai, grosso modo, da cassação do mandato da presidenta Dilma Rousseff, em 31 de agosto de 2016, até a posse do presidente Luiz Inácio Lula da Silva, em 1º de janeiro de 2023, já é possível e necessário denunciar os desmandos partidários e os retrocessos institucionais e civilizatórios promovidos pela coalizão atávica que tomou e exerceu o poder de forma ilegal, ilegítima, imoral e impopular por longos seis anos no Brasil, tanto quanto reafirmar a importância dos valores, das crenças, dos princípios e diretrizes republicanos e democráticos que devem sustentar a ordem política, social, econômica e constitucional no país.

Linhas gerais, como consequência de processos abrangentes, profundos e velozes de deslegitimação da política, crise da democracia e emergência da extrema direita em nosso país, nunca foi tão grande a distância entre as necessidades e os anseios das populações e de eleitores e a baixa capacidade dos governos eleitos em atendê-las, gerando, com isso, grande descrédito da política, dos políticos e dos sistemas representativos como veículos para a resolução não violenta de conflitos ou para a criação de soluções duradouras para os problemas complexos da sociedade brasileira na contemporaneidade. É desse cenário que emergem recentemente grupos políticos e projetos de poder que afrontam a ordem democrática tradicional em crise e pervertem todo o sistema de crenças, valores e comportamentos do sistema político moderno, levando à cooptação, corrupção, domesticação e anulação da política em larga escala.

Nesse contexto, a prevalecer a continuidade das crises internacional e brasileira, os processos desejáveis de estruturação dos mercados laborais se reverterão, com impactos negativos nas condições de vida e proteção social, bem como o aumento das desigualdades e da pobreza para grandes contingentes populacionais. Nesse cenário, os sistemas de proteção tradicionais, ainda assentados sobre o critério do assalariamento formal e contributivo da força de trabalho, bem como as políticas de combate à pobreza mais severa, baseadas em transferências condicionais de renda e em segurança alimentar, porquanto indispensáveis, serão insuficientes para fazer frente ao esgarçamento das estruturas produtivas outrora empregadoras de mão de obra. A nova dinâmica econômica em consolidação no mundo e no Brasil se caracteriza ou por ter baixo poder de empregar dignamente a população em idade ativa emergente, ou por ser claramente favorável à flexibilização e precarização das condições e relações de trabalho. Trata-se de um dos maiores desafios colocados aos países, sobretudo os periféricos, no século XXI.

Dessa maneira, para além da integração econômica e cultural dos mercados de trabalho e de consumo, com imensas heterogeneidades e desigualdades de toda ordem, derivadas de disputas geopolíticas interestatais e da divisão internacional do trabalho em bases injustas e desiguais, tem havido também intensos processos de especialização produtiva de índole predatória do meio ambiente e acelerados processos de exploração e degradação das relações e condições de trabalho mundo afora. O aumento de concentração do poder econômico em países líderes e em grandes corporações transnacionais faz aumentar a heterogeneidade estrutural das economias e as assimetrias históricas entre os países, sendo talvez a China a única exceção digna de nota. Nesse aspecto, a posição brasileira no mundo é de muita fragilidade e pouca capacidade própria de intervenção ou modificação do estado de coisas vigente.

Por aqui, indo além da integração financeira mundial entre países, empresas e indivíduos, houve, com a desregulação e a desintermediação bancária, um processo intenso e acelerado de criação e difusão de instrumentos voltados para a valorização financeira dos fluxos de renda e dos estoques de riqueza, os quais, se por um lado ajudaram a estabilizar monetariamente a nossa economia, por outro engendraram processos deletérios em ao menos duas direções: i) ancoragem e sobrevalorização cambial em economias como a brasileira (via taxas de juros oficiais muito altas por muito tempo) induziram especialização produtiva de baixo valor adicionado, reforçando tendências de desnacionalização de ativos, desindustrialização doméstica, reprimarização da pauta exportadora e aumento da vulnerabilidade externa; e ii) o manejo da dívida pública interna foi sendo capturado pela lógica da financeirização dos ativos, deixando de servir aos interesses do financiamento do desenvolvimento nacional para atender a necessidades e interesses privados quase que exclusivamente financeiros, num verdadeiro processo de "privatização das finanças públicas" no país.

Tudo somado, não bastassem essas megatendências mundiais disruptivas dos Estados nacionais na contemporaneidade, o Estado e a ordem democrática no Brasil ainda se defrontam com traços histórico-estruturais que lhe são próprios. Nesta segunda parte do livro, o autoritarismo, o burocratismo, o fiscalismo e o privatismo são explicitados e explicados como responsáveis por problemas de longa duração que afetam não apenas as formas de organização e funcionamento do Estado e a administração pública no país, como também afetam — dadas as relativamente baixas eficiência, eficácia e efetividade de muitas das ações governamentais que decorrem daqueles problemas — a própria capacidade do regime democrático em legitimar as decisões políticas e também em legitimar-se como parte de uma cultura política de experimentação social e aprendizado institucional.

Daí a necessidade de reafirmar e sustentar, mormente em casos como o brasileiro, a relevância de interconexão sistêmica e dinâmica entre as esferas da república, da democracia e do desenvolvimento como elementos indissociáveis do processo de construção civilizatória no país. Se a república é a forma de organização política do Estado que visa (e prevê) a repartição e o equilíbrio do poder entre seus cidadãos, cidadãs e organizações, estamos aqui a falar de: i) relações independentes — mas harmônicas — entre os Poderes Executivo, Legislativo e Judiciário; ii) arranjo federativo de tipo cooperativo, em vez de competitivo; iii) renovação e profissionalização de uma burocracia pública centrada na legalidade, impessoalidade, moralidade, publicidade, eficiência, eficácia e efetividade da ação estatal; e iv) formas de controle social dos atos e poderes do Estado em defesa do interesse público, do bem comum e da promoção da virtude cívica.

Por sua vez, se a democracia é a forma de organização política da sociedade por meio da qual opiniões, vontades e interesses diversos podem ser agregados, manifestos, representados e respeitados e os conflitos podem ser disciplinados, regrados e periodicamente resolvidos, então estamos diante da premência de processos de experimentação e amadurecimento das formas de representação popular, participação social e deliberação direta, que ensejam aprendizados e substantivação política de longa maturação.

Por último, mas não menos importante, república e democracia precisam ser tomadas não apenas como fontes em si de valores, crenças, atitudes e comportamentos, mas também como métodos de governar e desenvolver o país. Afinal, o desenvolvimento nacional é uma forma de organização humana, produtiva e ambiental da sociedade, por meio da qual se busca avançar, material e culturalmente, nos arranjos institucionais de produção, distribuição e apropriação justa e sustentável do excedente econômico gerado coletivamente. Para tanto, é inescapável trazer também para o centro do processo o planejamento estratégico e a governança multinível colaborativa como funções de Estado que fomentam a criação de capacidades estatais e o aperfeiçoamento dos instrumentos governamentais de ação pública.

O autoritarismo: você sabe com quem está falando?

JOSÉ CELSO CARDOSO JR.

19 de setembro de 2022

O autoritarismo incrustado como traço distintivo e forma dominante de relacionamento entre agentes do Estado, do mercado e da sociedade, bem como entre eles mesmos, remonta, no caso brasileiro, ao Estado monárquico absolutista português que nos deu origem e direção. Sobre isso, há muitos trabalhos relevantes publicados no Brasil, dos quais importa aqui destacar os de DaMatta (2020),[1] Schwarcz (2019),[2] Schwartzman (2015)[3] e Souza Neto (2020),[4] entre muitos outros.

Dessa maneira, a ideia de um poder centralizado de cunho ou pretensão absolutista nunca deixou de estar presente no Brasil, mesmo após a separação formal entre Estado e Igreja, a qual veio junto com a separação formal entre os poderes Executivo, Judiciário e Legislativo, após a instauração da República, em 1889. Esse aspecto é reforçado pelo fato de que a própria República foi

1. DaMatta, Roberto (org.). *Você sabe com quem está falando? Estudos sobre o autoritarismo brasileiro*. Rio de Janeiro: Rocco, 2020.

2. Schwarcz, Lilia Moritz. *Sobre o autoritarismo brasileiro*. São Paulo: Companhia das Letras, 2019.

3. Schwartzman, Simon. *Bases do autoritarismo brasileiro*. Campinas: Ed. Unicamp, 2015.

4. Souza Neto, Cláudio Pereira de. *Democracia em crise no Brasil: Valores constitucionais, antagonismo político e dinâmica institucional*. São Paulo: Contracorrente, 2020.

aqui implantada por um pacto entre elites, tendo sido promulgada por um poder militar com apoio da burguesia capitalista emergente e aquiescência da antiga nobreza imperial. Não houve no Brasil nenhuma ruptura institucional dramática ou evento de amplitude e aderência social que pudesse fundar uma ordem política nova ou oposta à ordem escravocrata que sempre esteve na base de nossa formação histórica.

Por essa razão, jamais se consolidou no país um processo histórico intenso de republicanização, entendido aqui como aquele por meio do qual um país e sua nação buscam se aproximar de uma forma de organização política do Estado que visa (e prevê) a repartição e o equilíbrio do poder entre seus cidadãos e organizações. Tampouco se instalou aqui um processo denso de democratização, entendido como forma de organização política da sociedade por meio da qual opiniões, vontades e interesses diversos podem ser agregados, manifestos e representados e os conflitos podem ser disciplinados, regrados e periodicamente equacionados.

O autoritarismo, portanto, amalgamou-se como traço distintivo da cultura política senhorial brasileira, tendo sido relativizado em momentos de republicanização e democratização do Estado, tais como durante o segundo governo de Getúlio Vargas, o governo de Juscelino Kubitschek, o momento constituinte que antecedeu e culminou com a Constituição Federal de 1988 e, sob contradições abertas até 2016, viveu seus melhores dias. Mas ele também foi reforçado nos momentos de autoritarismo explícito, vivenciados pela política brasileira durante a ditadura Vargas, a ditadura militar e durante os governos de Michel Temer e Jair Bolsonaro.

Em suma, a história política e institucional brasileira pode ser resumida como uma sequência desequilibrada de espasmos democráticos, combinados com dominância autoritária ao longo da maior parte do tempo. Por sua vez, quando aplicado às relações intraestatais, o autoritarismo implica formas e graus variados de mandonismo e assédio institucional, cujo fenômeno atingiu o ápice justamente ao longo do governo Bolsonaro, conforme amplamente documentado no livro *Assédio institucional no Brasil: Avanço do autoritarismo e desconstrução do Estado.*[5]

Para exemplificar, veja-se pelo quadro e gráficos adiante, como aproximação do complexo e multifacetado tema do desempenho institucional agregado do setor público federal brasileiro, que uma visão de conjunto dos quatro últimos governos (Lula, Dilma, Temer e Bolsonaro) conformam um processo de perda de densidade, entre os governos Lula e Dilma, e de verdadeiro desmonte, na passagem dos governos Lula para Temer e Bolsonaro, no que diz respeito à tríade República, Democracia e Desenvolvimento.

5. Cardoso Jr., José Celso; Silva, Frederico A. Barbosa da; Aguiar, Monique Florencio de; Sandim, Tatiana Lemos (orgs.). *Assédio institucional no Brasil: Avanço do autoritarismo e desconstrução do Estado.* Brasília: Afipea: EDUEPB, 2022.

Quadro 1 — Comparativo entre desempenhos gerais dos governos Lula, Dilma, Temer e Bolsonaro, em termos dos processos de republicanização, democratização e desenvolvimento do Estado, da sociedade e da economia brasileira

	Lula	Dilma	Temer	Bolsonaro
1. República:				
1.1 Transparência dos processos decisórios.	2	1	0	0
1.2 Transparência dos resultados intermediários e finais dos atos de governo e das políticas públicas.	2	2	1	0
1.3 Controle social sobre os Três Poderes (Executivo, Legislativo e Judiciário).	1	1	1	1
1.4 Controle social sobre os meios de comunicação públicos e privados.	1	1	0	0
	50,0%	41,6%	16,6%	8,3%
2. Democracia:				
2.1 Democracia representativa (parlamento, Congresso Nacional).	2	1	1	1
2.2 Democracia participativa (conselhos, conferências, audiências, ouvidorias, fóruns, grupos de trabalho).	3	2	1	1
2.3 Democracia deliberativa (referendos, plebiscitos, iniciativas populares).	2	1	1	1
2.4 Assédio institucional no setor público federal (sinal invertido).	3	2	1	0
	83,3%	50,0%	33,3%	25,0%
3. Desenvolvimento:				
3.1 Inserção internacional soberana.	3	2	1	0
3.2 Macroeconomia do desenvolvimento: crescimento, estabilidade, emprego e distribuição de renda.	3	2	0	0
3.3 Estrutura tecnoprodutiva avançada e regionalmente integrada.	2	2	1	0
3.4 Infraestrutura econômica (energia, transportes, comunicações), social e urbana (moradia, saneamento, mobilidade).	2	2	1	1

3.5 Sustentabilidade, produtiva, ambiental e humana.	2	1	1	0
3.6 Proteção social, garantia de direitos e geração de oportunidades.	3	3	2	0
3.7 Fortalecimento do Estado, das instituições republicanas e da democracia.	2	1	1	0
	80,9%	61,9%	33,3%	4,7%
Totais	33	24	13	05
% sobre o total	73,3%	53,3%	28,8%	11,1%

Fonte: Elaboração própria com base em documentos oficiais do governo federal brasileiro, notícias e reportagens da imprensa escrita e base de dados do Assediômetro. Nota: 0 = desempenho péssimo; 1 = desempenho ruim; 2 = desempenho médio; 3 = desempenho satisfatório.

Tendo como critério de análise os processos de longo prazo relacionados à republicanização, democratização e desenvolvimento do Estado, da sociedade e da economia brasileira, trata-se aqui de sintetizar, por meio do quadro anterior e gráficos subsequentes, uma avaliação preliminar de desempenho governamental que pontua entre 0 e 3 — sendo que 0 para desempenho péssimo, 1 para desempenho ruim, 2 para desempenho médio e 3 para desempenho satisfatório — a atuação dos quatro últimos governos findos no Brasil.

Enquanto as dimensões republicana (cuja pontuação agregada passa de 6 para 5 entre os governos Lula e Dilma e de 2 para 1 entre os governos Temer e Bolsonaro) e democrática (cuja pontuação passa de 10 para 6 entre os governos Lula e Dilma e de 4 para 3 entre os governos Temer e Bolsonaro) vão se enfraquecendo nas passagens de um governo a outro, a dimensão do desenvolvimento sofre um abalo (de 17 para 13 pontos) entre os governos Lula e Dilma e um colapso (de 17 para 7 e 1 pontos, respectivamente) na comparação entre os governos Lula/Temer e Lula/Bolsonaro.

Evidentemente, trata-se de uma avaliação aproximada, que usa como parâmetros de pontuação alguns critérios importantes (porém não exaustivos) da configuração de Estados nacionais republicanos, democráticos e desenvolvidos, cujos critérios podem ser mais bem visualizados por meio dos gráficos abaixo. Ainda como alerta metodológico, embora a pontuação aplicada de cada quesito a cada governo reflita uma leitura/interpretação pessoal de natureza retrospectiva acerca dos governos findos de Lula, Dilma, Temer e Bolsonaro, pareceu-nos importante essa confrontação com vistas ao esforço comparativo inicial aqui sugerido.

Gráfico 1 — Comparativo entre desempenhos gerais dos governos Lula, Dilma, Temer e Bolsonaro, em termos dos processos de republicanização, democratização e desenvolvimento do Estado, da sociedade e da economia brasileira.

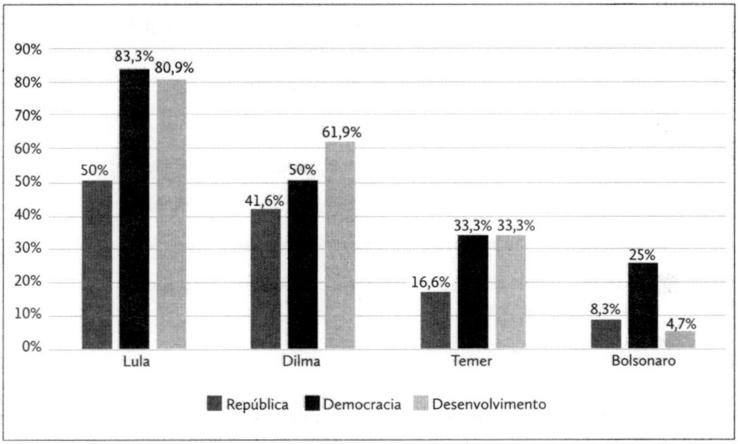

Fonte: Elaboração própria com base em documentos oficiais do governo federal brasileiro, notícias e reportagens da imprensa escrita e base de dados do Assediômetro.

Gráfico 2 — Comparativo entre desempenhos gerais dos governos Lula, Dilma, Temer e Bolsonaro, em termos dos processos de republicanização, democratização e desenvolvimento do Estado, da Sociedade e da Economia brasileira.

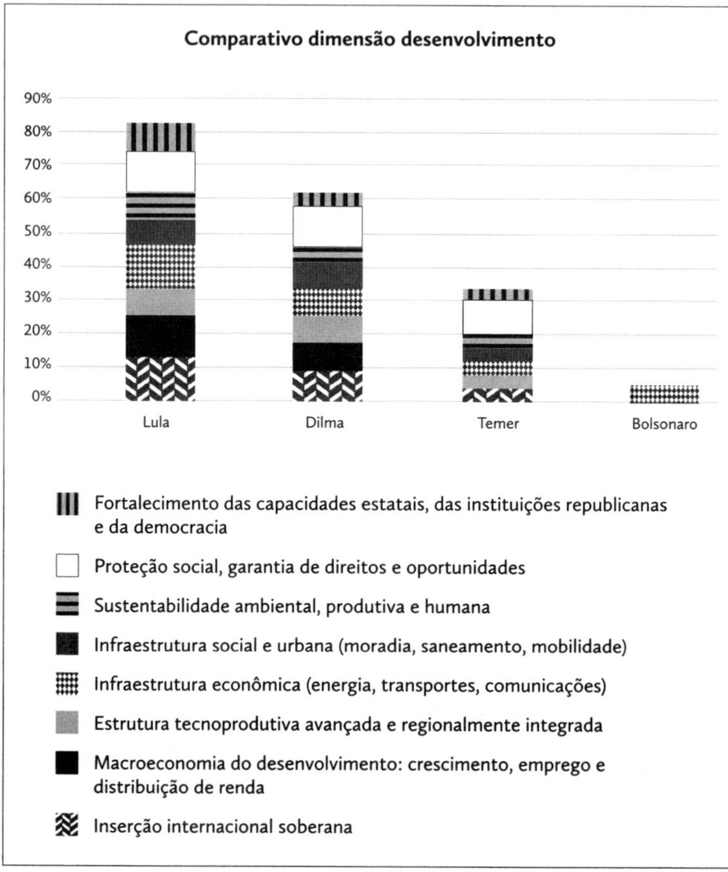

Fonte: Elaboração própria com base em documentos oficiais do governo federal brasileiro, notícias e reportagens da imprensa escrita e base de dados do Assediômetro.

Gráfico 3 — Comparativo entre desempenhos gerais dos governos Lula, Dilma, Temer e Bolsonaro, em termos dos processos de republicanização, democratização e desenvolvimento do Estado, da sociedade e da economia brasileira.

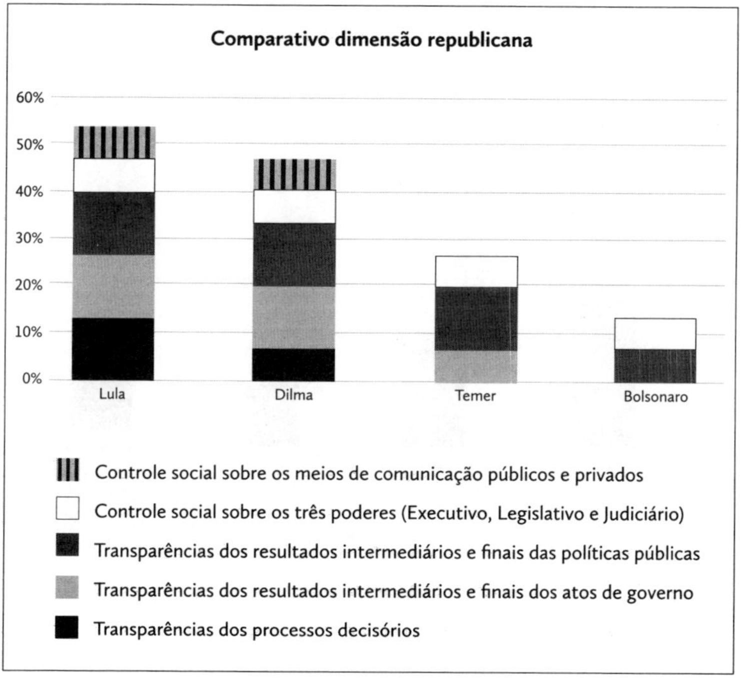

Fonte: Elaboração própria com base em documentos oficiais do governo federal brasileiro, notícias e reportagens da imprensa escrita e base de dados do Assediômetro.

Gráfico 4 — Comparativo entre desempenhos gerais dos governos Lula, Dilma, Temer e Bolsonaro, em termos dos processos de republicanização, democratização e desenvolvimento do Estado, da sociedade e da economia brasileira.

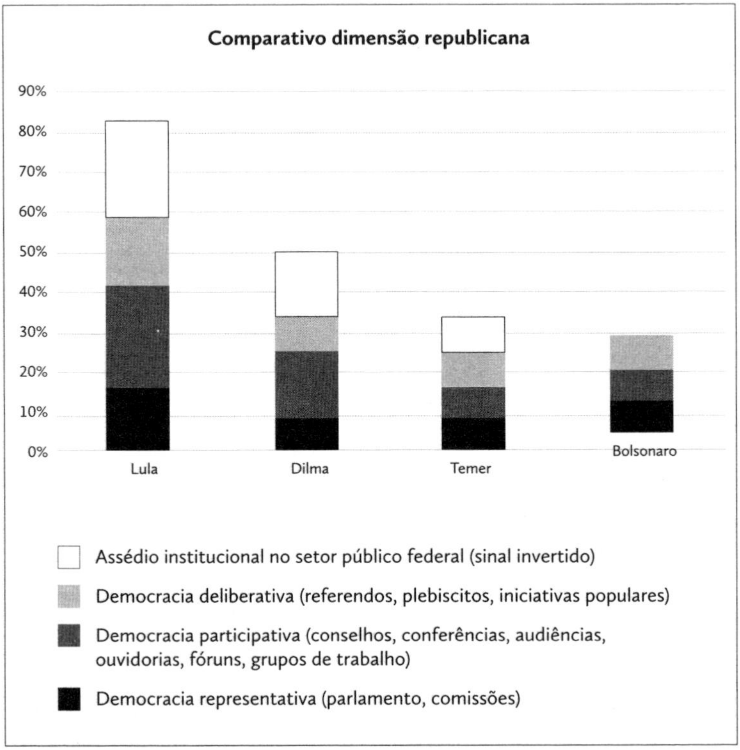

Fonte: Elaboração própria com base em documentos oficiais do governo federal brasileiro, notícias e reportagens da imprensa escrita e base de dados do Assediômetro.

Republicanizar e democratizar o Estado com transparência, controle social público e reformas

Dessa maneira, entendemos que a única forma de combater — e quiçá superar — essa chaga brasileira do autoritarismo congênito do país passa por uma reforma do Estado e da administração pública que esteja ancorada em medidas efetivas (leia-se: contínuas, coletivas e cumulativas) de republicanização e democratização das relações intraestatais e entre o ente estatal e os agentes e setores do mercado e da sociedade.

A republicanização do Estado exige, entre outras coisas, o máximo possível de transparência dos processos decisórios e dos resultados intermediários e finais dos atos de governo e das políticas públicas de forma geral. Para tanto, deve-se buscar visibilidade e publicidade nas arenas decisórias, aos atores e interesses envolvidos em cada caso, bem como aos processos institucionais (formais e informais), por meio dos quais as decisões cruciais da República são tomadas. Isso feito, equilibra-se mais e melhor a distribuição desigual de recursos de poder de cada ator e produzem-se resultados, simultaneamente, mais legítimos do ponto de vista político e mais aderentes à realidade e perenes ao longo do tempo. Este é um dos principais campos de atuação republicana contra a visão moralista e punitivista de combate à corrupção no país.

Por sua vez, a democratização do Estado exige, no mínimo, formas mais efetivas de controle social público sobre os Três Poderes (Executivo, Legislativo, Judiciário), Ministério Público e sobre os meios de comunicação (públicos e privados), ao mesmo tempo que uma reforma política que implique, de fato, maior representatividade da imensa diversidade e heterogeneidade da população e seus problemas, anseios e necessidades no parlamento. Mas para além dos aperfeiçoamentos necessários nos fundamentos e mecanismos da democracia representativa, é preciso também fazer avançar a efetividade das instituições e mecanismos da democracia participativa (por meio de conselhos, conferências, audiências, ouvidorias, fóruns, grupos de trabalho etc.) e da democracia deliberativa (por meio de referendos, plebiscitos, iniciativas populares etc.).

Com relação ao sistema representativo: medidas para uma reforma político-partidária que implique maior convergência entre representação parlamentar e representados, bem como maior alinhamento ideológico e programático entre partidos e eleitores. Nesse campo, o financiamento público exclusivo das campanhas eleitorais é primordial.

Já com relação ao sistema participativo: medidas que impliquem maior institucionalização, ativação e responsividade dos conselhos, conferências, audiências e ouvidorias públicas, fóruns de discussão e grupos de trabalho na interface entre Estado, políticas públicas e sociedade civil. Tais instâncias podem e precisam avançar qualitativamente como espaços de deliberação sobre questões estratégicas e diretrizes de políticas públicas.

Por fim, com relação ao sistema deliberativo: medidas que impliquem maior disseminação, uso e responsabilização dos instrumentos e mecanismos diretos de democratização das decisões coletivas, tais como o referendo, o plebiscito e as proposições legislativas de iniciativa popular. Essa ampliação da prerrogativa de convocação de plebiscitos, referendos e consultas populares deve incorporar também a introdução do veto popular, de modo a ratificar a soberania popular como espaço decisório cotidiano e de última instância em torno de questões cruciais para a sociedade brasileira.

O burocratismo: aos amigos, tudo; aos inimigos, a lei!

JOSÉ CELSO CARDOSO JR.

28 de setembro de 2022

Sobre o burocratismo, há vasta literatura acadêmica no pensamento social brasileiro, a qual destacamos aqui os clássicos de Sérgio Buarque de Holanda (1995)[1] e Raymundo Faoro (2000).[2] O burocratismo remete-nos à tradição histórica brasileira de origem ibérica, por meio da qual as relações econômicas e sociais entre partes autônomas (indivíduos, famílias, empresas) vão sendo convertidas em regramentos formais e códigos de conduta sujeitos a sanções de vários tipos e níveis pelo poder instituído.

Esse longo processo de normatização, positivação das leis ou burocratização, que se vai espraiando por praticamente todas as dimensões da vida coletiva, numa sociedade dominada pela lógica capitalista, também toma conta do próprio Estado, tanto internamente como em suas relações com o mercado e a sociedade da qual faz parte.

Mas ao contrário do que seria de esperar numa sociedade que gradativamente almeja republicanizar e democratizar as relações intraestatais e entre segmentos do Estado, do mercado e da so-

1. Holanda, Sérgio Buarque de. *Raízes do Brasil*. Rio de Janeiro: José Olympio, 1995.

2. Faoro, Raymundo. *Os donos do poder: Formação do patronato político brasileiro*. Rio de Janeiro: Globo, 2000.

ciedade, tais códigos de conduta e legislações impostas não se aplicam igualmente a todas as partes envolvidas.

Há excesso de formalismos, legalismos, controles burocráticos e muitas etapas intermediárias que se estabelecem entre a maioria das empresas e da população nas relações entre si e com agentes públicos, ao mesmo tempo que níveis variados de informalismos e acessos privilegiados aos tomadores de decisões de todos os tipos e lugares sociais.

Por trás de tais hierarquias e assimetrias de poder, escondem-se práticas patrimoniais, privatistas, oligárquicas, autoritárias e seletivas, enfim, pequenos e grandes atos de corrupção público-privados que filtram os acessos e favorecimentos às políticas públicas, dificultando ou mantendo na berlinda a inclusão de segmentos imensos de população e de empresas a bens e serviços de índole pública.

No tocante à corrupção, a concepção neoliberal que tem sido predominante no Brasil criminaliza a política, legitima a adoção de leis, procedimentos e jurisprudências de exceção, prega a entrega do patrimônio público e dos serviços essenciais para o controle das grandes empresas privadas. Mas os brasileiros finalmente estão tomando consciência de que esse caminho antidemocrático e antirrepublicano leva, ao contrário da visão simplista e punitivista, ao máximo de corrupção. Isso porque a corrupção não diz respeito especificamente ao Estado e à dimensão política do poder, mas, sim, às relações espúrias que se estabelecem entre interesses privados/privatistas e o Estado/esfera pública. Dito assim, a corrupção não é importante apenas na explicação da formação do Estado nacional, mas está também vinculada ao problema da desigualdade, na medida em que esta é historicamente (re)produzida e mantida, essencialmente, pela corrupção do poder público que é praticada por interesses privados. Dessa maneira, a luta contra a corrupção deve ser concebida de modo subordinado ao aprofundamento do caráter democrático e republicano do Estado brasileiro.

Em defesa da República e da democracia, contra poderes corporativos, interesses privados e privilégios

Por fim, é preciso dizer que há, no aparato estatal brasileiro, muita hierarquia formal e pouco comando efetivo, na esteira do que emerge a hipertrofia da cultura de controles formais e informais sobre o planejamento, a implementação, a gestão e a participação social nas políticas públicas. Minimiza-se, portanto, todo o potencial e poder de um Estado supostamente pensado para se organizar e agir consoante aos princípios republicanos, assentados na máxima equidade e transparência dos processos decisórios, voltados para o interesse geral e o bem comum, e procedimentos democráticos, responsáveis pela ampliação e diversificação da participação social, da representação política e da deliberação coletiva acerca das questões-chave da sociedade que atravessam os processos decisórios.

É desnecessário dizer que tais objetivos públicos e de Estado passam pela *desmercantilização* da política como negócio. O conflito entre aqueles que querem dominar e concentrar riquezas e aqueles que buscam a liberdade e a igualdade está no centro da disputa pelo poder. Uma república democrática é exatamente aquela que se apoia ativamente na vontade — livre e plural — das maiorias e subordina os órgãos do Estado, inclusive os aparelhos de justiça e coerção, à garantia dos direitos e deveres formados democraticamente. A defesa da República e da democracia deve estar sempre acompanhada da vigília contra os poderes corporativos e arbitrários, o privatismo e os privilégios, pois estes se voltam historicamente contra as classes trabalhadoras, os setores populares, os progressistas e a esquerda política.

A questão de fundo é que a Constituição Federal não foi capaz de institucionalizar, em uma dinâmica democrática, as disputas entre dois projetos políticos antagônicos. De um lado, coloca-se em pauta — por setores conservadores da sociedade, dos agentes políticos, da própria burocracia, do empresariado e da mídia oligopolizada — o caminho neoliberal, de orientação antinacional, privatista e individualista, e que desde 2016 vem promovendo retrocessos institucionais em áreas críticas da regulação econômica, social e política do país.

De outro lado, permanece como possibilidade — defendida por setores do campo progressista, dentro e fora das estruturas de governo — a via da expansão ou universalização integral dos direitos humanos, econômicos, sociais, civis, políticos, culturais e ambientais, tais quais os promulgados — e apenas parcialmente efetivados — pela Constituição Federal de 1988. Todavia, é preciso ter claro que as bases materiais e as condições políticas para a efetivação de tais direitos precisam ser reconstruídas no país para uma real consecução.

Na dinâmica neoliberal, atores econômicos buscam a captura das instituições de representação política do Estado, de modo a viabilizar a transformação de seus interesses em decisões públicas, com vistas a favorecer os interesses empresariais. Um jogo desequilibrado, que induz a um cenário em que, por suas influências, grandes grupos empresariais controlam mecanismos da dinâmica democrática, exercendo uma dominação em que o interesse geral da população perde expressão, tanto em termos econômicos quanto de cidadania.

Sendo assim, a retomada de um projeto democrático de desenvolvimento para o país passa necessariamente pela construção de novos marcos democráticos, envolvendo não apenas as esferas do Poder Executivo e as políticas públicas, mas integrando a totalidade das instituições do Estado nesse percurso.

O fiscalismo para os pobres e o rentismo para os ricos: lições do austericídio, da financeirização da economia e da privatização das finanças públicas no Brasil

JOSÉ CELSO CARDOSO JR.

26 de outubro de 2022

Uma das razões pelas quais é infrutífero tentar identificar virtudes ou acertos nas propostas recorrentes de reformas administrativas de índole liberal é que todas elas partem de diagnósticos equivocados acerca da natureza e formas de funcionamento dos Estados contemporâneos. Em síntese, tais propostas perfilam-se a uma visão liberal-conservadora do mundo e, por isso, sugerem medidas que visam, essencialmente, à redução do peso e papéis do setor público em suas relações com a sociedade e o mercado. A ênfase recai, quase exclusivamente, sobre a dimensão fiscal do problema, como se de mais eficiência (o mantra de fazer mais com menos recursos disponíveis) fosse possível obter, automaticamente, mais eficácia e efetividade da ação estatal. A ampliação ou melhoria do desempenho institucional do setor público se converte, portanto, numa promessa irrealizável do mero corte de gastos e de pessoal, objetivo esse indisfarçável da Proposta de Emenda Constitucional nº 32/2020 e suas congêneres.

Dessa maneira, as políticas de austeridade tratam as finanças públicas e o orçamento público como sendo similares às finanças domésticas e ao orçamento familiar, de modo que ambos, setor público e famílias, deveriam operar segundo o preceito do orçamento sempre equilibrado ou superavitário. Por essa razão, na visão liberal, reformas da previdência e administrativas seriam fundamentais, pois ao apontar para uma redução do gasto público, transmitiriam ao mercado e agentes econômicos a sensação de solvibilidade e confiança na gestão da dívida pública. Medidas de austeridade seriam, portanto, o instrumento e a solução para restaurar a confiança empresarial e, com isso, estabelecer fundamentos para o crescimento econômico.

Essa relação entre austeridade governamental e confiança dos investidores é um mantra constante nos discursos correntes, o que tem levado governos a implementar reformas e políticas contracionistas — acompanhadas de recessão, estagnação ou mesmo deflação — em todo o globo. Considerar que o orçamento público funciona como o doméstico não só é uma abordagem simplista, como também equivocada, ao não considerar que os governos, diferentemente de famílias e empresas, podem, por exemplo, incrementar ou reduzir suas receitas por meio de alterações nos tributos. Ademais, não leva em conta que uma parte dos gastos públicos retorna para os governos sob a forma de impostos, e que esses mesmos gastos, pelo volume e qualidade, podem agir favoravelmente sobre a atividade econômica de modo a ampliar a própria base arrecadatória. Famílias e empresas, por fim, ao contrário dos governos, não emitem moeda nem títulos públicos, bem como não controlam a taxa de juros sobre suas dívidas, como faz o Banco Central.

Basicamente por essas razões, a equiparação entre setor público e finanças domésticas é falaciosa, e o objetivo é tão somente limitar o papel e a importância da política fiscal para o crescimento ou a atenuação de efeitos negativos dos ciclos econômicos. É importante fixar: as restrições ao gasto no Brasil, um país que emite sua própria moeda e cujo governo é credor internacional, são autoimpostas pela legislação que sempre se pode alterar. O dinheiro do governo, portanto, não acabou nem acabará, mas as regras fiscais brasileiras, excessivamente rígidas, o impedem de gastar num momento em que a economia, depois de vários anos de crise, ainda não logrou recuperar o nível de renda de 2014.

Mas felizmente já vão se avolumando opiniões contrárias ao *austericídio* como ideia e prática dominantes no mundo. Economistas estrangeiros de grande influência internacional, tal como Ben Bernanke (2019),[1] e mesmo alguns brasileiros de formação liberal, como André Lara Resende (2017),[2] vêm afirmando que essa crença na austeridade como fim em si mesmo está assentada em suposições teórica e empiricamente equivocadas. Da mesma maneira, em livros recentes, como o organizado por Cardoso Jr. e Marques (2022),[3] evidências e estatísticas disponíveis mostram que países que seguem o receituário da austeridade crescem menos e/ou superam mais tardiamente situações de crise econômica. Ao contrário, países que adotam políticas econômicas que combinam virtuosamente o gasto público (gastos correntes e investimentos) com incentivos corretos, segurança jurídica e perspectiva econômica positiva, conseguem mobilizar complementarmente os investimentos privados no sentido de um crescimento econômico mais elevado e sustentável.

---

1. Bernanke, Ben S. "Monetary policy in a new era". In: Blanchard, Olivier; Summers, Lawrence H. (orgs.). *Revolution or evolution? Rethinking macroeconomic policy after the great recession*. Cambridge: MIT Press, 2019.

2. Resende, André Lara. *Juros, moeda e ortodoxia: Teorias monetárias e controvérsias políticas*. São Paulo: Portfolio-Penguin, 2017.

3. Marques, Rudinei; Cardoso Jr., José Celso (orgs.). *Dominância financeira e privatização das finanças públicas no Brasil*. Brasília: Fonacate, 2022.

O Brasil pode mais

No caso brasileiro, apesar dos índices de confiança empresarial terem crescido desde a deposição de Dilma, da aprovação da Emenda Constitucional nº 95/2016, referente ao teto de gastos, das reformas trabalhista e previdenciária e da eleição de Bolsonaro à presidência em 2018, os índices reais de atividade econômica e da produção industrial permanecem estagnados ou declinantes desde 2016, bem antes, portanto, da crise pandêmica (sanitária, econômica e social) deflagrada em 2020 e aprofundada pelo governo findo em 2022. Por isso, nada assegura que reformas administrativas liberal-conservadoras, todas centradas em redução de direitos e redução de entregas de bens e serviços à população, em arrocho salarial e em demissões diretas de servidores (e indiretas de trabalhadores cujas rendas dependem dos gastos daqueles) melhorem esse quadro. Pelo contrário, devem agravá-lo ou, na melhor das hipóteses, instaurar a estagnação com retrocesso social e concentração da renda como o novo normal brasileiro.

Nesse particular, é preciso explicar que finanças públicas *sustentáveis* são algo diverso de finanças públicas *estéreis*. Finanças sustentáveis são aquelas assentadas em gastos primários responsáveis por políticas públicas, cujos efeitos agregados (e respectivos multiplicadores) tendem a ser positivos na medida em que geram emprego, renda, lucros e tributos ao longo do ciclo econômico. Seus determinantes são de ordem social, econômica e política. Já as finanças estéreis são aquelas de natureza e/ou destinação financeira cujos multiplicadores são negativos e os efeitos agregados contribuem para a ampliação do desemprego, da pobreza e da concentração de renda. Seus determinantes são autônomos, endógenos, não baseados em fatores reais da economia. Daí que o problema não é o déficit ou a dívida pública em si, mas apenas a sua composição e forma de financiamento ao longo do tempo. Evidentemente, a composição e a forma de financiamento da dívida federal brasileira são ruins, pois assentadas na lógica de valorização financeira dos fluxos e estoques.

Todos os dados oficiais disponíveis mostram haver um grande comprometimento anual de recursos públicos destinados ao gerenciamento (leia-se: garantia de liquidez e solvibilidade) da dívida pública federal brasileira. Significa que a captura da gestão da dívida pública pela lógica das finanças especulativas continua sendo um dos principais entraves ao crescimento econômico e um constrangimento inaceitável ao cumprimento dos direitos sociais no país. Não por outra razão, chamamos de *austericídio* o conjunto de pressupostos ideológicos e diretrizes de política macroeconômica que conformam um arranjo institucional de gestão da área econômica do governo que, além de possuir precária fundamentação teórica e histórica, produz resultados opostos aos desejados, com enormes e negativas repercussões sobre a capacidade de crescimento, geração de empregos e distribuição de renda e riqueza numa sociedade, tal qual a brasileira, já marcada estruturalmente por imensas heterogeneidades, desigualdades e necessidades de várias ordens.

Em suma, os processos aqui narrados vão então institucionalizando o fenômeno da financeirização da dívida pública federal e privatização/privilegiamento da sua gestão pelas autoridades monetária (Banco Central do Brasil) e fiscal (Secretaria do Tesouro Nacional) do país. Tais fenômenos promovem, em função do arranjo normativo em consolidação, bloqueios e limites superiores ao gasto fiscal primário de natureza real, justamente o gasto que é responsável pelo custeio de todas as despesas correntes, tanto as intermediárias/administrativas como as finalísticas, destinadas à implementação efetiva das políticas públicas federais em todas as áreas de atuação governamental. Simultaneamente, consolidam-se regramentos que representam tanto a flexibilização sem limite superior como a blindagem política (inclusive para fins criminais) do gasto público financeiro, cujos principais beneficiários são as instituições financeiras (bancos, corretoras, seguradoras), fundos de investimento e demais agentes econômicos de grande porte, inclusive estrangeiros com atuação no país (Cardoso Jr., 2022).[4]

Diante disso, fruto da indignação propositiva com a qual se reconstroem as sociedades e os países, torna-se imperativo deslocar a alienação e a resignação impostas pela teoria ruim e por práticas nefastas de política econômica, substituindo-as por uma orientação geral capaz de levar o Brasil a processos consistentes e decididos de *desfinanceirização* e *desprivatização* das finanças públicas. Afinal, o Brasil pode mais!

4. Cardoso Jr., José Celso. "Dominância financeira e privatização das finanças públicas no Brasil: Arranjo normativo e nefastas implicações ao desenvolvimento nacional". In: Cardoso Jr., José Celso; Marques, Rudinei (orgs.). *Dominância financeira e privatização das finanças públicas no Brasil*. Brasília: Fonacate, 2022.

O privatismo: vícios privados, prejuízos públicos![1]

JOSÉ CELSO CARDOSO JR.

16 de novembro de 2022

Vícios privados, prejuízos públicos! Neste artigo, vamos abordar o que chamamos de privatismo. Faremos isso a partir de recomendações da Proposta de Emenda à Constituição (PEC) nº 32, de 2020 (chamada PEC da reforma administrativa do governo Bolsonaro), que versam sobre a intervenção do Estado no domínio econômico, a saber: acréscimo ao art. 37-A e acréscimo ao § 6º e do §7º ao artigo 173 da Constituição Federal (CF) de 1988.

Uma análise mais amiúde desses dispositivos propostos pela PEC nº 32, de 2020, revela, indubitavelmente, tratar-se de peça que visa à instauração de poderes quase absolutos do mercado sobre o Estado, do dinheiro sobre a política, da esfera e lógica privadas sobre a esfera e lógica públicas. É claro que dessa proposta de (re)desenho constitucional para pior, que pretende priorizar, na formulação, implementação e gestão das políticas públicas, o domínio de uma visão economicista e microeconômica de curto prazo sobre uma visão holística e macrossocial de longo prazo, não se pode esperar nada promissor para as capacidades governativas de condução futura do país.

1. Este texto é uma versão reelaborada de "A atuação do Estado no domínio econômico depois da PEC 32/2020: vícios privados, prejuízos públicos", de autoria de Gilberto Bercovici e José Celso Cardoso Jr., publicado no *Congresso em Foco* em 26 de junho de 2021.

Isto é, não há referências claras ao desenvolvimento da nação como objetivo último de tal reforma, mas tão somente entendimento de que a consolidação e a valorização capitalista de mercados autorregulados poderiam engendrar algum tipo de "desenvolvimento". Este, em termos do *liberalismo de cassino* em voga, significa coisas como maximização das rentabilidades empresariais de curto prazo, crescimento microeconômico eficiente dos empreendimentos etc. Ora, de diversas maneiras já foi demonstrado que o somatório de empreendimentos empresariais eficientes e rentáveis do ponto de vista microeconômico não é garantia (na verdade, não há evidência empírica alguma) de que engendrarão resultados agregados (mesmo que setoriais) eficazes ou efetivos do ponto de vista macroeconômico, ainda mais se olhados tais resultados pela ótica dos empregos, das rendas e dos tributos gerados para os demais agentes envolvidos nesse tipo de regime e processo de acumulação de capital em bases estritamente privadas e sob dominância financeira.

Estado mínimo

Como se sabe, o papel do Estado no domínio econômico é alvo de inúmeros debates no Brasil. Adeptos de um Estado regulador, ou *mínimo*, costumam se contrapor com os defensores de um Estado *desenvolvimentista*. No entanto, uma análise histórica da estrutura administrativa brasileira revela que a CF de 1988 recebera um modelo de Estado estruturado sob a ditadura militar (1964-85), ou seja, o Estado reformado pelo Plano de Ação Econômica do Governo (PAEG, [1964-67]), cujas concepções de *eficiência empresarial* e de *privilégio do setor privado* já estão presentes cerca de 30 anos antes da reforma gerencial da década de 1990.

O discurso oficial do regime militar já era o da ortodoxia econômica. As próprias Constituições outorgadas pelos militares, em 1967 e em 1969, chegaram, não à toa, a incorporar o chamado *princípio da subsidiariedade*, cuja concepção é entender o Estado como complementar ou subalterno à iniciativa privada. O Decreto-Lei nº 200, de 1967, pioneiro na exigência da gestão empresarial dos órgãos administrativos, vai sobreviver à ditadura militar e continuará em vigor mesmo sob a Constituição de 1988, tendo sido reforçado pela reforma administrativa gerencialista do governo de Fernando Henrique Cardoso (FHC) e, mais recentemente, ressuscitada pela PEC nº 32, de 2020.

Ocorre que, mundo afora, com a consolidação dos Estados desenvolvimentistas, as Constituições do século XX incorporaram nos textos o conflito existente entre as forças sociais, buscando abranger toda uma série de direitos e matérias. Apesar disso, as relações entre o direito constitucional e o direito administrativo são ainda difíceis. Enquanto o direito constitucional avançou, o direito administrativo continuou preso aos princípios liberais do século XIX, entendendo o Estado como inimigo. Por isso, a necessidade de construção de um *direito administrativo dinâmico*, a serviço da concretização dos direitos fundamentais e da Constituição, é cada vez mais importante.

Na contramão disso, a proposta de incluir um artigo 37-A na Constituição de 1988 vai muito além da péssima técnica legislativa. A intenção da PEC nº 32, de 2020, é instituir a permissão para que os entes da Federação (União, estados, Distrito Federal e municípios) firmem "instrumentos de cooperação com órgãos e entidades, públicos e privados, para a execução de serviços públicos, inclusive com o compartilhamento de estrutura física e a utilização de recursos humanos de particulares, com ou sem contrapartida financeira". Em resumo, trata-se da *terceirização geral* da administração pública. Mas ora, o regime dos serviços públicos está previsto no artigo 175 da Constituição, que determina serem eles atividades que devem ser obrigatórias e diretamente prestadas pelo poder público. Se não forem prestadas pelo Estado, só o podem mediante concessão ou permissão e sempre precedidas de licitação. Ao prestar serviço público, o Estado, ou quem atue em seu nome por meio de concessão ou permissão, está obrigado a acatar o interesse social como métrica e destino das próprias ações.

Outra aberração da PEC nº 32, de 2020, está na tentativa de incluir dois novos parágrafos no artigo 173 da Constituição, que trata da atuação direta do Estado no domínio econômico. O novo — e pior — artigo 173, §6º prevê que: "É vedado ao Estado instituir medidas que gerem reservas de mercado que beneficiem agentes econômicos privados, empresas públicas ou sociedade de economia mista ou que impeçam a adoção de novos modelos favoráveis à livre concorrência, exceto nas hipóteses expressamente previstas nesta Constituição." Ou seja, trata-se do fim definitivo do fomento público, pois seria possível a qualquer agente privado (nacional ou estrangeiro) acionar o Poder Judiciário contra a concessão, por exemplo, de linhas especiais de crédito, ou financiamento de projetos por parte do Banco Nacional de Desenvolvimento Econômico e Social (BNDES), como sendo medidas de "reserva de mercado".

As implicações desse processo são perniciosas para a dinâmica de crescimento econômico, bem como para as condições de reprodução social da população. Posto tratar-se de *opção política de política econômica*, esse arranjo institucional que se está querendo impor ao Brasil é passível de contestação teórica e empírica, razão pela qual é importante desnudar suas implicações e apontar alternativas críveis para redesenhar a referida institucionalidade com vistas à promoção de um desempenho econômico e social mais condizente com o potencial e anseios de crescimento e de inclusão social do país.

Desenvolvimento com transparência e participação

Nesse sentido, tendo em tela o caso brasileiro, a alternativa consiste em lançar mão de três ideias-força, de cujo resgate teórico-histórico se poderia partir para avançar tanto na crítica aos formatos e conteúdos atualmente dominantes na esfera estatal, como — indo além — avançar também na reafirmação ou proposição de novos princípios, diretrizes, estratégias e táticas de ação (coletiva, contínua e cumulativa) que nos permitam conduzir a situação para um patamar qualitativamente superior de entendimento, organização e funcionamento do Estado nacional para as novas gerações de brasileiros e brasileiras, ainda no século XXI. São elas:

- **Projeto de país**: O desenvolvimento nacional é o carro-chefe da ação do Estado, ou seja, o Estado não existe para si próprio, mas como veículo para o desenvolvimento da nação. Nesse sentido, fortalecer as dimensões do planejamento estratégico público, da gestão participativa e do controle social — estratégias essas de organização e funcionamento do Estado — é condição necessária para que possamos dar um salto de qualidade ainda no século XXI no Brasil.

- **Capacidade de governo**: A necessidade de uma reforma do Estado de natureza republicana, que traga mais transparência aos processos decisórios, no trato da coisa pública de modo geral, é condição inescapável para redirecionar a ação governamental para as necessidades vitais da população.
- **Governabilidade**: Por fim, mas não menos importante, a revalorização da política e da democracia, pois não há como fazer uma mudança dessa envergadura sem a participação bem informada da maioria da população. A democracia não é apenas um valor em si, mas também um método de governo, por meio do qual as vontades da maioria da população se manifestam, eleitoral e periodicamente. Mas para além da democracia representativa em crise, há elementos de uma democracia participativa — e mesmo deliberativa — que pressionam por mais e melhores espaços de existência e funcionamento.

A proposta acima reafirma o fato de que, para debater tais desafios e lutar por um Estado moderno e serviços públicos de qualidade no Brasil, é preciso ter claro que em todas as experiências internacionais exitosas de desenvolvimento é possível constatar o papel fundamental do ente estatal como produtor direto, indutor e regulador das atividades econômicas para que estas cumpram, além dos objetivos microeconômicos essenciais, objetivos macroeconômicos de inovação e inclusão produtiva e de elevação e homogeneização social das condições de vida da população residente em território nacional.

Sendo o Brasil um país de dimensões continentais e com uma população estimada, em 2022, na casa dos 210 milhões de habitantes, trata-se, sem dúvida, de um enorme desafio político e econômico a provisão (quantitativa e qualitativa) adequada de bens e serviços à totalidade da população residente no país. Daí não só a necessidade, mas inclusive a urgência, de iniciativas governamentais que não se restrinjam à mera gestão (ainda que eficiente) das políticas e dos programas já existentes de infraestrutura econômica, social e urbana. Trata-se, na verdade, da necessidade e urgência de iniciativas mobilizadoras das capacidades estatais e dos instrumentos governamentais à disposição dos governos e a serviço do desenvolvimento nacional. Dentre essas, destacamos aqui apenas sete, a saber:

1. **(Re)ativação das capacidades estatais de planejamento governamental e de coordenação estratégica** (intersetorial, intra-setorial, territorial e social) das políticas públicas nacionais e dos investimentos público-privados. Neste particular, é preciso compatibilizar a sustentabilidade empresarial de longo prazo com a função social pública das estatais, já que a eficiência microeconômica de curto prazo não pode estar acima da eficácia macroeconômica e da efetividade social nos médio e longo prazos. Coordenando as decisões pelo planejamento, o Estado deve atuar de forma muito ampla e intensa para modificar as estruturas socioeconômicas atávicas, bem como distribuir e descentralizar a renda, integrando, social e politicamente, a totalidade da população ao processo dinâmico do desenvolvimento nacional.
2. **Nacionalização, reestatização e/ou criação de novas empresas estatais estratégicas e/ou empresas mistas de controle público**, visando à retomada do poder decisório sobre políticas fundamentais ao crescimento econômico e ao desenvolvimento nacional.

3. **Reforma tributária/fiscal progressiva na arrecadação e redistributiva nos gastos públicos**: Revisão das regras fiscais e monetárias vigentes (teto de gastos, regra de ouro, superávit primário e relação Secretaria do Tesouro Nacional–Banco Central) para uma melhor e mais efetiva governança orçamentária, vale dizer: orçamentação, alocação, monitoramento, avaliação e prospecção dos gastos públicos.
4. **Inovação e gestão pública democrático-participativa**: Governo digital, dimensionamento, planejamento e profissionalização da força de trabalho, monitoramento, avaliação e gestão do desempenho institucional e das competências profissionais.
5. **Relações de trabalho no setor público**: Regulamentação dos direitos e condições de negociação coletiva e greve no setor público nacional, tal que uma verdadeira política de recursos humanos para o setor público brasileiro leve em consideração de modo articulado as etapas de seleção, capacitação, alocação, remuneração, progressão e aposentação.
6. **(Re)adequação do peso e papel institucional dos controles burocráticos (interno e externo) do Estado e (re)institucionalização da participação social como método de governo:** Medidas para conferir mais e melhor transparência dos processos decisórios intragovernamentais e nas relações entre entes estatais e privados, bem como sobre resultados intermediários e finais dos atos de governo e das políticas públicas de modo geral.
7. **Combate aos privilégios, injustiças e à corrupção**: Ter claro que a corrupção não diz respeito especificamente ao Estado e à dimensão política do poder, mas, sim, às relações espúrias que se estabelecem entre interesses privados/privatistas e o Estado/esfera pública. Por isso, a luta contra a corrupção deve

ser concebida de modo subordinado ao aprofundamento do caráter democrático e republicano do Estado brasileiro.

Em suma, os fins do desenvolvimento devem ser fixados pela própria sociedade nacional, como faz o texto constitucional de 1988. No entanto, a vontade política para orientar e favorecer as transformações econômicas e sociais é indispensável para impulsionar e conduzir o processo de desenvolvimento endógeno. Um dos objetivos desse processo é a homogeneização social, com a garantia da apropriação do excedente econômico pela maior parte da população. O desenvolvimento endógeno exige também a *internalização dos centros de decisão econômica*, a dinamização e a integração do mercado interno, com grande ênfase para o desenvolvimento sustentável dos pontos de vista produtivo, tecnológico, humano e ambiental.

Tais considerações trazem a necessidade de repensar as bases e a estrutura do Estado brasileiro, sem deixar de levar em consideração a questão recolocada na atualidade acerca da prevalência das instituições democráticas sobre o mercado e a independência política do Estado em relação ao poder econômico privado, ou seja, a necessidade de o Estado ser dotado de uma sólida base de poder econômico próprio.

O tempo urge! Mãos à obra!

DIVERSIDADE

Apresentação

MARIA APARECIDA CHAGAS FERREIRA

O Brasil é marcado por uma profunda desigualdade, que se manifesta de diversas formas nas experiências de vida de sua população. A desigualdade tem raízes históricas e engendra a estrutura de toda a nossa sociedade. Gênero e raça/cor são marcadores que moldam a desigualdade brasileira. E, para enfrentá-la, precisamos adotar abordagens multifacetadas com mecanismos afirmativos prioritários na busca de inclusão de populações vulneráveis.

Discutir e apontar políticas, ações para combater comportamentos e atitudes que perpetuam desigualdades relacionadas a cor/raça e gênero é o propósito do conjunto de artigos que destacam a presença minoritária das mulheres em posições de poder e as situações frequentes de discriminação de gênero, além da persistência de desigualdades sociais entre a população negra e os desafios para a promoção de sua inclusão nos quadros da administração pública federal.

Destacamos a Lei de Cotas Raciais nos Concursos Públicos (Lei nº 12.990/2014), que foi uma resposta para promover a igualdade racial no serviço público, mas cuja implementação tem enfrentado severos desafios. Um deles foi a diminuição da realização de concursos públicos federais após a promulgação da lei, com um grave crescimento negativo a partir de 2017. Uma deliberada ação de enfraquecimento da profissionalização do serviço público. São apontados efeitos colaterais perversos a partir do teto de gastos estabelecido pela Emenda Constitucional nº 95/2016, que afetou negativamente a formação de estudantes de baixa renda e negros, assim como a sepultada reforma administrativa, PEC 32/2020, cuja proposição poderia comprometer ainda mais a política de cotas, ao permitir a contratação temporária sem reserva de vagas para negros, o que prejudicaria a representatividade desses grupos no serviço público.

Em compensação, a criação das comissões de heteroidentificação foi um instrumento para aprimorar a aplicação das políticas de cotas raciais cuja premissa, dessas comissões, é beneficiar quem é o sujeito do direito. Não deixamos de apontar as dificuldades enfrentadas, sugestão de práticas para melhoria e o papel do movimento social negro nesse contexto.

Dois artigos fazem um panorama da diplomacia brasileira quanto à inclusão de raça e gênero nos quadros do Itamaraty, uma das carreiras mais elitizadas do serviço público, devido à base de suas seleções primarem pelo acúmulo de capital social dos candidatos. A consequência é a parca presença de mulheres na fileira de seus cargos, com o agravamento da quase inexistência de pessoas negras. Os artigos não deixam de revelar alguns avanços, como a Bolsa-Prêmio de Vocação para a Diplomacia e o programa de mentoria, ambas ações voltadas para candidatos negros. Mas, ainda assim, clama por mecanismos inovadores de recrutamento para o Ministério das Relações Exteriores.

No que se refere à luta pela ampliação da presença feminina na carreira diplomática, são enfatizados marcos como a primeira mulher diplomata em 1918, desde a proibição de casamento entre funcionários do Itamaraty, que impôs uma escolha entre a carreira e a família para muitas mulheres. A promoção de maior representatividade das mulheres na diplomacia é vista como essencial para uma sociedade e chancelarias mais paritárias, plurais e representativas, o que permitirá enfrentar os desafios globais com uma perspectiva mais inclusiva e diversificada.

O conceito de representatividade que permeia os artigos está calcado na teoria da burocracia representativa. A defesa da diversidade de gênero e raça na representação burocrática traz valores simbólicos importantes para a democracia. De acordo com a teoria, a representação burocrática pode ser passiva, simbólica ou ativa. A representação simbólica aumenta a percepção de legitimidade da política; já a passiva, demonstra um retrato da composição da força de trabalho no Estado, lócus de estudo dos artigos, face à formação da sociedade; enquanto a representação ativa leva a decisões públicas em prol da igualdade de gênero e raça.

No entanto, discutimos que, para haver minorias sociais com representação ativa em níveis gerenciais, é necessário alcançar um percentual mínimo de massa crítica nos cargos com poder de decisão. Estudos mostram que gestores de médio e alto escalão têm mais chances de ativar a representação e promover a inclusão de grupos minoritários nas políticas públicas.

Debatemos dois enfoques: a representatividade de pessoas negras e de mulheres. Dados de 2020 sobre cargos de direção na administração pública federal mostram que a tendência da ocupação de altos cargos segue a reprodução da pirâmide socioeconômica, com homens brancos ocupando a maioria dos cargos, seguidos por mulheres brancas, homens negros e, na base, mulheres negras.

A falta de representação gera estereótipos de gênero e raça, reforçando a subalternidade de mulheres e pessoas negras. A falta de representação das mulheres, especialmente das mulheres negras, nas imagens e nos discursos relacionados aos cargos de decisão do Poder Executivo federal, reforça a exclusão social e a naturalização das desigualdades causadas pelas diferenças de gênero e raça. A baixa representação desses grupos nos espaços de tomada de decisão indica uma perspectiva social limitada, direcionada para a manutenção dos privilégios do grupo dominante de homens.

No serviço público, as mulheres negras estão sub-representadas, especialmente em cargos de direção, nos quais enfrentam discriminação e dificuldades no desenvolvimento de suas carreiras. Mulheres negras em posição de gestão enfrentam problemas de autoestima, saúde mental e emocional, além de serem submetidas a desigualdades raciais e de gênero.

Vale destacar, ainda, a nossa discussão sobre as mulheres na ciência. É abordado o aumento da participação feminina na ciência nas últimas décadas, mas ressaltamos que as mulheres ainda enfrentam muitos desafios e desigualdades no campo científico. Embora a educação das meninas tenha melhorado, bem como a presença delas no mercado de trabalho e na ciência, ainda há uma predominância masculina em cargos de liderança e em áreas das ciências exatas.

Ressaltamos, ainda, que a desigualdade de gênero na ciência está relacionada a fatores sociais e históricos, como a divisão tradicional de tarefas entre homens e mulheres. A falta de políticas públicas específicas para promover a igualdade de gênero na ciência, inclusive como ocorreu durante a pandemia de covid-19, quando as mulheres cientistas foram especialmente afetadas devido às responsabilidades familiares. Muito semelhante a outras áreas, as mulheres ainda são sub-representadas em cargos de liderança e em áreas das ciências exatas.

Para promover a igualdade na gestão pública, é necessário reconhecer as desigualdades e suas determinações sociais, bem como a importância da diversidade para políticas públicas mais inclusivas. Ações concretas e políticas públicas efetivas são centrais para a presença ativa de representantes de diferentes grupos sociais na burocracia estatal para tornar as políticas públicas menos enviesadas e mais responsivas ao público que elas servem.

Esse é o nosso ideário apresentado nos artigos que compõem a seção sobre diversidade. O fato é que todas as pessoas que têm compromisso com princípios republicanos, democráticos e de justiça social farão coro com as reflexões de diversidade e inclusão baseadas em gênero e raça.

Não tem concurso? Não tem como aplicar a lei: a reforma administrativa e as ações afirmativas nos concursos públicos

MARIA APARECIDA CHAGAS FERREIRA

Publicado em 18 de abril de 2022

A "persistência de diferenças significativas quanto aos indicadores sociais das populações negra e branca, mesmo diante do esforço de redução da pobreza e da desigualdade, de expansão do emprego, do crédito e do acesso à proteção social". Esse trecho de 2013 compõe a exposição de motivos da proposição do projeto de lei que deu origem à Lei de Cotas Raciais nos Concursos Públicos, Lei nº 12.990/2014.[1] O que se apontava naquele instante era a necessidade de o Estado adotar políticas públicas sistêmicas para a promoção da igualdade racial no Brasil, o que inclui mexer na burocracia do Estado. Sete anos depois da promulgação da lei, um estudo da Faculdade Latino-Americana de Ciências Sociais (Flacso Brasil), em conjunto com a Universidade de Brasília (UnB), indicou que temos 135 normas, entre leis, decretos, portarias e atos, que estabelecem cotas no serviço público, em níveis nacional e federal, em 21 estados mais o Distrito Federal, além

1. Tatiana Dias Silva e Josenilton Marques da Silva fazem uma ampla análise do Projeto de Lei nº 6.738/2013, que deu origem à Lei nº 12. 990/2014. Ver em: Silva, Tatiana Dias; Silva, Josenilton Marques da. *Reserva de vagas para negros em concursos públicos: Uma análise a partir do Projeto de Lei nº 6.738/2013*. Brasília: Ipea, 2014. Nota Técnica nº 17.

de 78 em âmbito municipal.[2] Esses números não nos deixam esquecer que o Brasil possui 27 estados e mais de 5.500 municípios.

Dados de 2020 do Instituto de Pesquisa Econômica Aplicada (Ipea) demonstram que, no nível federal, há 35,1%[3] de servidoras e servidores civis que se declaram negros.[4] Esses números dão um entendimento comparativo do que significa alcançar uma cobertura nacional da política de inserção de negros nos quadros da administração pública brasileira.

Um outro estudo, de 2021, da Escola Nacional de Administração Pública (Enap), defende que não se está atingindo o percentual de 20% estabelecido pela lei. Dentre servidores que ingressaram no Poder Executivo federal por concurso público entre 2014 e 2019, 15,4% se declararam e/ou foram identificados como cotistas. Entre as pessoas que ingressaram na carreira de professor nas universidades públicas federais, o percentual foi de insignificantes 0,53%.

O desafio é grande ao Estado e à sociedade brasileira diante do otimismo da lei ao estabelecer, a partir da data de sua publicação, um prazo de dez anos para se alcançar alguma igualdade racial no serviço público que pudesse espelhar a demografia brasileira. De acordo com a Pesquisa Nacional por Amostra de Domicílio Contínua 2012-19, realizada pelo Instituto Brasileiro

2. Para saber como está o regramento legal da política de cotas no serviço público, ver em: Igreja, Rebecca Lemos et al. *Ações afirmativas e burocracia pública: Vinte anos de legislação*. Brasília: Flacso, 2021. Cadernos de Pesquisa nº 1.

3. Total de vínculos civis ativos no Executivo federal, por sexo e cor ou raça (1999-2020). Atlas do Estado Brasileiro, Ipea, 2020.

4. A categoria "negro" é o conjunto das pessoas que se autodeclaram pretos e pardos conforme classificação do Instituto Brasileiro de Geografia e Estatística (IBGE).

de Geografia e estatística (IBGE), 56,2% da população no Brasil se autodeclara negra.

E por que se está andando a passos lentos na implementação dessa política?

Ao se observar a dinâmica de realização de concursos públicos para cargos efetivos entre 2014 e 2020, vê-se uma queda de 97,5% no número de vagas no Poder Executivo federal[5] na administração direta. Em 2014, houve 279 concursos autorizados com 27.205 provimentos; já em 2020, foram três concursos para prover 659 vagas. Essa diminuição deteve o fluxo da política de promoção da igualdade racial no provimento de cargos públicos, já que o principal instrumento de execução da lei é via concurso público, e, se não tem concurso público, não tem como aplicar a lei.

Um outro aspecto que influencia a efetividade da lei é como se dá a organização dos concursos públicos, como nos casos de concursos em que não há pessoas inscritas como cotistas ou aprovadas em número suficiente para ocupar as vagas reservadas para negros,[6] além dos entraves encontrados nos processos de seleção e daqueles que nem reservam vagas, como os concursos para docência nas universidades públicas. Um caso que exemplifica bem a terceira situação é o concurso para a magistratura, em que há custos elevados para a participação, como cursos

5. Concursos e provimentos autorizados, Sistema de Pessoal Civil da Administração Pública Federal 2014-2020.

6. Brasil. *Síntese de evidências da avaliação da Lei nº 12.990/2014 e do levantamento de dados sobre a Lei nº 12.711/2012*. Brasília: Enap, 2021.

preparatórios, testes de simulados, passagens, deslocamentos, profissionais de apoio à preparação técnica e da saúde, vestimentas, entre outros.[7] Ou seja, vê-se que há um instrumento legal que formaliza a importância da reserva de vagas em concursos para a inserção da população negra no serviço público; no entanto, vê-se, também, que ela deve estar acompanhada de outras estratégias para que a política tenha capacidade de produzir os efeitos desejados pelo legislador.

O processo de inserção no mercado de trabalho se dá, primeiramente, pelo alcance da escolaridade compatível com o cargo, carreira ou posto que se deseja. Isso se dá tanto no setor público quanto no privado. A diferença é que, no Estado, está marcado por um ciclo que se inicia com o acesso à educação, passa pela preparação para prestar concurso público, em seguida pela aprovação e, finalmente, pelo provimento do cargo. É inegável o avanço com a promoção das cotas raciais no ensino superior,[8] a princípio no nível de graduação; e paulatinamente têm sido implantadas na pós-graduação das universidades públicas.[9] Entretanto, com o teto de gastos que limita as despesas públicas estabelecido pela Emenda Constitucional nº 95/2016, ocorreu

---

7. Ver em: Silva, Tatiana Dias. *I Concurso Público Nacional Unificado para Ingresso na Carreira da Magistratura do Trabalho: Notas sobre vagas reservadas, candidatos com condições especiais e com isenção de inscrição*. Brasília: Ipea, 2020. Nota Técnica nº 43.

8. Para mais informações sobre as transformações no acesso de negros ao ensino superior, ver: Silva, Tatiana Dias. *Ação afirmativa e população negra na educação superior: Acesso e perfil discente*. Ipea: Rio de Janeiro, 2020. Texto para Discussão.

9. Para mais informações, ver: Venturini, Anna Carolina. "Ações afirmativas nos programas de pós-graduação acadêmicos de universidades públicas". *Levantamento das políticas de ação afirmativa* (Gemma), 2019.

um enorme retrocesso na expansão do ensino superior público, com cortes em bolsas de estudos, mitigação do investimento em pesquisa e redução do custeio de verbas para assistência estudantil. Se a expansão de políticas públicas consiste na ampliação de instrumentos para públicos-alvo, ou mesmo calibrar determinadas políticas para ampliar o acesso ou a intensidade de sua utilização,[10] pode-se compreender, em outras palavras, que foi colocado abaixo um conjunto de ações importantes para a trajetória e a permanência de estudantes no ensino superior. Essas ações dão um suporte sem igual para fechar o ciclo de formação que propicia adentrar o mercado de trabalho mais qualificado e de maior remuneração. Especialmente para estudantes de baixa renda e negros.

A reforma administrativa em trâmite no Congresso Nacional amplifica o entendimento de que a política de gestão de pessoas da administração pública tem caminhado no mesmo sentido, ou seja, minar a atuação do Estado na garantia de políticas públicas que favoreçam minorias sociais. A proposta de Emenda Constitucional nº 32/2020 com o seu substitutivo permitiria a contratação temporária, por processo seletivo simplificado, de pessoal pelo prazo máximo de até dez anos, incluindo eventuais prorrogações. As pessoas contratadas não teriam qualquer possibilidade de conquistar a estabilidade, pois seriam abrigadas pelo Regime Geral da Previdência, e o vínculo delas com o Estado se encerraria ao término do contrato. A previsão dessa forma

10. Para entender o conceito de expansão e desmonte de políticas públicas, ver: Bauer, Michael W.; Knill, Christoph. "Understanding Policy Dismantling: an analytical framework". In: Bauer, Michael W. et al. (org.). *Dismantling Public Policy: Preferences, Strategies, and Effects*. Oxford, UK: Oxford University Press, 2012. pp. 30-51.

de contratação seria de âmbito nacional, ou seja, para todos os entes federados: União, estados, Distrito Federal e municípios, sem previsão de reserva de vagas para negros nessa modalidade. Isso quando o Estatuto da Igualdade Racial, Lei nº 12.288/2010, já preconizou que o poder público deveria incentivar ações nas empresas e organizações privadas para assegurar a igualdade de oportunidades no mercado de trabalho à população negra.

Na administração pública federal já havia a Lei nº 8.745/1993, que regulamenta a contratação por tempo determinado para atender a necessidades temporárias de excepcionais interesses públicos, prevista no art. nº 37 da Constituição Federal. O que se sucede agora com a PEC 32/2020 é a inserção de situação indefinida e mais ampla de contratação por prazo determinado. O que significa contratar servidores temporários para atender a atividades ou procedimentos sob demanda, senão deixar um vasto campo discricionário para abrir mão de concurso público, substituindo-o por contratações momentâneas de curto prazo sob uma relação de vínculos frágeis?

Paira uma suspeita social de que processos seletivos simplificados irão dar margem para apadrinhamentos e perda de segurança legal para que o servidor público desobedeça a decisões ilegais. Isso não vem do nada, são reflexos da história de patrimonialismo que não sucumbiram às análises de Raymundo Faoro[11] e ainda resistem bravamente nos dias de hoje na estrutura da administração pública brasileira.

Um outro ponto a se questionar sobre de que forma a Lei de Cotas poderia alcançar o que é proposto pela PEC 32/2020

---

11. Faoro, Raymundo. *Os donos do poder: Formação do patronato político brasileiro*. São Paulo: Globo, 2008.

é a transferência das funções estatais para a iniciativa privada. A emenda constitucional permite ao Poder Legislativo editar normas gerais para delegar a particulares atividades exercidas pelo poder público, além de autorizar o compartilhamento de estrutura física e a utilização de recursos humanos particulares, com ou sem contrapartida financeira. É clara a transferência de responsabilidade quanto à oferta de serviços públicos. Até o momento, é permitido ao poder público firmar contratos ou outros instrumentos com o setor privado para o desempenho de atividades não exclusivas de Estado, como ocorre com as Organizações da Sociedade Civil de Interesse Público (Oscip) e as Organizações Sociais (OS).[12] Em casos como esse previsto na PEC 32/2020, resta questionar: como o Estado promoveria a igualdade pretendida pela Lei de Cotas no serviço público?

Ainda, a perda de autonomia do servidor público e o aumento de cargos temporários têm outras consequências na condução da coisa pública, de modo mais amplo, tanto na oferta de serviços como em pensar uma burocracia que enfrente uma estrutura sedimentada no racismo. Além disso, a possibilidade de discricionariedade é chave para uma representação ativa de segmentos sociais marginalizados, pois muitas das conquistas relacionadas à questão racial são fruto do ativismo burocrático.[13]

---

12. Lei nº 9.637/1998, que dispõe sobre a qualificação de entidades como organizações sociais, a criação do Programa Nacional de Publicização, a extinção dos órgãos e entidades que menciona e a absorção de suas atividades por organizações sociais; e Lei nº 9.790/1999, que dispõe sobre a qualificação de pessoas jurídicas de direito privado, sem fins lucrativos, como Organizações da Sociedade Civil de Interesse Público, institui e disciplina o Termo de Parceria.

13. Para uma introdução aos conceitos de ativismo burocrático e burocracia representativa, ver: Ferreira, Maria Aparecida Chagas; Costa, Marcelo

A mobilidade social via concursos públicos

As pessoas negras possuem um baixo capital social, e quando o têm é muito restrito. Suas redes de relações, as quais poderiam propiciar o alcance a espaços privilegiados de poder econômico e social são praticamente inexistentes. A transmissão de benefícios, que se dá quando da formação de redes na administração pública, se concretiza no acesso a cargos de livre provimento de alto escalão do Estado. Partidos, parlamentares, entidades de classe e a própria burocracia política são interlocutores indispensáveis para o arranjo da divisão de cargos.[14] Acontece que os negros não estão representados nesses segmentos, o que torna praticamente inalcançável a ocupação de funções de maior responsabilidade e de decisões na administração pública.

De mais a mais, para as pessoas negras, o acesso a cargos e carreiras no serviço público é uma porta de entrada para a mobilidade social. Um mecanismo importante em um país em que seriam necessárias nove gerações para que filhos de pais entre os 10% mais pobres atingissem o nível médio de rendimento no Brasil.[15] E para dar a dimensão racial da ascensão social, entre

---

Marchesini da; Silva, Tatiana Dias. *Determinantes para a adoção de cotas em Programas de Pós-Graduação*, 2020. Trabalho apresentado no VII Encontro Brasileiro de Administração Pública, Brasília, 2020.

14. Para análise e discussão sobre nomeação para cargos na administração pública, ver: Lopez, Felix Garcia; Praça, Sérgio. "Critérios e lógicas de nomeação para o alto escalão da burocracia federal brasileira". In: Lopez, Felix Garcia (org.). *Cargos de confiança no presidencialismo de coalizão brasileiro*. Brasília, Ipea, 2015. pp. 107-38.

15. Dado do estudo da Organização para a Cooperação e Desenvolvimento Econômico (OCDE) sobre mobilidade social com trinta países. *A Broken Social Elevator? How to Promote Social Mobility* (2018). Nesse estudo, o Brasil ocupa a segunda pior posição, perdendo para a Colômbia, onde a ascensão levaria

esses 10%, 78,5% são negros. O movimento negro, desde a década de 1930, tinha como bandeira de luta o acesso à educação e à profissionalização da população negra. Movimentos como a Frente Negra Brasileira (1930), o Teatro Experimental do Negro (1944) e o Movimento Negro Unificado contra o Racismo e Discriminação Racial (1978) procuravam suprir a ausência do Estado pela necessidade de educação e formação profissional.[16] Abdias do Nascimento, fundador do Teatro Experimental do Negro, foi o primeiro parlamentar a propor ações afirmativas para negros. O Projeto de Lei nº 1.332/1984, de autoria dele, previa reserva de vagas de 40% para negros, sendo 20% para mulheres negras e 20% para homens negros, no concurso do Instituto Rio Branco do Ministério das Relações Exteriores, além de concessão de bolsas de estudos a jovens negros e incentivos às empresas com programas antidiscriminatórios.

Ao longo da história do Brasil, o Estado foi responsável pela constituição de uma classe média burocrática e tecnocrática.[17] Assim, concurso público para cargos efetivos é o caminho para o acesso de pessoas negras na estrutura do Estado, na qual podem exercer uma função pública sem depender de indicação e de redes políticas, econômicas e sociais que não possuem.

---

11 gerações.

16. Gonçalves, Luiz Alberto Oliveira; Silva, Petronilha Beatriz Gonçalves e. "Movimento Negro e Educação". *Revista Brasileira de Educação*, nº 15, 2000, pp. 134-58.

17. Bresser-Pereira, Luiz Carlos. "Do Estado patrimonial ao gerencial". In: Pinheiro (org.). *Brasil: Um século de transformações*. São Paulo: Companhia das letras, 2001. pp. 1-31.

E agora?

Em 2024, vence o prazo de dez anos de vigência da Lei de Cotas nos concursos públicos em âmbito federal. Se uma das definições de política pública é "o que o governo escolhe fazer ou não fazer",[18] a Lei nº 12.990/2014, longe de atingir os efeitos pretendidos, está sendo minada por novas institucionalidades que prejudicam a sua implementação.

É muito comum se estabelecer equiparação com competições de corrida quando se discute sobre meritocracia e se advoga pela promoção de políticas de igualdade racial. São mecanismos instituídos para que todos tenham as mesmas condições de oportunidade. O que se percebe com as atuais reformas do Estado é o deslocamento da linha de chegada.

18. Dye, Thomas. *Understanding Public Policy*. Englewood Cliffs, N.J.: Prentice Hall, 1984.

Os desafios das comissões de heteroidentificação nos concursos públicos e os critérios mínimos que garantem a sua eficácia

MARIA APARECIDA CHAGAS FERREIRA

Publicado em 18 de abril de 2022

"Partir, voltar e repartir (é tudo pra ontem)"

EMICIDA

Desenhar políticas públicas capazes de impulsionar o desenvolvimento econômico e promover a inclusão social de uma grande parcela da população é algo a ser equacionado em democracias recentes como a brasileira. As políticas de promoção da igualdade racial têm como objetivo o combate ao racismo por meio da inclusão da população negra nos espaços públicos. E é importante se entender o real objetivo de uma política pública para traçar suas formas de implementação.

As comissões de heteroidentificação surgem, por um lado, com a necessidade de aperfeiçoar as políticas de inserção de negras e negros nas universidades e organizações públicas. Por outro lado, um dos maiores desafios para sua atuação é justamente o que fundamenta sua instituição: validar a autodeclaração de quem se candidata para coibir as fraudes praticadas por não negros.

De onde partimos

No ano de 1990, um conjunto de instituições do movimento social negro se organizou para uma ampla campanha em favor do Censo Demográfico de 1991, intitulada "Não deixe sua cor passar em branco — Responda com bom c/senso".[1] A campanha tinha como objetivo: (i) sensibilizar pessoas de origem africana a declarar sua cor a partir do referencial étnico; (ii) contribuir para a construção de indicadores nacionais sobre as condições socioeconômicas da população negra; e (iii) veicular uma mensagem positiva da população de origem africana com vistas à autoestima de pertencimento cultural e político.

A importância de construir dados e informações a partir do recorte étnico-racial era primordial para o avanço da focalização de políticas públicas para a população negra. O quesito cor esteve presente na Pesquisa Nacional por Amostra de Domicílios (PNAD) de 1976 em questões abertas e fechadas. O que significava, no primeiro caso, qual era a terminologia que a pessoa informante utilizava para se identificar; no segundo, a pessoa se autoclassificava a partir de quatro categorias utilizadas pelo IBGE na época: branco, preto, pardo e amarelo. A análise dos quesitos abertos indicava que as respostas eram adjacentes às categorias preestabelecidas. Aproximadamente 95% das respostas convergiam para sete termos: 34,4% das pessoas que responderam às questões abertas se declararam morenas; 41,9%, brancas; 7,6%, pretas; 7,6%, pardas; 2,8%, moreno-claras; 2,5, claras; e 0,97%, amarelas.[2]

1. Sant'anna, Vânia. "Não deixe sua cor passar em branco. O que esperar do censo de 2010". *Portal Geledés*, 2 jul. 2009.

2. Araújo, Tereza Cristina N. "A classificação de cor nas pesquisas do IBGE: Notas para uma discussão". *Cadernos de Pesquisa*, nº 63, 2013, pp. 14-6.

Quando do cruzamento dos quesitos abertos com as categorias preestabelecidas, identificou-se uma alta correlação nas respostas. Em outras palavras, os quesitos fechados espelhavam a percepção das pessoas sobre a autoidentificação de cor/raça.

No primeiro levantamento censitário, feito em 1872,[3] aparecem classificações da população como "escravos" e "livres" e também categorias de cor/etnia branco, preto, pardo e caboclo. Pode parecer que havia quesito de cor nos levantamentos censitários desde 1872 com uma certa pacificação em torno do tema. Não. A campanha de 1990 demonstra justamente isso. No censo de 1970, o quesito cor não foi investigado. O movimento social negro e a academia fizeram pressões para a reintrodução do quesito no censo de 1980 e, mais fortemente, no censo de 1991. Daí o slogan "Não deixe sua cor passar em branco — Responda com bom c/senso", com a intenção de dar visibilidade à população negra nos dados estatísticos.

A evolução desse processo demonstra, nos dias de hoje, que a variável cor/raça foi incorporada a pesquisas governamentais, acadêmicas e transborda para outros espaços públicos e privados. O pertencimento racial elevou o debate sobre a estruturação das desigualdades econômicas e sociais e provocou uma intensa mobilização para a promoção de políticas públicas de combate ao racismo materializada nas ações afirmativas.[4]

---

3. Para uma explanação geral sobre as classificações cor, etnia e raça nos censos demográficos do Brasil, ver: Piza, Edith; Rosemberg, Fúlvia. "Cor nos censos brasileiros". *Revista USP*, nº 40, 1999, pp. 122-37.

4. *Desigualdade racial no Brasil: Evolução das condições de vida na década de 90*, de Ricardo Henriques, é um rico trabalho que abordou a desigualdade racial ao longo dos anos 1990 em diferentes dimensões sociais e econômicas se valendo da base de dados do IBGE. Na publicação é possível encontrar

Não basta a autodeclaração

Voltando à questão central das comissões de heteroidentificação, sua instituição foi uma etapa na implementação das ações afirmativas em concursos públicos. Estou considerando concurso público todo e qualquer processo de seleção voltado para a atuação profissional no funcionalismo público, assim como a entrada no ensino superior. No embate em torno das ações afirmativas,[5] os procedimentos de heteroidentificação foram submetidos a chancela jurídica. O Supremo Tribunal Federal (STF) se pronunciou favorável à avaliação externa para a validação da autodeclaração, desde que respeitada a dignidade pessoal do candidato.[6]

Não cabe a uma comissão de heteroidentificação dizer quem é negro, mas, sim, quem é detentor do direito de concorrer pelo sistema de cotas para pessoas negras. Essa é uma diferença bastante sutil, possível de compreender se entendermos, mais uma vez, qual é o objetivo da política. Em 2018, o então Ministério do Planejamento, Desenvolvimento e Gestão regulamentou o procedimento de heteroidentificação complementar à autode-

---

análises sobre a situação da população negra na educação, no mercado de trabalho, no trabalho infantil, na habitação, no consumo de bens duráveis, entre outras. Ver: Henriques, Ricardo. *Desigualdade racial no Brasil: evolução das condições de vida na década de 90*. Rio de Janeiro: Ipea, 2001. Texto para Discussão nº 807.

5. Uma ideia de como se situava o debate em torno das ações afirmativas por meio das cotas no ensino superior pode ser visto em "Raça Humana: bastidores das cotas raciais na UnB [2010]", de Dulce Queiroz, vencedor da categoria Documentário na 32ª edição do Prêmio Vladimir Herzog de Anistia e Direitos Humanos, em 2010.

6. Supremo Tribunal Federal. Arguição de Descumprimento de Preceito Fundamental 186. Distrito Federal, 26 abr. 2012.

claração de candidatos negros nos concursos públicos federais. Segundo a norma, a comissão de heteroidentificação deveria ser composta por pessoas que atendessem ao critério de diversidade, em que seus membros deveriam ser distribuídos por gênero, cor e naturalidade. A normativa vem sendo seguida não apenas por instituições que realizam concurso público com vistas à atuação profissional, como também em instituições de ensino superior.[7]

Portanto, a missão da comissão de heteroidentificação é identificar se as características fenotípicas do(a) candidato(a) permitem a pessoa ser vista como beneficiária da política — isto é, negros e negras.

Embora o procedimento de heteroidentificação pareça uma etapa essencial a todo o sistema de ações afirmativas para confirmação da autodeclaração de pessoas negras, nos tempos iniciais da política, o procedimento era uma opção adotada por pouquíssimas instituições.[8] Primeiramente, começou em universidades

7. Para compreender as motivações técnicas e legais que fundamentaram a publicação da Portaria Normativa nº 04/2018 do Ministério do Planejamento, Orçamento e Gestão, ver: Dias, Gleidson Renato Martins. "Considerações à Portaria Normativa Nº4, de 6 abril de 2018, do Ministério do Planejamento, Desenvolvimento e Gestão". In: Dias, Gleidson Renato Martins; Tavares Junior, Paulo Roberto Faber (orgs.). *Heteroidentificação e cotas raciais: Dúvidas, metodologias e procedimentos*. Canoas: IFRS *campus* Canoas, 2018. pp. 141-74; e o artigo desenvolvido pelo Grupo de Trabalho Interministerial instituído pela Portaria Conjunta MP/MJC no 11, de 26 de dezembro de 2016 "As políticas de ações afirmativas e as fraudes: Uma reflexão sobre as iniciativas do Estado e sua eficácia inclusiva". *Políticas Sociais: Acompanhamento e análise*, BPS, nº 26, 2019.

8. Começou com algumas universidades que implementaram comissões de heteroidentificação, como ocorreu com a Universidade de Brasília (UnB), o que provocou a decisão do STF. É interessante atentar para uma análise da experiência da Universidade Federal Fluminense (UFF), que foi a primeira no estado do Rio de Janeiro a desenvolver heteroidentificação, em 2017. Ver

públicas, diante do enorme quantitativo de estudantes autodeclarados negros nos processos seletivos e pela mobilização de coletivos de estudantes que apresentavam denúncias formais às universidades sobre a subversão do objetivo da política, pois as vagas reservadas no sistema de cotas eram para as pessoas alvos do racismo e da discriminação racial. Frente ao receio das instituições de ensino superior em adotar a verificação da autodeclaração e assumir a responsabilidade administrativa, a decisão do STF acabou por traçar os caminhos para tal procedimento e prover segurança jurídica ao ato administrativo. A pergunta que guia a comissão de heteroidentificação é: aquela pessoa que se apresenta é sujeito potencial de racismo no Brasil?

É bom que seja esclarecido que o racismo no Brasil tem as suas sutilezas e que, como desvendou Oracy Nogueira[9] na década de 1950, no Brasil impera o preconceito de marca, enquanto nos Estados Unidos, o de origem. País de nossa preferência quando se trata de comparar a situação da população negra lá e cá, o que parece óbvio, devido às semelhanças no processo de colonização, alicerçada sob a mão de obra escravizada, até a marginalização social e econômica contemporânea da diáspora africana nesses dois países. No caso brasileiro, Nogueira interpreta que o preconceito de marca está baseado no fenótipo, fundado na aparência racial; porém, quando a pessoa descende de determinado grupo

em: Silva, Ana Claudia Cruz da et al. "Ações afirmativas e formas de acesso no ensino superior público: O caso das comissões de heteroidentificação". Novos Estudos, Cebrap, v. 39, nº 2, 2020, pp. 329-47.

9. Nogueira, Oracy. "Preconceito racial de marca e preconceito racial de origem: Sugestão de um quadro de referência para a interpretação do material sobre relações raciais no Brasil". *Tempo social, revista de sociologia da* USP, v. 19, nº 1, 2007, pp. 287-308.

étnico e sofre preconceito, diz-se que é de origem. Isso implica dizer que, no Brasil, uma pessoa que seja fenotipicamente branca, mesmo que tenha pai, mãe, avós etc. negros, teria uma chance muito reduzida de sofrer racismo.

Identificar o público-alvo da política de cotas racial era o principal desafio, e a adoção do procedimento de heteroidentificação foi um caminho para diminuir o erro na implantação dessa política.

A obra *Quem quer (pode) ser negro no Brasil?*, de Rodrigo Ednilson de Jesus,[10] nos dá uma dimensão da importância de se estabelecer e testar procedimentos na implantação de políticas públicas dessa natureza. O livro relata detalhadamente o procedimento de heteroidentificação da Universidade Federal de Minas Gerais (UFMG), desde a implantação da comissão de heteroidentificação, a função das Cartas Consubstanciadas e sobre as dimensões de análise dos avaliadores. Um dos pontos interessantes descritos é a convergência dos avaliadores sobre o pertencimento racial do candidato que o autor chama de "senso compartilhado sobre raça social". O autor debate a ideia de que estaria reservada à comissão de heteroidentificação uma aura de maior objetividade *vis-à-vis* à autodeclaração, tomada como frágil, falsa ou irracional, criando uma sensação de que a verificação externa das características fenotípicas do candidato esteja mais próxima da realidade.

O autor defende que todas as nossas ações estão eivadas de subjetividade, quer seja realizada por uma pessoa ou por uma comissão, pois subjetividade é uma característica interna e estri-

---

10. Jesus, Rodrigo Ednilson de. *Quem quer (pode) ser negro no Brasil?: O procedimento de heteroidentificação racial na UFMG e os impactos no modo de pensar identidade e identificação racial no Brasil*. Belo Horizonte: Autêntica, 2021.

tamente individual, sendo produzida pelas nossas experiências de vida e pela construção compartilhada de maneira coletiva. Tradicionalmente, se considera racional, mais próximo da verdade, uma associação entre objetividade e necessidade.[11] De acordo com essa perspectiva, duas pessoas diferentes poderiam chegar ao mesmo resultado, independentemente de suas experiências de vida. Reconhecer a dimensão subjetiva de todo e qualquer ato humano e, portanto, passível de estar presente nas comissões de heteroidentificação, levou ao estabelecimento de princípios para o funcionamento, a definição de critérios de avaliação e a formação dos membros das comissões. Isto garantiu a predominância de avaliações convergentes, tentando neutralizar os possíveis efeitos que os diferentes lugares sociais dos diferentes membros teriam sobre a maneira de avaliar o conjunto de características dos candidatos. Esses procedimentos me levam a me perguntar o quanto ações como essa se aproximam da defesa que Herbert Simon faz para analisar a tomada de decisão em políticas públicas, que a tal da racionalidade poderia ser ampliada pelo conhecimento racional por meio de regras e incentivos.[12] Melhor dizendo, por mais que não seja possível a completa objetividade, os procedimentos implantados para o funcionamento da comissão de heteroidentificação podem garantir maior convergência dos resultados dos avaliadores.

Além de confirmar quem é a pessoa elegível às cotas raciais, as comissões de heteroidentificação possuem outros desafios que

---

11. Para entender um pouco mais essa discussão, ver: Leal, Raimundo Santos. "Subjetividade e objetividade: O equilíbrio da racionalidade nos estudos organizacionais". *Gestão & Planejamento*, v. 1, nº 11, pp. 61-74, 2005.

12. Simon, Herbert Alexander. *Comportamento Administrativo: Estudo dos processos decisórios nas organizações administrativas*. São Paulo: FGV, 1979.

se intercalam com o desenho da política de ações afirmativas por meio de cotas. O Boletim de Análise nº 31 do Ipea, de 2021,[13] traz diferentes aspectos que merecem ser olhados atentamente pelas unidades de gestão de pessoas e organizadoras de concursos públicos. Encontramos desafios com as quais se depararam diferentes experiências de concursos públicos com comissões de heteroidentificação, os quais apontam:

a) a judicialização dos processos seletivos em razão da atuação das comissões de heteroidentificação;
b) a dificuldade em se conseguir aprovar os 20% de candidatas(os) negras(os) conforme estabelece a Lei nº 12.990/2014;
c) como operacionalizar as comissões de heteroidentificação em concursos que oferecem centenas de vagas, haja vista que são em milhares de dezenas as pessoas que se candidatam;
d) de que forma a descentralização do concurso público poderia favorecer a atuação da comissão;
e) em um concurso público qual seria o melhor momento para a atuação da comissão para se fazer justiça com as(os) candidatas(os) que se declaram negra(os) e que teriam maior potencial de serem confirmadas(os) pelos procedimentos de heteroidentificação;
f) o que fazer quando concursos oferecem menos de três vagas, já que a reserva se aplica quando o número de vagas oferecidas for igual ou superior a três, conforme a Lei nº 12.990/2014; e, por fim,

---

13. *Implementação de ações afirmativas para negros e negras no serviço público: Desafios e perspectivas.* Rio de Janeiro: Ipea, 2021. Boletim de Análise Político-Institucional nº 31. As discussões sobre essas experiências estão no canal do Ipea no YouTube em vídeo de título *Webinar: Ciclo de Debates — Ações Afirmativas no Serviço Público/Segundo Encontro.*

g) como apoiar a preparação de candidatas(os) para concursos de maior remuneração e, portanto, de maior complexidade e concorrência.

É grande a lista de questões sobre a atuação das comissões de heteroidentificação e seus desdobramentos sobre a política pública. Longe dos artigos presentes no Boletim do Ipea trazerem soluções, provocações foram postas para serem refletidas, estudadas e ensaiadas por pessoas que buscam uma melhor implementação da política.

Formação da comissão de heteroidentificação

Muitas universidades já possuem mecanismos de formação das comissões de heteroidentificação. A UnB, onde estive atuando na implantação das políticas de ações afirmativas na pós-graduação, em 2021, formou cerca de quarenta pessoas entre professores, técnico-administrativos, estudantes de graduação e pós-graduação. A capacitação é um instrumento que as Unidades de Gestão de Pessoas dos órgãos públicos devem prever em seus planejamentos de concurso para a formação de colaboradores. Sem deixar de mencionar as organizações que executam o concurso público, pois, ao contar com professores e especialistas em relações raciais no Brasil na formação de suas comissões de heteroidentificação, há maior possibilidade da convergência das avaliações realizadas pelos membros e a garantia da responsabilidade administrativa na execução das políticas de ações afirmativas.

Mas quais seriam os principais processos para as comissões de heteroidentificação:

a) seleção de avaliadores conforme preconiza a Portaria Normativa MPOG nº 04/2018;
b) capacitação para comissão de heteroidentificação;
c) presidência da comissão realizada por pessoas que já tenham experiência em comissões ou bancas de heteroidentificação;
d) constituição da comissão de heteroidentificação por ato normativo;
e) reunião da comissão de heteroidentificação em local específico para sua atuação; e
f) avaliação da(o) candidata(o) conforme ampla divulgação. O resultado é obtido por maioria dos membros avaliadores.

O funcionamento de uma comissão de heteroidentificação geralmente se dá no modelo presencial, conforme as seguintes etapas:[14]

a) a(o) candidata(o) chega à sala de espera;
b) a(o) candidata(o) é chamada(o) pela(o) secretária(o);
c) a(o) candidata(o) entrega um documento com foto à(ao) secretária(o) e assinala a lista de presença na frente da(o) secretária(o);
d) a(o) secretária(o) preenche a declaração de comparecimento, a(o) secretária(o) a assina e a devolve à(ao) candidata(o);
e) a(o) candidata(o) recebe e preenche a Declaração de Confirmação da Autodeclaração na frente da comissão;
f) cada um dos membros da comissão avalia o fenótipo da(o) candidata(o) e registra a avaliação;

14. Essas etapas foram organizadas por Rodrigo Ednilson de Jesus, ver: Jesus, Rodrigo Ednilson de. *Quem quer (pode) ser negro no Brasil?: O procedimento de heteroidentificação racial na UFMG e os impactos no modo de pensar identidade e identificação racial no Brasil*. Belo Horizonte: Autêntica, 2021.

g) a(o) candidata(o) insere a Declaração de Confirmação no envelope e o entrega à comissão.
h) a(o) candidata(o) se retira; e
i) a comissão de heteroidentificação verifica a avaliação de cada membro para registrar o resultado em ata.

A pandemia de covid-19 impactou a atuação das comissões de heteroidentificação. O procedimento migrou do presencial para o online, um formato que enseja maior cuidado com o espaço em que a(o) candidata(o) se encontra, atenção à iluminação e à qualidade dos equipamentos de transmissão e recepção de imagem. No mais, o funcionamento na modalidade online é semelhante às etapas anteriores descritas para o modelo presencial. A diferença são as documentações que devem ser encaminhadas previamente para conferência pela(o) secretária(o) da comissão.

Cotas a quem de direito

Da luta pela inserção do quesito cor/raça no censo à obrigatoriedade da atuação de uma comissão de heteroidentificação, o que se vê é o aprimoramento das políticas de promoção da igualdade racial no Brasil. Concluo não deixando de ressaltar a importância dos coletivos de estudantes nas universidades federais e estaduais, assim como a das organizações da sociedade civil do movimento negro, que se mostraram capazes de pressionar as instâncias administrativas para que saíssem das sombras e combatessem o crime das fraudes nos processos seletivos no ensino superior. A semente plantada naquele espaço público germinou, levando a instância máxima da justiça no país a se manifestar para o aperfeiçoamento da política por meio da instituição de procedimentos de heteroidentificação, e, indo além, indicou os caminhos para que houvesse a implantação de comissões com esse objetivo. A publicação da Portaria Normativa MPOG nº 04/2018 podou finalmente o atrevimento de pessoas desonestas que subvertiam a finalidade da política. Se havia alguma dúvida por parte da administração em como agir, a portaria trouxe a regulamentação de procedimentos, conceitos e critérios.

As políticas de promoção da igualdade racial, com seus instrumentos de implementação, têm levado o debate a toda sociedade, e não seria diferente no âmbito da administração pública, o que para mim configura uma marca da história do movimento social negro, que é educar a sociedade brasileira sobre questões raciais e pensar sobre o futuro do país por meio do desenvolvimento econômico e social da população negra.

Perfil racial na administração pública, uma outra variável a ser incorporada nas metodologias de planejamento da força de trabalho

MARIA APARECIDA CHAGAS FERREIRA

Publicado em 25 de maio de 2022

"Se as pernas não andam, é preciso ter asas para voar."

CONCEIÇÃO EVARISTO

As Unidades de Gestão de Pessoas em uma organização, quer seja pública, quer seja privada, são responsáveis por fazer funcionar o tema Planejamento da Força de Trabalho, que é um processo intrínseco às suas entregas organizacionais. Selecionar as pessoas certas, na quantidade certa, capacitá-las, lotá-las nos espaços adequados, conforme as capacidades e o que previa o processo de seleção. Essas ações são o mínimo que pode ser feito pela Gestão de Pessoas. Enquanto Planejamento da Força de Trabalho é uma leitura mais ampla, geral, da gestão de pessoas, o dimensionamento da força de trabalho é restrito, é uma fase desse planejamento.

Dimensionar uma força de trabalho significa analisar qual seria a quantidade ideal de pessoas a serem distribuídas, redistribuídas ou removidas para desenvolver atividades e entregas dos processos institucionais. O planejamento permeia a organização para o melhor aproveitamento dos talentos de cada pessoa que a constitui, de forma a alcançar o equilíbrio entre atender a necessidade da força de trabalho, ao planejamento estratégico da instituição e a missão institucional.

A intenção deste texto não é discutir aspectos metodológicos enfatizando modelos matemáticos de alta complexidade,[1] mas trazer algumas reflexões sobre a incorporação da variável *perfil racial* para o dimensionamento e o consequente planejamento da força de trabalho organizacional. Ainda que haja estudos complexos para o dimensionamento, o que me guia nestes escritos é um trabalho que realizei juntamente com mais duas colegas da carreira de Especialista em Políticas Públicas e Gestão Governamental,[2] Aleksandra Santos e Ana Cláudia Medeiros. Apesar do nome "método simplificado de dimensionamento da força de trabalho",[3] após um distanciamento temporal que me permite uma melhor leitura sobre o objeto do estudo, considero que o método proposto tem sua complexidade na medida que prevê um conjunto de variáveis quantitativas tendo como base a realidade organizacional. E é isso que considero original nesse trabalho, a intenção de não ser algo pronto e acabado, de implantação imediata. Em outras

---

1. Há um extenso trabalho sobre dimensionamento da força de trabalho contratado pelo Ministério da Economia junto à UnB. O estudo é composto de cinco volumes, com o objetivo de constituir um referencial de gestão de dimensionamento da força de trabalho, e o Ministério enfatiza que é um trabalho com métodos matemáticos e estatísticos robustos. Ver em: https://www.gov.br/servidor/pt-br/acesso-a-informacao/gestao-de-pessoas/dimensionamento-da-forca-de-trabalho-1.

2. Especialista em Políticas Públicas e Gestão Governamental (EPPGG) é uma carreira do governo federal, supervisionada pelo Ministério da Economia. A carreira de EPPGG tem como atribuição a "execução de atividades de formulação, implementação e avaliação de políticas públicas, bem como de direção e assessoramento em escalões superiores da Administração Direta e Autárquica" (Lei nº 7.834/1989).

3. Santos, Aleksandra Pereira dos; Medeiros, Ana Cláudia de; Ferreira, Maria Aparecida Chagas. *Um método simplificado para dimensionamento da força de trabalho na administração pública federal*. 2016. Trabalho apresentado no x Congresso Consad de Gestão Pública, Brasília, 2017.

palavras, de modo algum o estudo teve o propósito de desenvolver um método-padrão a ser aplicado a toda e qualquer organização, ignorando as especificidades e o nível de maturidade. Pelo contrário, parte-se do princípio de que é a organização, na sua singularidade, que possui mecanismos próprios para a construção de um método. Em vista disso, considerar o "perfil racial da organização" é uma variável possível de ser incorporada ao modelo de dimensionamento, pois essa é uma característica presente em qualquer organização, resta saber em qual proporção.

Força de trabalho: avaliação e planejamento

O dimensionamento da força de trabalho no setor público procura aferir se há muitos ou poucos servidores na administração pública, muito ou poucos em qual unidade, muito ou poucos para qual macroprocesso. E quando se trata do perfil racial da organização, talvez, com a Lei de Cotas no serviço público pode se supor que haja uma estimativa adequada sobre a quantidade de pessoas negras atuando na administração pública. Difícil saber sem uma análise que leve em consideração alguns aspectos: primeiro, o porquê do percentual de 20% determinado pela lei; se as organizações estão alcançando esse percentual de pessoas negras em sua força de trabalho; e, finalmente, como elas estão distribuídas ao longo da cadeia vertical e horizontal da instituição.

Estudos apontam que o percentual de 20% está longe de ser atingido pelas organizações que promovem concursos públicos.[4]

4. *Síntese de evidências da avaliação da Lei nº 12.990/2014 e do levantamento de dados sobre a Lei nº 12.711/2012*. Brasília: Enap, 2021; e *Implementação de ações afirmativas para negros e negras no serviço público: Desafios e perspectivas*. Rio de Janeiro: Ipea, 2021. Boletim de Análise Político-Institucional nº 31.

Isso num cenário em que já se tem 135 normas, entre leis, decretos, portarias e atos, que estabelecem cotas no serviço público, nos níveis nacional, federal, estadual, distrital e municipal.[5] Em tal caso, para qualquer análise do perfil racial da organização se avalia o estoque e o fluxo, ou seja, quantas pessoas negras trabalham na organização antes e após um determinado processo seletivo. Aqui é bom ressaltar uma questão conceitual, estou falando sobre força de trabalho, uma denominação que abrange cargos, funções com e sem vínculo na instituição; a pessoa concursada,[6] comissionada,[7] contratada temporariamente,[8] estagiários,[9] terceirizados[10] e consultores externos.[11]

---

5. Ver em: Igreja, Rebecca Lemos et al. *Ações afirmativas e burocracia pública: Vinte anos de legislação*. Brasília: Flacso, 2021. Cadernos de pesquisa.

6. Concursada é a pessoa que, para nomeação em cargo de carreira ou cargo isolado efetivo, deve realizar um concurso público de provas ou de provas e títulos (art. 10 da Lei nº 8.112/1990).

7. Cargo em comissão é de livre nomeação e exoneração, conforme texto constitucional. Isso significa que as pessoas ocupantes desses cargos são nomeadas e exoneradas a critério de autoridade competente a qualquer momento.

8. Contrato temporário é para atender a uma necessidade de excepcional interesse público nos órgãos da administração pública no prazo máximo de quatro anos, a depender dos casos específicos. A definição de necessidade temporária de excepcional interesse público é definida pela Lei nº 8.745/1990, que dispõe sobre essa modalidade de provimento no serviço público.

9. Estágio é um ato educativo escolar supervisionado em um ambiente de trabalho. A/O estudante em estágio em órgãos da administração pública não criam vínculo empregatício de qualquer natureza, conforme esclarece a Lei nº 11.788/2008.

10. Terceirizados são pessoas que executam serviços de maneira indireta, por meio da contratação de uma empresa, para a administração pública (Decreto nº 9.507/2018).

11. Consultores externos são contratados para executar serviços técnicos de consultoria de pessoa física ou jurídica voltados para projetos de cooperação técnica internacional (Decreto nº 5.151/2004).

No artigo de referência, de minha autoria e das minhas colegas de carreira, são apresentados 11 critérios mensuráveis ajustados para o dimensionamento da força de trabalho. São eles: (i) quantitativo de servidores sem vínculo; (ii) quantitativo de servidores com vínculo; (iii) quantidade de cargos em comissão de direção; (iv) quantidade de funcionários terceirizados; (v) orçamento anual; (vi) convênios vigentes ou instrumentos correlatos; (vii) convênios aguardando análise de prestação de contas ou instrumentos correlatos; (viii) contratos administrativos vigentes; (ix) projetos prioritários em execução; (x) monitoramento e suporte a projetos prioritários; e (xi) gestão documental.

A partir desses critérios, foi constituída uma matriz de inter-relacionamento entre variáveis de desempenho institucional para analisar o impacto de cada um desses critérios na quantidade de servidores a serem lotados em uma instituição. Ademais, se o propósito de toda a metodologia que perpassa os processos de planejamento da força de trabalho é o alcance de uma racionalidade para a entrada e a mobilidade na administração pública, como uma tentativa de diminuir o favoritismo político ou pessoal, essa metodologia poderia ser estendida à política de cotas no serviço público ao incluir o *perfil racial* como uma variável nessa matriz.

De mais a mais, se a organização não tiver conhecimento da composição da sua força de trabalho para o dimensionamento, deve dar um passo atrás. Existe um estudo de Aparecida Bento que discute o conceito de discriminação institucional,[12] em que pouco

12. Esse é um conceito que se aproxima do racismo estrutural. Aparecida Bento faz uma extensa discussão sobre a reprodução das desigualdades raciais nas organizações, analisando a perspectiva das pessoas à frente da gestão de pessoas. Ver em: Bento, Maria Aparecida da Silva. *Pactos narcísicos no racismo: Branquitude e poder nas organizações empresariais e no poder público*. Tese de Doutorado. Universidade de São Paulo, 2002.

importa a intenção do agente, mas, sim, os efeitos de sua ação. E isso pode ser visto no número de negros e mulheres nos postos de trabalho em uma organização. Ela aponta que, na seleção de pessoal, é utilizado um conjunto de regras informais que, muitas vezes, sem refletir, e nem sempre com a intenção de discriminar, acabam reforçando a situação de desigualdade sociorracial existente no Brasil. Já é bem conhecida a Pesquisa sobre Diversidade e Inclusão realizada pelo Instituto Ethos[13] e voltada para empresas. Uma iniciativa que visa a avaliar empresas que atuam em prol da equidade racial, geracional e de gênero, da inclusão da pessoa com deficiência e da promoção dos direitos LGBTQIA+. Na administração pública, o Conselho Nacional de Justiça realizou uma pesquisa sobre o perfil sociodemográfico da magistratura brasileira nas instâncias da justiça federal, do trabalho e estadual.[14] Logo, são exemplos que poderiam ser aplicados às organizações públicas para dar um mapa da situação da força de trabalho.

Há grande dificuldade em se obter dados demográficos das pessoas que trabalham na administração pública após o ato de posse ou o processo de contratação, ou seja, há maior dificuldade em trabalhar o estoque de pessoas, mesmo a despeito de estar todo mundo no cadastro de pessoal. Quer seja porque não há motivação intrínseca para a atualização de dados pessoais e, em especial, cor e/ou raça, quer seja porque não há uma ação institucional direcionada a suprir essa lacuna. Dados de fevereiro de 2022 do Painel Estatístico de Pessoal indicam que, no quesito "raça/cor" do Sistema Integrado de Administração de Pessoal (Siape), a categoria

13. Ver em: https://www.ethos.org.br/conteudo/projetos/gestao-sustentavel/pesquisa-de-diversidade-e-inclusao/.

14. CNJ. *Perfil sociodemográfico dos magistrados brasileiros — 2018.*

"não informado" consta com 22%. É o terceiro percentual mais alto, atrás da categoria "branco" e "pardo". É bom esclarecer que é obrigatório o preenchimento do quesito "raça/cor" no sistema, o que significa que a pessoa não irá conseguir concluir o processo de atualização cadastral sem informar sobre esse dado, entretanto, a opção "não informado" é validada pelo sistema.[15]

Talvez, consciente disso, a organização pudesse primar pela coleta baseada numa campanha de conscientização sobre a importância da atualização dos dados pessoais. Um esforço institucional a ser realizado tanto na primeira entrada como para a força de trabalho já presente nos quadros organizacionais. São ações possíveis para o órgão público: estimular a atualização dos dados nos sistemas de gestão de pessoas enfatizando a identificação de cor/raça ou aplicar instrumentos de pesquisa próprios, se for este o caminho para avançar na radiografia do perfil da força de trabalho.

Esse conhecimento é fundamental para construir o planejamento da força de trabalho, fazer o dimensionamento e aprimorar práticas de gestão de pessoas, voltando a organização a uma política mais ampla de inclusão, considerando o que os dados possam revelar. Nesse aspecto se insere o alcance, na organização, da política de ações afirmativas via cotas nos concursos públicos, identificando os seus gargalos para dotar a instituição de estratégias de enfrentamento, ou tornar evidente suas fortalezas com vistas a referenciá-las a outras organizações públicas.

15. Para uma análise do perfil dos servidores efetivos permanentes do poder Executivo federal, ver: Silva, Tatiana Dias; Lopez, Felix. *Perfil racial do serviço civil ativo do Executivo federal (1999-2020)*. Brasília: Ipea, 2021. Nota Técnica nº 49.

Como a burocracia representativa pode ajudar a entender a composição dos cargos de liderança?

MARIA APARECIDA CHAGAS FERREIRA

Publicado em 12 de setembro de 2022

> "A luta era desigual e o preço foi carregar a derrota dos sonhos, muitas vezes."
>
> ITAMAR VIEIRA JÚNIOR

A teoria da burocracia representativa é recente. Ela vem sendo aplicada a partir da década de 1950 com a ideia de analisar, discutir e entender quem são as pessoas que operacionalizam o Estado. De que forma essas pessoas podem promover interesses e ações conforme suas experiências. E esse "como são" é sob a perspectiva sociológica: gênero, raça/cor, etnia, classe, territorialidade e tudo isso também se junta à gestão de pessoas como um sistema de políticas de recursos humanos e práticas organizacionais. A teoria da burocracia representativa[1] analisa como se dá a atuação do Estado a partir de representações projetadas pelas pessoas investidas de condições para decidir sobre políticas públicas.

1. A minha tese de doutorado foi baseada na Teoria da Burocracia Representativa. Uma relativa bibliografia sobre a teoria pode ser explorada no meu trabalho, ver: Ferreira, Maria Aparecida Chagas. *Burocracia de Estado e políticas de promoção da igualdade racial*. Tese de Doutorado, Departamento de Sociologia, Universidade de Brasília, 2014.

Burocracia representativa é classificada em ativa e passiva. Uma representação ativa é identificada quando a burocracia age de forma a favorecer uma população que se assemelha a ela mesma. Por exemplo, de acordo com essa teoria, há uma hipótese de que mulheres em cargos de decisão priorizariam ações que beneficiam mais mulheres. E quando temos uma burocracia de representação passiva? Nesse caso, é quando a burocracia reflete as origens demográficas da população a que serve. Assim, em uma administração pública em que haja mais mulheres na população, espera-se que tenha a mesma proporção de mulheres também em cargos públicos.

Números

Dados de raça e gênero de 2020 nos cargos de direção da administração pública federal, DAS-5 e DAS-6,[2,3] nos apresentam o seguinte quadro: 55% dos DAS-5 e 65% dos DAS-6 são ocupados por homens brancos; as mulheres brancas ocupam 21% dos DAS-5 e 15% dos DAS-6; homens negros estão em 14% dos DAS-5 e 13% dos DAS-6; quanto às mulheres negras, elas representam 4% dos DAS-5 e 1% dos DAS-6.

Ao colocar uma lupa sobre cinco órgãos governamentais superiores (Procuradoria da República [PR], Ministério da Educação [MEC], Ministério da Saúde [MS], Ministério da Infraestrutura

2. Para um retrato mais amplo sobre a ocupação dos cargos de direção no Estado, acesse o Atlas do Estado Brasileiro, do Instituto de Pesquisa Econômica Aplicada (Ipea).

3. Com a edição da Lei nº 14.204/2021, houve uma simplificação dos cargos em comissão e funções de confiança na administração pública federal, pois a partir dessa lei, DAS-5 tornou-se CCE-15 ou FCE-15 e DAS-6, CCE-17 ou FCE-17.

[Minfra] e Ministério da Mulher, da Família e dos Direitos Humanos [MMFDH]), vimos que a maior participação dos homens brancos se dá no Minfra (61%), a segunda, na PR (58%); as mulheres brancas ocupam mais cargos de direção no MMFDH (35%) e, nesse mesmo ministério, é onde homens brancos estão em menor posição (33%). Ali as mulheres negras ocupam 9% dos DAS-5 e DAS-6, e essa é a melhor participação delas entre esses ministérios. Ainda, no Minfra, as mulheres negras são apenas 2%, diferentemente dos homens negros, que são 22%. Esse é o ministério em que homens negros estão em maior quantidade nos cargos de direção, seguido do MEC (15%). No MS, as mulheres negras figuram na sua segunda melhor participação (6%), seguido dos homens negros (14%), das mulheres brancas (25%) e com ampla participação dos homens brancos (51%).

Como vimos, não há quebra de tendência do quadro mais geral da ocupação de altos cargos de direção no Poder Executivo federal.[4] Mantém-se a reprodução da pirâmide socioeconômica: homens brancos, mulheres brancas, homens negros e, na base, mulheres negras.

Mas, para quem atua na gestão de pessoas de que interessa a teoria da burocracia representativa? Estamos certas de que a gestão de pessoas não está concentrada apenas em práticas desenvolvidas por uma unidade organizacional que tem na sua descrição competências de administração de pessoal, capacitação e desenvolvimento de pessoas; muito além dessas atividades, a

---

4. Para uma discussão teórica e analítica sobre estratégias para igualdade de gênero e de raça nos cargos comissionados com maior poder de decisão, ver: Alves, Iara Cristina da Silva. "Burocracia representativa e perspectiva interseccional de gênero e raça nas políticas públicas". *ResPvblica*, v. 17, nº 1, 2020, pp. 22-42.

gestão de pessoas é realizada em parceria com agentes responsáveis por macroprocessos e processos.

Para um movimento de massa na administração pública, sabemos, por um lado, que políticas de gestão de pessoas acabam saindo do órgão central do sistema de pessoal. Por outro lado, se não há uma coordenação macro, por que não começar iniciativas de inclusão por órgãos públicos e unidades de gestão de pessoas para impulsionar um efeito espiral? Pois bem, daí a importância que essas áreas se apropriem de diferentes perspectivas de análises da burocracia.

Representação da diversidade no Estado

Como sabemos, na vida não existe neutralidade, e não é diferente na formulação e implementação de políticas públicas. Esse é o espírito da teoria da burocracia representativa. Além de se ter, no caso brasileiro, a expectativa de que mulheres e pessoas negras possam advogar em prol de ações públicas que priorizem a melhoria da experiência de vida de mulheres e da população negra, resta, ainda, toda uma simbologia democrática na representação da diversidade da população brasileira no Estado.

Se quisermos ter um Estado verdadeiramente democrático e promotor da igualdade racial e de gênero, um primeiro passo a ser dado é olhar a composição de sua burocracia, verificar se assemelha-se ao público a que serve e quais grupos específicos estão sendo representados. É evidente que não é uma relação de causa e efeito instantânea,[5] não basta ter mulheres, por exemplo,

---

5. Ver: Ferreira, Maria Aparecida Chagas; Costa, Marcelo Marchesini da; Silva, Tatiana Dias. "Determinantes para a adoção de cotas em programas

em posição de decisões que haverá políticas em prol do público feminino, entretanto, como já mencionado, há o aspecto de se fazer um Estado democrático em que todos os grupos sociais devem ter acesso às funções públicas. Daí para uma representação passiva se tornar uma ativa, esses grupos sociais necessitam ter discricionariedade suficiente[6] para influir na política e se reconhecer como uma minoria social para alavancar benefícios à população que representa.

---

de pós-graduação". Trabalho apresentado no VII Encontro Brasileiro de Administração Pública, Brasília, 2020.

6. Para saber mais sobre discricionariedade e a relação entre representação ativa e passiva, ver: Gibran, Joan M. "Exploring the links between passive and active representation in Tennessee State Agencies". *Public Administration Quarterly*, v. 37, nº 1, 2013, pp. 36-70.

Posso ajudar? Quais são os desafios da gestão de pessoas na inclusão de pessoas negras

MARIA APARECIDA CHAGAS FERREIRA

Publicado em 7 de novembro de 2022

> "Se você é livre, precisa libertar outra pessoa. Se você tem algum poder, então seu trabalho é empoderar outra pessoa."
>
> TONI MORRISON

Quando queremos entender de que forma está acontecendo uma política pública, precisamos falar com três agentes: quem desenhou, quem executa e quem está sendo beneficiado pela política pública. Em uma série de textos, incluindo este, procurei tratar sobre temas relativos às ações afirmativas para incluir pessoas negras nos quadros do funcionalismo público brasileiro. Eu trouxe referências na literatura especializada sobre o assunto a partir da perspectiva daqueles diferentes sujeitos com o propósito de tocar a mente e o coração de responsáveis pelos processos de gestão de pessoas na administração pública.

E, se uma política está em marcha, nada melhor do que ouvir quem executa a política. Uma ótima oportunidade para essa escuta foi um evento realizado pelo Instituto de Pesquisa Econômica Aplicada (Ipea), WebinarIpea: Ações Afirmativas no Serviço Público — Ciclo de Debates,[1] cinco encontros gerados a partir da

1. Disponível no canal do Ipea no YouTube.

publicação *Implementação de ações afirmativas para negros e negras no serviço público: Desafios e perspectivas.*[2] Nesse trabalho, participaram pesquisadoras e pesquisadores, bem como servidoras e servidores que têm implementado as ações afirmativas nos órgãos em que atuam. Essas pessoas são altamente relevantes para o que será dito aqui, pois, na lida diária da máquina pública, elas têm se deparado com os desafios e os sucessos das cotas raciais nos concursos públicos.

Ao ler a referida publicação, presenciar e analisar as intervenções das pessoas que escreveram os artigos e participaram do evento, pude identificar as dificuldades e os êxitos na implementação das ações afirmativas nos concursos públicos. São experiências que podem levar à aprendizagem pelas unidades de gestão de pessoas em órgãos públicos, assim como, em um nível macro, para toda a política de gestão de pessoas na administração pública.

Comissões de heteroidentificação

A descentralização das comissões de heteroidentificação foi uma boa experiência para o concurso da Polícia Federal, pois o desafio era como aferir o pertencimento racial declarado por candidatas e candidatos, cujo concurso, na sua última edição, teve mais de 300 mil inscritos. Esse caso demonstrou que a descentralização, além de simplificar e diminuir os custos do concurso para

---

2. *Implementação de ações afirmativas para negros e negras no serviço público: Desafios e perspectivas.* Rio de Janeiro: Ipea, 2021. Boletim de Análise Político-Institucional, nº 31.

o órgão executor, garante a regionalização das oportunidades para que um conjunto mais amplo e diverso de pessoas que se declaram negras possam disputar vagas no concurso público. E, o mais importante, ampliar a diversidade do funcionalismo público pode auxiliar o Estado a prestar seus serviços a partir de diferentes necessidades e de experiências de vida.

A judicialização é uma das maiores dificuldades na realização dos processos seletivos, porque há avalanches de entendimentos contraditórios entre o órgão promotor do concurso, o Ministério Público e o Poder Judiciário. É indiscutível haver um conjunto de ações que podem ajudar a alavancar soluções, entre elas: a capacitação de servidores que participam das comissões de heteroidentificação; a definição de critérios para os procedimentos e verificação de candidatos e candidatas declarados negros; a utilização de ferramentas audiovisuais para registro e posterior verificação, de forma a antever fraudes; critérios e regras previstos no edital e com ampla publicidade e divulgação pedagógica; e a remuneração de membros que compõem a comissão de heteroidentificação, diminuindo o voluntarismo e aprimorando o profissionalismo desses processos.

Eu queria voltar a um ponto do procedimento de heteroidentificação para as vagas reservadas a pessoas negras no concurso público. O Ministério do Planejamento, Orçamento e Gestão (MPOG), na época, regulamentou esse procedimento por meio da Portaria Normativa SGP/MP nº 04/2018. Em 2021, o Ministério da Economia (ME), com a Portaria SGP/SEDGG/ME nº 14.635/2020, alterou aquela portaria ao estabelecer que "o candidato cuja autodeclaração não for confirmada em procedimento de heteroidentificação concorrerá às vagas destinadas à ampla concorrência". Acontece que houve uma lacuna que pode levar a um erro de interpretação: a candidata ou o candidato que não foram aprovados como negros só poderia voltar para as vagas de ampla concorrência caso tenham nota suficiente para estar naquela lista. Essa evidência barraria que pessoas fossem carregadas artificialmente para as últimas fases só porque estavam na lista de reserva para negros e não obtiveram êxito na declaração. Sim, essa é uma questão que não está sob a alçada das unidades de gestão de pessoas, mas do órgão central de pessoal da administração pública. Entretanto, fica essa recomendação para situações dessa natureza que possam ocorrer.

Auxílio financeiro preparatório

A bolsa de estudo preparatória para concurso público é um potente mecanismo de formação e ampliação das condições de candidatas e candidatos para os quadros da administração pública. O Programa de Ação Afirmativa — Bolsa-Prêmio de Vocação para a Diplomacia, do Ministério das Relações Exteriores (MRE) vem sendo implementado desde 2002, resultando em 46 bolsistas aprovados no concurso para a carreira de diplomata. A ideia do programa é que pessoas interessadas em realizar o concurso postulem bolsa de estudo a ser recebida ao longo de dez meses. A candidata ou o candidato fariam uso desses recursos financeiros custeando material bibliográfico, cursos preparatórios ou contratação de professores especializados. Apesar das críticas no sentido de melhorar o programa, é inegável o mérito de ser um dos precursores de ação afirmativa no serviço público para impulsionar o ingresso de pessoas negras na carreira diplomática, uma das mais concorridas e difíceis da administração pública.

O modelo bolsa-prêmio é uma ótima proposta a ser replicada a outras carreiras tão mais disputadas e de mais alta remuneração do Estado. Advogo pela massificação do programa do MRE para outros concursos. Um exemplo seria a magistratura. Sabemos que a preparação para o cargo de juiz não é trivial, requer muito investimento financeiro e horas de estudos. E essa é uma carreira que a política de cotas raciais não tem sido efetiva para ampliar o acesso de pessoas negras. Um outro aspecto relevante, carreiras como as da magistratura e da diplomacia possuem uma frequência regular na realização de seus certames, há previsibilidade, uma característica que colabora para a instituição de bolsas de estudo preparatórias devido a uma grande possibilidade de retorno do investimento nas candidatas e nos candidatos que em algum momento foram contemplados com a ajuda financeira.

Quem somos

Atualmente, há instrumentos legais, científicos e administrativos para inovar na gestão de pessoas no Estado. Podemos pensar em teletrabalho com garantias das entregas de servidoras e servidores, capacitação nacional e internacional, gestão por competências, aplicação de critérios para ocupação de cargos de direção e assessoria de alto nível, dimensionamento de pessoal, mapeamento de processos, banco de talentos, burocracia representativa, reserva de vagas para pessoas negras, humanização e inclusão no ambiente de trabalho. A questão é que, muito além desse conjunto de inovações, a organização pública tem que se conhecer para que o Estado, por meio de sua força de trabalho, reflita avanços democráticos com igualdade e justiça. Levantar o perfil racial é um instrumento de análise sobre a composição da burocracia, indicando se estão sendo efetivas as políticas de ações afirmativas mais amplas do Estado e do próprio órgão. É conhecer a força de trabalho organizacional na sua composição racial e de gênero em toda a cadeia hierárquica, desde o mais alto posto de decisão, passando pela média gerência e chegando aos serviços terceirizados. Essas informações são relevantes para potencializar o uso dos instrumentos de gestão de pessoas de forma a não ficar restrito à unidade de gestão de pessoas, mas a ser compreendida, considerada e praticada pelas lideranças responsáveis pelos macroprocessos e processos institucionais.

Enfim...

Finalmente, o que eu queria trazer é um apanhado sobre temas relacionados a ações afirmativas e chamar mais uma vez atenção para a centralidade da gestão de pessoas na administração pública no que diz respeito à articulação entre inúmeros instrumentos e à inclusão de pessoas negras no funcionalismo público. Os desafios são grandes, porém há experiências positivas que, como demonstrou o estudo do Ipea, revelaram compromissos incessantes de servidoras e servidores em fazer funcionar a política de ação afirmativa de reserva de vagas para negras e negros no serviço público.

Representação simbólica: os efeitos da presença massiva de homens na alta burocracia

IARA ALVES

Publicado em 6 de julho de 2022

Este texto traz alguns resultados da pesquisa *survey* conduzida com 310 servidoras do Poder Executivo federal para pesquisa de doutorado da autora, sob orientação de Maíra Kubik, no Programa de Pós-Graduação em Estudos sobre a Mulher, Gênero e Feminismos da Universidade Federal da Bahia (UFBA).

Ao pesquisar as palavras "burocracia reuniões governo federal", os resultados das imagens na internet comunicam a identidade de quem toma decisões sobre políticas públicas no Brasil, a saber: homens brancos.

Jornais televisivos e eletrônicos veiculam diariamente as imagens de homens brancos tomando decisões. Ao ter contato somente com imagens de homens brancos liderando a gestão pública, os estereótipos de gênero e raça relacionados à subalternidade de mulheres e pessoas negras são imediatamente ativados.

Uma das consequências da falta de representação é o não pertencimento ao espaço de poder. Isso pode facilmente ser observado no cotidiano da burocracia. Por exemplo, em recente pesquisa *survey* conduzida para pesquisa de doutorado na UFBA com 310 servidoras públicas federais, constatamos que apesar de as mulheres serem 49% da força de trabalho do Poder Executivo, 84% delas relataram não ter acesso a berçário ou creche em seu ambiente de trabalho — uma clara demonstração de que os ambientes de trabalho não foram modificados para agregar a crescente presença de mulheres no serviço público.

A maior parte das servidoras (73%) relatou que as discussões sobre igualdade de gênero são vistas como de menor importância nos órgãos em que atuam. Mais de 87% delas afirmaram não haver nenhum tipo de programa de mentoria ou capacitação voltada para mulheres alcançarem cargos de liderança, mesmo sabendo que elas não ocupam nem 20% dos cargos de titular de secretaria nacional no Poder Executivo, segundo pesquisa da Escola Nacional de Administração Pública (Enap).

Tomaz Tadeu da Silva afirma que a diferença é construída por meio da cultura e dos sistemas simbólicos que a compõem. Decisões organizacionais de não prover estrutura para acolher mulheres que se tornam mães, de não discutir a igualdade de oportunidades de liderança para homens e mulheres e de se omitir em relação à ausência de mulheres em cargos de liderança fazem parte de uma cultura organizacional construída por homens e para os homens continuarem no poder.

Ao serem minoria nos cargos em comissão, as mulheres convivem diariamente com situações de discriminação de gênero e de reafirmação do poder pelos homens. Na pesquisa de *survey*, 71% revelaram que já sentiram discriminação por serem mulheres.

As discriminações, segundo a Convenção nº 111 da Organização Internacional do Trabalho (OIT), são qualquer forma de distinção e exclusão que alteram a igualdade de oportunidades e de tratamento no trabalho. Mulheres, pessoas negras, população LGBTQIA+, pessoas com deficiência e de classes inferiores na pirâmide social são as mais afetadas pelas violências cotidianas no mundo do trabalho.

Neste trabalho, por motivos de metodologia, vamos focar nas situações de sexismo. São afirmações, indagações, gestos, atitudes que marcam o poder masculino para diminuir a autoestima, a segurança e a autoconfiança de mulheres no trabalho. Vão desde discriminações mais graves como assédios sexual e moral, que constituem crime, a situações mais sutis, mas não menos agressivas, que diminuem a voz das mulheres nos espaços públicos.

Formas de violência

Uma forma de discriminação é o *mansplanning*: situação em que homens explicam para as mulheres o que elas conhecidamente dominam. Na pesquisa, 81% das servidoras já perceberam ter passado por essa situação. Outra forma de discriminação é quando um homem quer fazer com que mulheres pareçam "loucas" — *gaslighting*. Este é um recurso discursivo dos homens, uma forma de abuso psicológico, utilizado tanto no espaço privado como no público, para fazer com que as mulheres duvidem de si mesmas, da própria memória e da percepção da realidade. A pesquisa indicou que somente 33% das servidoras afirmaram nunca terem percebido passar por essa situação.

Outra atitude muito comum por parte de homens é a de se apropriar de uma ideia que foi dada por uma mulher: *bropropriating*. Nessa situação, como em todas as outras do mundo machista, eles são cúmplices um do outro. É muito comum uma mulher falar algo numa reunião e ser ignorada. Logo após, um homem fala praticamente a mesma coisa, e os colegas o elogiam e o citam posteriormente. Quase metade (47%) das servidoras públicas federais relatou ter passado por essa situação com frequência ou com muita frequência.

O que mais ocorre são as interrupções de fala, chamadas de *manterrupting*. Para 61% das servidoras, os homens com frequência, ou muita frequência, nem pensaram duas vezes ao interrompê-las quando estavam falando, e 25% já passaram por isso uma ou outra vez.

Muitas burocratas passam por essas situações sem que tenham percebido o machismo a que são submetidas. Oitenta e sete por cento das servidoras afirmaram que não reagiram à discriminação porque nem perceberam essas formas sutis de discriminação de gênero no trabalho. Muitas (57%), apesar de terem percebido, não conseguiram reagir. Um dado importante é que 97% das que reagiram afirmaram ter buscado redes de apoio com outras mulheres. A presença de mais mulheres é fundamental para o fortalecimento coletivo.

Tomaz Tadeu e Silva destaca que a "demarcação de fronteiras" afirma e reafirma as relações de poder. As imagens que reforçam a presença de líderes homens e os recursos linguísticos que diminuem a participação de mulheres nos espaços de decisão oferecem barreiras para a ascensão de servidoras a cargos de alta gestão, o chamado teto de vidro.

A pesquisa indicou também que 78% das servidoras brasileiras sentem que têm o conhecimento ou a capacidade subestimados, e 60% não são convidadas com frequência para os eventos sociais que os chefes promovem. Ao receberem mais críticas ao atuar na gestão pública, terem menos apoio dos colegas homens e serem excluídas de suas redes de relacionamento, as mulheres se tornam menos visíveis para indicação a cargos em comissão.

Mulheres negras

Considerando a experiência interseccional de gênero, as gestoras públicas negras, que estão em bem menor número na burocracia, são invisibilizadas. Vez ou outra, ainda se vê uma ou outra mulher branca representada entre os homens nas reuniões estratégicas, mas raramente encontramos uma mulher negra. A ausência quase completa de mulheres negras nas imagens que representam cargos de decisão do poder público reforça a realidade de exclusão e naturaliza as desigualdades causadas pela diferença.

Lélia Gonzalez afirma que o lugar em que as mulheres negras se situam determina a interpretação sobre o duplo fenômeno do racismo e do sexismo. Ao não se enxergarem nas lideranças, não serem representadas nas imagens, nos discursos e recursos linguísticos, a identidade da mulher negra servidora pública é imposta por relações de poder hierarquizadas.

Silva destaca que umas das maneiras de o poder marcar presença é deixar claro quem pertence e não pertence a determinados lugares. E a ausência de representação de mulheres, em especial negras, nos espaços de tomada de decisão no Poder Executivo federal demarca bem essa fronteira de exclusão social.

Na direção contrária do efeito Kamala Harris nos Estados Unidos, a baixa representação de mulheres e pessoas negras na alta burocracia do Poder Executivo federal comunica que o governo tem uma única perspectiva social. As decisões e prioridades políticas do país têm sido direcionadas à manutenção dos privilégios do grupo social predominante de homens, que se diz neutro e universal, reagindo a qualquer iniciativa de inclusão de mulheres, indígenas e população negra.

Um dos efeitos esperados da representação é o engajamento dos grupos sociais diversos no projeto de Estado. A maior inserção de mulheres, indígenas e pessoas negras na burocracia e nos espaços de participação da sociedade civil nos anos anteriores mobilizou políticas, aparato legal e orçamentário para grupos populacionais específicos na agenda governamental.

Apesar de os resultados para a redução das desigualdades econômicas ainda estarem longe de serem sentidos, os efeitos simbólicos permanecem. A modificação da autoimagem e o autorrespeito desses grupos sociais, excluídos do projeto de governo Bolsonaro, levantou o debate público com suas perspectivas sociais. Por mais que o grupo dos homens brancos cis ocupem grande parte dos cargos de decisão no governo federal, eles já não conseguem invisibilizar o grupo de mulheres, população negra e indígenas, que cada vez mais reivindicam uma participação institucional.

Mulheres na diplomacia brasileira

VANESSA DOLCE DE FARIA
AUDO ARAÚJO FALEIRO

Publicado em 3 de agosto de 2022

Na entrada do gabinete do ministro das Relações Exteriores, há uma galeria de retratos dos chanceleres brasileiros. São ao todo 107 fotografias dos titulares do Itamaraty entre 1822 e 2021, mas nenhuma delas é de mulher. Tampouco houve uma mulher que tenha ocupado a secretaria-geral, segundo cargo na hierarquia da chancelaria. A cena, emblemática, virou filme: está no excelente documentário *Exteriores: Mulheres brasileiras na diplomacia*,[1] que jogou luz sobre a questão da baixa representatividade feminina na carreira diplomática.

Em 2022, nenhuma mulher chefiava embaixadas do Brasil na América do Sul (com exceção da Guiana), nem nos demais países dos Brics, nem nas delegações junto a organismos internacionais situadas em Nova York, Genebra, Paris, Londres, Viena ou Roma. Nunca houve uma embaixadora em Buenos Aires, Washington, Pequim e Tóquio. Atualmente, todas as sete secretarias que compõem a alta hierarquia do ministério são ocupadas por homens. Essa situação não é fortuita. A história da representação feminina na carreira diplomática é repleta de percalços.[2]

---

1. Produzido pelo coletivo Grupo de Mulheres Diplomatas do Itamaraty, o documentário foi lançado em 2018 e está disponível em: https://vimeo.com/303550770.

2. Outras referências essenciais são dois livros publicados pela Fundação Alexandre de Gusmão: Balbino, Viviane Rios. *Diplomata. Substantivo comum*

Em 1918, Maria José de Castro Rebello Mendes, primeira mulher diplomata do país, precisou de um parecer jurídico de Ruy Barbosa para poder se inscrever no concurso de admissão, no qual obteve o primeiro lugar. Em 1938, reforma introduzida pelo então chanceler, Oswaldo Aranha, e que perdurou até 1954, estipulava que somente poderiam se inscrever no concurso candidatos do sexo masculino.[3] Só em 1956 a primeira mulher chegou ao topo da carreira, ocasião em que Odette de Carvalho e Souza (que havia ingressado em 1936 nos quadros do ministério) foi promovida à embaixadora.

Mesmo com o fim da proibição de acesso, em 1954, outros entraves burocráticos continuaram a limitar o exercício da profissão pelas diplomatas. A proibição de casamento entre funcionários públicos, que vigorou no Itamaraty até 1965, impunha a opção entre a carreira ou a família para muitas mulheres. No ano seguinte, foi instituído o mecanismo da "agregação", que estipulava o "afastamento do exercício do cargo para acompanhar o cônjuge, funcionário da carreira de Diplomata, removido para posto no exterior".[4] Ou seja, casais de diplomatas não poderiam ser lotados juntos no exterior, de tal forma que alguém do casal (e em geral foram elas, e não eles) necessitaria interromper a carreira. Em 1985, a obrigação de agregar deixou de existir, mas com a condição de que um dos cônjuges receberia 40% menos que seu par (circunstância que, novamente, recaiu predominantemente

de dois gêneros: Um estudo sobre a presença das mulheres na diplomacia brasileira. Brasília: Fundação Alexandre de Gusmão, 2011; Friaça, Guilherme José Roeder. *Mulheres diplomatas no Itamaraty (1918-2011): Uma análise de trajetórias, vitórias e desafios*. Brasília: Fundação Alexandre de Gusmão, 2018.

3. Decreto-Lei nº 791/1938.

4. Decreto-Lei nº 69/1966.

sobre as mulheres), mesmo que ambos estivessem desempenhando tarefas equivalentes.[5] A promulgação da Constituição de 1988, que reconhecia a igualdade jurídica entre os sexos, não surtiu efeito imediato, e essa discriminação em matéria de remuneração foi mantida até 1996.

Os números confirmam: elas são minoria em cargos de liderança

Dados do Itamaraty indicam que dos 1.539 diplomatas na ativa, 354 são mulheres, o que corresponde a 23% do quadro funcional.[6] Os números comprovam como as dificuldades de progressão funcional das diplomatas são bem maiores que as de seus colegas homens:

- das 131 embaixadas, missões e escritórios de representação no exterior, só 16 (12,2%) são chefiadas por mulheres;
- dos 53 postos no exterior de maior prestígio (classificados como postos A), só seis (11,3%) são comandados por mulheres; e
- a porcentagem de mulheres na chefia de consulados (24,1%) é mais próxima da taxa de mulheres da carreira, pois são cargos considerados de menor importância que as atividades realizadas em embaixadas e missões nos organismos multilaterais.

Outro dado relevante é o do perfil dos diplomatas aposentados entre 1º de janeiro de 2016 e 23 de maio de 2022: dos 134, trinta eram mulheres. Enquanto 60% delas (18) se aposentaram

5. Decreto-Lei nº 2.234/1985.

6. Boletim Estatístico "Participação de Mulheres no Serviço Exterior Brasileiro".

nas etapas intermediárias da carreira, só 25% dos homens tiveram que se aposentar nessa mesma faixa.

É urgente reavaliar, portanto, o tratamento conferido às diplomatas no exercício da profissão. Como demonstram os dados, num percurso profissional extenso, a maioria das diplomatas vai ficando pelo caminho, e as que chegam aos escalões superiores são preteridas na ocupação dos cargos de liderança. Essa situação merece consideração aprofundada, bem como debate mais atento na sociedade. Afinal, se mulheres não são vistas ocupando postos de importância, se não lideram e chefiam, ou chefiam pouco, naturaliza-se que posições de maior relevo sejam sempre ocupadas por homens, que funções de poder estejam sempre reservadas aos homens. Barreiras culturais e simbólicas são assim reproduzidas e perpetuadas, em detrimento de uma sociedade — e uma chancelaria — mais paritária, plural e representativa.

Além de progredirem menos que os homens na carreira diplomática, as mulheres também ingressam em menor número, outro fato que merece olhar atento. Nos 26 concursos, entre 1996 e 2021, entraram no Instituto Rio Branco 268 mulheres, o que representa 24% das 1.116 vagas do concurso de admissão. A oscilação anual de acesso de mulheres à carreira não permite, todavia, verificar uma tendência clara. Na Tabela 1, foram selecionados os anos de maior e menor porcentagem de mulheres aprovadas. Em nenhum desses anos, ingressaram mais mulheres do que homens.

Tabela 1 — Ingresso de mulheres no Itamaraty

Ano de entrada	Total de vagas	Mulheres	% feminina
1996	35	10	28,6
2000	25	3	12,0
2005	30	11	36,7
2011	26	3	11,5
2014	18	7	38,9
2017	30	11	36,7
2019	27	3	11,1
2021	25	7	28,0
2022	34	14	41,2

Fonte: Ministério das Relações Exteriores (MRE).

A análise dos dados sobre os números de inscritos nos concursos para a carreira diplomática entre 2003 e 2020 (Tabela 2) indica certa estabilidade entre homens e mulheres. Em 2003, o número de candidatas (2.214) representava 60,2% do total. Entre 2004 e 2020, o número de mulheres que iniciam o processo de seleção fica estável em torno de 40%.

Tabela 2 — Distribuição de inscritos por sexo (2003-2020)

Ano	Homens	Mulheres	Total	% feminina
2003	1.459	2.214	3.673	60,3
2004	1.816	1.025	2.841	36,1
2005	6.038	4.124	10.162	40,6
2006	5.098	3.703	8.801	42,1
2007	7.690	5.450	13.140	41,5
2008	7.325	5.233	12.558	41,7
2009	8.821	6.174	14.995	41,2
2010	5.451	3.418	8.869	38,5
2011	4.290	2.890	7.180	40,3
2012	3.861	2.562	6.423	39,9
2013	3.871	2.619	6.490	40,4
2014	2.498	1.653	4.151	39,8
2015	3.252	2.019	5.271	38,3
2016	3.007	1.918	4.925	38,9
2017	3.617	2.322	5.939	39,1
2018	3.199	2.096	5.295	39,6
2019	3.831	2.580	6.411	40,2
2020	3.691	2.509	6.200	40,5

Cruzando as duas estatísticas (número de mulheres aprovadas e número de mulheres candidatas), verifica-se (Tabela 1) que, com exceção de quatro certames (2005, 2014, 2017 e 2022), existe lacuna expressiva de representação feminina em todos os demais anos. Essa constatação faz pensar sobre a necessidade de ações concretas que não só visibilizem as mulheres já diplomatas, mas também permitam que mais mulheres se tornem diplomatas. Esse é o espírito e a letra da resolução, aprovada por consenso, da Assembleia Geral da ONU, que estabeleceu o dia 24 de junho como o Dia Internacional das Mulheres na Diplomacia e reafirmou que "a participação ativa das mulheres, em pé de igualdade com os homens, em todos os níveis de tomada de decisão, é indispensável para se atingir a igualdade, o desenvolvimento sustentável, a paz, a democracia e a diplomacia".[7]

É preciso que as questões de representatividade e gênero sejam debatidas e enfrentadas. O Comitê Gestor de Gênero e Raça do MRE, como foro consultivo, criado em 2014,[8] foi instrumental para expor os entraves que afetam a maior representação feminina e sensibilizar a instituição a esse respeito. Infelizmente, o comitê deixou de funcionar em 2019, não existindo hoje um canal institucional adequado. Existem pressões vindas do Legislativo. A bancada feminina no Senado tem sido vocal sobre a necessidade de corrigir essas distorções. O Grupo de Mulheres Diplomatas, coletivo criado em 2013, vem exercendo papel de destaque no estudo e na defesa de pautas de gênero no Itamaraty. Que mais e mais vozes se somem! Na ausência de ações afirmativas por parte do Itamaraty, prevalecerá o *statu quo* de baixa representatividade das mulheres na diplomacia — e as galerias de retratos continuarão dominadas por fotografias masculinas, em descompasso com o nosso tempo.

---

7. Resolução A/76/L. 66 de 16 de junho de 2022.

8. Portaria MRE nº 491, de 12 de setembro de 2014.

A crescente participação de mulheres na ciência brasileira?

ANA FLÁVIA BARROS[1]

Publicado em 29 de abril de 2022

A participação feminina nas atividades relativas à ciência vem aumentando em escala global nas duas últimas décadas, tanto no que concerne ao ensino como à pesquisa e à sua aplicação. De fato, definir ciência não é tarefa simples. Ciência remete ao acúmulo do conhecimento validado por comunidades de conhecimento e instituições. Ciência progride por meio de debates e até conflitos, marcada por valores, escolhas, visões de mundo e outras características inerentes aos seres humanos e suas construções sociais. Além disso, cisnes negros, crises e relações de poder contribuem para o avanço do debate científico mundial.

Neste vasto e complexo tema que é a ciência, a participação masculina sempre predominou, com raras exceções. Diversos fatores conduziram a tal contexto de assimetrias, começando pela divisão social do trabalho, mormente nas sociedades em que as mulheres assumiram as tarefas domésticas, enquanto os homens trabalhavam fora de casa. Nas últimas cinco décadas, a participação

1. Professora associada da Universidade de Brasília (UnB), no Instituto de Relações Internacionais, desde 2002. Colíder do grupo de pesquisa Sistema Internacional no Antropoceno — CLIM/CNPq. Conselheira do Women Leaders for Planetary Health, Alemanha. Diretora do Brasilia Research Centre da Rede Earth System Governance. *Senior Research Fellow* e membro da Ocean Task Force da Rede Earth System Governance. Pesquisadora do Centro de Estudos Globais/IREL/UnB.

feminina no mercado de trabalho aumentou de forma geral, mas ainda de maneira lenta e gradual, com grandes disparidades ao redor do mundo. Entretanto, o ponto em comum é que geralmente as mulheres encontram maiores obstáculos para empregos que são tradicionalmente ocupados por homens, principalmente quando se trata de cargos de liderança e de isonomia de salários. Por isso mesmo, a Organização das Nações Unidas (ONU) adotou diferentes iniciativas, como a Agenda 2030 e, mais especificamente, o Objetivo de Desenvolvimento Sustentável (ODS) 5 para empoderar meninas e mulheres, com vistas a alcançar a igualdade de gênero.

Na ciência, a realidade não é desconectada da sociedade e do mercado de trabalho globalizado e digitalizado, formando o contexto da economia 4.0. Um dos principais indicadores é a nomeação para prêmios, como no caso do prêmio Nobel. Não apenas houve pouquíssimas mulheres selecionadas, como também raras foram as indicações ao longo dos anos. Entre 1901 e 2021, 58 mulheres receberam a distinção, no total de 947 premiados.[2] O Brasil nunca teve um prêmio Nobel e segue, em larga medida, as tendências mundiais acima mencionadas. Certo é que este panorama de assimetrias e sub-representação feminina na ciência não é novo nem pode ser simplificado. Cada país tem sua própria realidade, marcada por uma história, uma sociedade, uma cultura e um arcabouço institucional próprios, entre outros. Além disso, há um número crescente de cientistas que se consideram não binários e que certamente terão impacto nos dados oficiais existentes após uma releitura mais sofisticada.

---

2. Rodrigues, Alex. "Nobel completou 120 anos premiando poucas mulheres e nenhum brasileiro". *Agência Brasil*, 11 out. 2021.

Apesar desses limites, a análise de dados disponíveis no Brasil em diversos relatórios do Ministério da Educação (MEC), da Coordenação de Aperfeiçoamento de Pessoal de Nível Superior (Capes) e do Conselho Nacional de Desenvolvimento Científico e Tecnológico (CNPq) sugere possíveis correlações entre a evolução recente do acesso à educação, do mercado de trabalho e da participação das mulheres na ciência nacional e internacional. Em outras palavras, não parece arriscado afirmar que quanto mais meninas têm acesso a educação de qualidade, mais oportunidade de emprego terão, incluindo atividades científicas e bolsas de pesquisa. Por enquanto, as brasileiras ainda são minoria nas atividades científicas, concentrando-se nos estágios iniciais da carreira e em linhas de pesquisa das ciências humanas e sociais, que tradicionalmente possuem menos bolsas de pesquisa financiadas com recursos públicos, mesmo incluindo as Instituições Federais de Ensino Superior (Ifes) e as Fundações de Amparo à Pesquisa (FAPS). Haja vista que a maior fonte de pesquisas está relacionada às instituições públicas, fica clara a importância de políticas públicas para o século XXI. Finalmente, as mulheres também carecem de políticas públicas específicas e mais efetivas, por terem, geralmente, papel central na vida familiar, principalmente quando têm filhos na primeira infância. Esta foi uma das grandes lições da pandemia de covid-19, que exigiu da nossa sociedade uma imensa capacidade de adaptação em curto espaço de tempo.

Avanços e desafios

Por sua vez, o acesso das meninas à educação no Brasil melhorou, e o desempenho escolar delas é comparável ao dos meninos.

A população brasileira é majoritariamente feminina, e as estudantes no ensino médio superam a quantidade de estudantes homens. Ademais, a proporção de homens e mulheres com diplomas universitários, segundo dados oficiais, já permite augurar bons resultados. Igualmente, a participação feminina no mercado de trabalho, em geral, e na ciência, em particular, vem mostrando avanços. Na graduação universitária, cerca de 57% do total de estudantes são mulheres, concentradas nos cursos de Pedagogia, Letras e Ciências Humanas; mas apenas 24% escolhem cursos de ciências exatas, de acordo com dados do CNPq, do Instituto Nacional de Estudos e Pesquisas Educacionais Anísio Teixeira (Inep) e o Parent in Science.[3] Preocupante, porém, é o fato de que, segundo o MEC, em 2016, apenas 10,4% das mulheres negras tiveram acesso ao ensino superior.[4]

Entretanto, ainda há enormes desafios a serem enfrentados. Primeiro, há, sem dúvida, associações a serem estabelecidas entre o acesso à educação de qualidade, redução da desigualdade social e da corrupção, mudanças de valores na nossa sociedade e oportunidades de pesquisa. O lugar das mulheres na "economia familiar" ou "economia do cuidado" é o ponto de partida desta reflexão. Normalmente, são as mulheres que limitam suas carreiras para cuidar dos filhos, enquanto a sociedade brasileira vem avançando lentamente na questão de como conciliar trabalho

3. Dados comentados pelas professoras Sônia Bao e Fernanda Sobral no evento IB Discute: Mulheres na Ciência, de 8 de março de 2021.

4. Cunha, Rocelly; Dimenstein, Magda; Dantas, Candida. "Desigualdades de gênero por área de conhecimento na ciência brasileira: Panorama das bolsistas PQ/CNPq". *Revista Saúde Debate*, v. 45, nº especial 1, 2021, pp. 83-97; Brasil. Ministério da Educação. *Notas Estatísticas — Censo da Educação Superior 2016*. Brasília: Inep; 2016.

e família. Prova disso são os resultados das primeiras pesquisas no Brasil mostrando que as mulheres cientistas tiveram as maiores baixas de produtividade em razão da pandemia. Raça, gênero e parentalidade estão sendo cada vez mais bem analisados no Brasil. Porém, ainda é necessário avançar nas pesquisas para estabelecer correlações mais robustas. Com a pandemia, desde 2020, por exemplo, mulheres com filhos foram as que menos conseguiram trabalhar.[5] Apenas 4,1% das pesquisadoras responderam que haviam conseguido trabalhar remotamente, enquanto mulheres sem filhos somaram 18,4%. Comparativamente, 14,9% de homens com filhos conseguiram trabalhar e 25,6% de homens sem filhos também. Quando se refinam as pesquisas com outros critérios, as mais prejudicadas foram as pesquisadoras e estudantes de pós-graduação negras. Enquanto apenas 47,3% das mulheres negras respondentes conseguiram submeter artigos científicos nos prazos planejados, 50,1% das mulheres brancas, 63,2% dos homens negros e 70,4% dos homens brancos também conseguiram. Considerando a parentalidade, a porcentagem mais baixa é de mulheres negras com filhos (46,5%) e a mais alta é de homens brancos sem filhos (77,3%). Embora tais resultados não sejam uma surpresa nem uma verdade incontestável, evidenciam o tamanho do desafio que o Brasil precisa enfrentar por meio de políticas inclusivas que promovam igualdade social, sustentabilidade e maior capacidade adaptativa para os próximos desafios com foco nas mulheres e mães. Afinal, foram elas que assumiram os cuidados familiares e parte da responsabilidade da educação dos filhos em tempos de confinamento.

---

5. Parent in Science. *Produtividade acadêmica durante a pandemia: Efeitos de gênero, raça e parentalidade*, 2020.

Outro desafio concerne ao financiamento de pesquisadores. O orçamento da União sancionado em janeiro de 2022 pelo presidente da República[6] teve novos e profundos cortes nas áreas de educação, pesquisa, saúde e sustentabilidade. Logo, os recursos públicos para a pesquisa nacional estão mais escassos. Apesar desse contexto desalentador, dados sobre a concessão de bolsas de pesquisa demonstram algum progresso da participação feminina no contexto brasileiro. Estima-se que, em 2021, a maioria dos bolsistas de iniciação científica, mestrado e doutorado foram mulheres.

Contudo, as bolsas de Produção Científica (PQ) do CNPq, que são as mais prestigiosas bolsas nacionais, mantiveram o padrão da maioria masculina nos níveis mais altos (Bolsas PQ1/sêniores). Das 12.917 bolsas PQ/CNPq implantadas, apenas 35,6% foram alocadas para mulheres. No que concerne aos cargos de coordenação e de liderança de diferentes processos decisórios, a realidade brasileira ainda é conservadora, pois a maioria das pessoas envolvidas nos processos de tomada de decisão era de homens.[7] No caso da Capes, havia apenas 14 mulheres coordenadoras de área, de um total de 49 pessoas, em 2021.[8] Apesar de a presidente ser uma mulher, os membros natos do Conselho Superior da Capes em 2020 eram seis homens e os membros designados, oito homens e quatro mulheres.

---

6. Brasil. Despacho do Presidente da República nº 26, de 21 de janeiro de 2022. *Diário Oficial da União*: seção 1, Brasília, DF, p. 31, 24 jan. 2022.

7. Cunha, Rocelly; Dimenstein, Magda; Dantas, Candida. "Desigualdades de gênero por área de conhecimento na ciência brasileira: Panorama das bolsistas PQ/CNPq". *Revista Saúde Debate*, v. 45, nº especial 1, 2021, pp. 83-97.

8. Pimentel, C. Dados comentados pela professora Sônia Bao no evento "IB Discute: Mulheres na Ciência", de 8 de março de 2021.

Antecipação e imaginação: caminhos para a equidade

À guisa de conclusão, a igualdade de gênero na educação e na ciência avança lentamente no mundo e no Brasil, porém ainda com muitas assimetrias no espaço e no tempo. Como resultado, as mulheres são geralmente sub-representadas nas estruturas decisórias e nas comunidades de pesquisadores seniores, principalmente nas ciências exatas. No Brasil, as mulheres conseguiram melhorar sua participação na ciência, porém concentram-se nas ciências humanas e sociais e nas etapas iniciais da carreira.

Por último, merece destaque a carência de políticas públicas brasileiras para a efetiva promoção da igualdade de gênero na ciência, do nível federal até o nível das diversas instituições de pesquisa. O fato de o Currículo Lattes ter espaço para que a licença-maternidade seja devidamente informada é um avanço recente, mesmo que os efeitos sejam limitados. Por exemplo, os editais de pesquisa e as missões científicas normalmente não têm flexibilidade alguma para as mães. Todavia, o essencial não é apenas políticas para tempos normais. São políticas com imaginação e antecipação para responder aos novos desafios que vieram com a pandemia, por exemplo. Muitas mulheres médicas, enfermeiras e todas as demais profissões da área da saúde, bem como muitas pesquisadoras, tiveram que suspender ou reduzir as respectivas atividades profissionais para cuidar dos filhos quando escolas e creches foram fechadas. Esta era uma situação imprevisível com o confinamento obrigatório? Não. Se sabemos que as pessoas trabalham e produzem melhor quando se sentem seguras, podemos pensar em políticas públicas inovadoras para tentar dirimir conflitos familiares e problemas de saúde mental? Certo é que o tratamento diferenciado para mães e pais com filhos pequenos ajudaria a manter a paz social em tempos de crise sanitária e contexto de profundas incertezas. No entanto, a antecipação e a imaginação certamente vão muito além de simples políticas públicas. Podem ser representadas por ações concretas, como grupos de vizinhos que se organizaram com "creches temporárias" e a distribuição de comida para populações vulneráveis. Temos um longo debate sobre como melhorar nossa capacidade de adaptação como sociedade e, assim, contribuir para a igualdade de oportunidades na ciência.

Mulheres negras podem ser gestoras públicas?

MARIA APARECIDA CHAGAS FERREIRA

Publicado em 25 de julho de 2022

> "Quando as mulheres negras se movem, toda a estrutura política e social se movimenta na sociedade."
>
> ANGELA DAVIS

Sim, nós podemos ser gestoras públicas. Porém, há outras perguntas que devem ser feitas. Nós, mulheres negras, somos gestoras públicas? Já falamos que a importância do serviço público para a ascensão social e para as mulheres negras vai além de alcançar melhores condições de vida. Muitas de nós nos envolvemos na militância feminista e/ou racial e, decorrente disso, promovemos ações não apenas para nós mesmas como um coletivo, mas também para outros públicos.

Vamos ampliar a imagem. Dados do IBGE de 2019[1] revelam que a maior parte da força de trabalho no Brasil é constituída de pessoas negras, elas representam 54,9%, o que significa 25% a mais que a população não negra. Por outro lado, a população negra

1. IBGE. "Desigualdades sociais por cor ou raça no Brasil". 2019. *Estudos e Pesquisas-Informação Demográfica e Socioeconômica* nº 41; Teixeira, Victor Epitácio Cravo. *Entre máquinas administrativas e governos inteligentes: Uma crítica da racionalidade no direito administrativo e uma proposta para os desafios do século XXI*. Tese de Doutorado, Programa de Pós-Graduação da Faculdade de Direito da Universidade de Brasília, Universidade de Brasília, Brasília, 2020.

forma 64% da força de trabalho desocupada e 66% da subutilizada. Enquanto 35% das pessoas brancas ocupam informalmente o mercado de trabalho, esse percentual entre as pessoas negras é de 47%. Não podemos nos esquecer que trabalho informal é igual a trabalho precário, sem proteção social, como garantia do salário mínimo e aposentadoria. A despeito das pessoas negras serem maioria como força de trabalho, essa proporção não se reflete em cargos gerenciais, os quais 69% são ocupados por pessoas brancas, enquanto 30% por negras.

Nós, mulheres negras, somos 28% da população brasileira em idade ativa (acima de 14 anos). Somos maioria entre as trabalhadoras domésticas (55%), e, dessas, 61% trabalham sem carteira assinada. No mercado de trabalho, estamos concentradas em posições frágeis, temos a maior taxa de desocupação, de subutilização e rendimento médio inferior. Somos maioria em postos de trabalho relacionados ao "cuidado", que incluem funções domésticas, de saúde e de educação. O problema não é a natureza do trabalho, mas o estereótipo, a baixa remuneração e a valorização dessas posições.

Sub-representatividade e distorções

A interseção entre racismo e machismo é o que caracteriza as relações sociorraciais no mercado de trabalho brasileiro.[2] Ho-

2. Filetti, Juliana de Paula; Gorayeb, Daniela Salomão; Melo, Maria Fernanda Cardoso de. "Mulheres negras no mercado de trabalho no 1º trimestre de 2021. *Facamp: Boletim NPEGen Mulheres Negras no Mercado de Trabalho*, v. 2, nº 1, 2021.

mens brancos se situam no topo, seguidos das mulheres brancas, dos homens negros e das mulheres negras. Essa hierarquia se reproduz também no serviço público. Nós, mulheres negras, estamos sub-representadas na administração pública, assim como nos cargos de direção. Além disso, 65% das mulheres negras no serviço público estão no funcionalismo municipal, onde se concentram os rendimentos médios inferiores da administração pública. Ainda no município, 12% das prefeituras são comandadas por mulheres, dessas, 3% são negras.

Na esfera federal, homens brancos são maioria e têm a maior renda, enquanto, nós, mulheres negras, somos 7% do funcionalismo.[3] Nos cargos de nível superior civil, as servidoras negras representam 11,7%. Estou destacando o nível superior, pois é um requisito básico para o exercício de função de direção no serviço público federal. Aqui é interessante observar que, dentre os cargos mais elevados, como o de diretora ou secretária nacional, nós, mulheres negras, não passamos de 5%, de acordo com dados de 2020.

A importância de a área de gestão de pessoas debater a questão racial na administração pública não se deve apenas ao fato da ocupação desigual de cargos efetivos e de direção, mas da identificação de fatores que impactam nossa atuação no contexto organizacional. Estudos realizados com mulheres negras em posição

3. Considerando apenas as mulheres negras ocupadas no setor público. Para uma radiografia ampla, ver: Silva, Tatiana Dias; Lopez, Felix. *Perfil racial do serviço civil ativo do Executivo federal (1999-2020)*. Brasília: Ipea, 2021. Nota Técnica nº 49.

de gestão[4] evidenciam tendências nefastas[5] para a nossa autoestima, saúde mental e emocional. Quando estamos em cargos de direção, sofremos constrangimentos nas relações de trabalho, somos discriminadas e enfrentamos um jogo político que não tem equidade racial e de gênero. Mesmo as que têm um alto nível de instrução, com mestrado e doutorado, e experiências profissionais diversificadas — nada disso as blinda. Não conseguimos desenvolver nossas carreiras como poderíamos e deveríamos. Somos relegadas a precariedades das condições de trabalho, espaços institucionais sem estrutura e concentradas em temas periféricos. Sofremos com desvio de função, apropriação da autoria de nossas ideias, excesso de trabalho, silenciamento e precisamos de elevada obstinação para sermos ouvidas. Distorções que geram descrédito e, consequentemente, o não reconhecimento da nossa competência para ocuparmos determinados postos de trabalho com poder de decisão e autoridade.

Sabemos que pensar em estratégias para diversificar o estrato gerencial da administração pública por meio da inserção de pessoas negras, sobretudo de mulheres negras, não é uma política isolada a ser conduzida por uma singular unidade de gestão de pessoas, mas uma ação mais ampla do Estado brasileiro. Uma política de gestão de pessoas que abranja todas as dimensões da área, uma política de recursos humanos com inclusão e diversidade. Já temos experiências na administração

4. Souza, Letícia Godinho de; Souza-Seidl, Renata (orgs.). *Mulheres, negras e gestoras: porque sim!*. Belo Horizonte: Fundação João Pinheiro, 2021.

5. Cruz, Thânisia Marcella Alves. *Sankofa, políticas públicas e interseccionalidade: Um estudo sobre Matilde Ribeiro, uma mulher negra na gestão da SEPPIR (2003 a 2008)*. Dissertação de mestrado, Faculdade de Educação, Universidade de Brasília, 2020.

pública de seleções intencionadas a achar a pessoa certa para o cargo gerencial certo — assim sendo, por que não incluir ações afirmativas nesse processo?

A frase de Angela Davis que introduz este texto, amplamente discutida na literatura especializada,[6] provoca a seguinte reflexão: a mulher negra está na base da pirâmide social, vivenciamos descasos sistemáticos e temos buscado estratégias coletivas para o enfrentamento das desigualdades. Assim, qualquer mexida desestabiliza as estruturas consolidadas das relações desiguais de poder com um potencial de efeitos colaterais positivos para toda a sociedade.

6. Davis, Angela. *A liberdade é uma luta constante*. São Paulo: Boitempo Editorial, 2018.

Burocracia representativa como chave para uma gestão pública em prol da igualdade de gênero e raça

IARA ALVES

Publicado em 25 de abril de 2022

Este é o primeiro texto de uma série que reflete sobre servidoras públicas que trabalham na burocracia pública federal representando o grupo social de mulheres brasileiras, seja apenas de forma passiva — impacto simbólico —, seja de forma ativa — impacto substantivo — de modo a influenciar a gestão e as políticas públicas. Neste texto, será apresentado o conceito de burocracia representativa, passiva e ativa, para, nos próximos textos, refletirmos sobre as possibilidades de mulheres servidoras serem agentes de mudanças em prol da igualdade de gênero, conforme pesquisa *survey* conduzida como parte de minha pesquisa de doutorado com mais de trezentas servidoras de carreiras estratégicas em nível federal.

Panorama da administração pública

As mulheres são pelo menos metade da burocracia. Em seu cotidiano de trabalho, as servidoras têm algum grau de poder na tomada de decisão que estrutura a vida das pessoas e suas oportunidades. Ao inserir a perspectiva de gênero, tendo consciência da condição, posição e interesses das mulheres brasileiras, as servidoras podem revolucionar a forma como a administração pública atende à população. Para um maior impacto de sua presença, mulheres, brancas e negras, precisam compor o corpo da média e alta burocracia, formada por cargos comissionados de nível mínimo 4, para terem o poder de alocação de recursos públicos e decisão sobre a agenda pública e propostas de legislações.

O campo da administração pública entende a burocracia representativa como representação de toda a diversidade da população no Estado, como forma de promover acesso a oportunidades iguais. De acordo com Mosher (2003),[1] apesar de não garantir tomadas de decisões democráticas, a diversidade de gênero e raça na representação burocrática traz valores simbólicos importantes para a democracia. Porém, para as minorias sociais terem potencial de representação ativa em nível gerencial, elas precisam alcançar um percentual mínimo de massa crítica nos cargos com poder de decisão. O percentual mínimo necessário pode variar de organização para organização ou até mesmo de país para país, mas, convencionalmente, tem-se utilizado o de 30%.

Burocracia representativa

O conceito de burocracia representativa implica que quem formula e implementa política pública não é neutro (Groeneveld; Walle, 2010).[2] A representação burocrática nas diversas organizações públicas pode explicitar ou encobrir perspectivas de gênero

---

1. Mosher, Frederic C. "Democracy and the Public Service". In: Dolan, Julie; Rosenbloom, David H. (orgs.). *Representative Bureaucracy: Classic Readings and Continuing Controversies*. Nova York: Routledge, 2003. pp. 19-22.

2. Groeneveld, Sandra; Van de Walle, Steven. A contingency approach to representative bureaucracy: power, equal opportunities and diversity. *International Review of Administrative Sciences*, v. 76, nº 2, pp. 239-58, 2010.

e raça no processo decisório das políticas públicas. Se a ocupação de cargos na alta burocracia é formada quase que exclusivamente por homens brancos, as perspectivas de mulheres e pessoas negras são encobertas e as demandas dessa população não são alcançadas ou são colocadas em segundo plano, sem prioridade na agenda pública.

Os estudos sobre burocracia representativa defendem que ela deve parecer com o público que representa, de modo que interesses de toda a diversidade da sociedade sejam considerados nas decisões governamentais (Riccucci, Van Ryzin, 2017).[3] Ao reconhecer o poder político inerente ao trabalho do gestor público, estudiosos da administração pública endossam a teoria da burocracia representativa como uma maneira de a gestão pública ser mais responsiva ao público que ela serve e, portanto, mais democrática (Sowa; Selden, 2003).[4]

Representações burocráticas

De acordo com a teoria da burocracia representativa, a representação pode ser passiva, simbólica e ativa (Meier, 2019).[5] A representação burocrática é passiva quando espelha a sociedade a

---

3. Riccucci, Norma; Van Ryzin, Gregg. "Representative Bureaucracy: A Lever to Enhance Social Equity, Coproduction, and Democracy". *Public Administration Review*, v. 77, nº 1, pp. 21-30, 2017.

4. Sowa, Jessica E.; Selden, Sally Coleman. "Administrative discretion and active representation: An expansion of the theory of representative bureaucracy". *Public Administration Review*, v. 63, nº 6, pp. 700–10. 2003.

5. Meier, Kenneth J. "Theoretical Frontiers in Representative Bureaucracy: New Directions for Research". *Perspectives on Public Management and Governance*, v. 2, nº 1, pp. 39–56, 2019.

que serve, ou seja, quando há no serviço público igual proporção de gênero, raça e etnias da população. A representação passiva pode resultar em representação simbólica ou representação ativa.

A representação simbólica ocorre quando a presença de grupos sociais na burocracia aumenta a percepção de legitimidade da política, melhorando os resultados, uma vez que o público beneficiário se torna mais colaborativo e engajado na coprodução da política.

A representação burocrática se torna ativa quando a presença de diferentes grupos sociais resulta em decisões públicas tomadas em prol da igualdade de gênero, raça e etnias, por exemplo.

Estudos demonstram que nem todas as pessoas pertencentes a minorias sociais ativam a representação na burocracia. Então, a questão é entender quem o faz e quando. Pesquisas sobre governos em outros países (Dolan, 2000;[6] Dolan, 2002;[7] Hindera, 1993;[8] Selden, 1997[9]) sugerem que burocratas de médio e alto escalão, que possuem mais recursos e discricionariedade, têm mais chances de resistir a pressões organizacionais e decidir pela representação ativa.

A teoria da burocracia representativa condiciona a transição da representação passiva para ativa a algum grau de percepção

---

6. Dolan, Julie. "The Senior Executive Service: Gender, Attitudes, and Representative Bureaucracy". *Journal of Public Administration Research and Theory — J PART,* v. 10, nº 3, pp. 513-29, 2000.

7. Dolan, Julie. "Representative Bureaucracy in the Federal Executive: Gender and spending priorities". *Journal of Public Administration Research and Theory — J-PART,* v. 12, nº 3, pp. 353-75, 2002.

8. Hindera, John J. "Representative Bureaucracy: Imprimis Evidence of Active Representation in the EEOC District Offices". Journal of Public Administration Research and Theory — J-PART, v. 3, nº 4, pp. 415-29, 1993.

9. Selden, Sally Coleman. *The Promise of Representative Bureaucracy: Diversity and Responsiveness in a Government Agency.* Armonk, NY: M.E. Sharpe, 1997.

da amplitude do poder discricionário por parte de gestores públicos, somado ao reconhecimento da sua identidade como parte de uma minoria social (Sowa; Selden, 1993).[10] A aceitação de seu papel de representação ocorre na medida que gestores se percebem como potenciais promotores do acesso das minorias a programas públicos.

A teoria da burocracia representativa parte da premissa de que a burocracia é composta de pessoas que têm opinião e discricionariedade suficientes para influenciar regras e conformar políticas públicas. Assim, trazer a diversidade de perspectivas e interesses para a tomada de decisão na gestão pública é tornar as políticas públicas menos enviesadas e mais responsivas ao público (Meier, 2019).[11]

Mesmo sem ter consciência da capacidade de representação, por não terem recebido uma delegação originada de uma eleição ou outro procedimento de autorização, gestores públicos imprimem valores que podem ser de cunho individual ou agregado (Meier, 2019).[12] Assim, a participação, em maior ou igual proporção, na alta burocracia da administração pública aumenta a probabilidade de maior representação de interesses e perspectivas de diversos grupos sociais na tomada de decisão sobre políticas públicas e alocação de recursos públicos.

---

10. Sowa, Jessica E.; Selden, Sally Coleman. "Administrative discretion and active representation: An expansion of the theory of representative bureaucracy". *Public Administration Review*, v. 63, nº 6, pp. 700-10. 2003.

11. Meier, Kenneth J. "Theoretical Frontiers in Representative Bureaucracy: New Directions for Research". *Perspectives on Public Management and Governance*, v. 2, nº 1, pp. 39-56, 2019.

12. Idem.

A literatura sobre burocracia representativa (Groeneveld; Van de Walle, 2010;[13] Meier, 2019;[14] Pitts, 2005;[15] Sowa; Selden, 2003[16]) demonstra que a igualdade de representação das minorias sociais, contextualizadas de acordo com cada país, permite que o serviço público seja reconhecido pela sociedade como mais democrático, promovendo o alívio de tensões sociais. Ao assumir seu papel representativo, o gestor público pode tomar decisões com maior probabilidade de impactar no avanço dos interesses das minorias (Sowa; Selden, 2003).[17]

A representação simbólica faz com que cidadãos se sintam motivados a cooperar para resultados relevantes da política (Van Ryzin; Riccucci; Li, 2017).[18] Uma burocracia representativa pode afetar a percepção do público de uma determinada política pública sobre a legitimidade da ação governamental e, consequentemente, aumenta a probabilidade de cooperação e atendimento a regras, em especial se a política for direcionada para minorias. A

13. Groeneveld, Sandra; Van de Walle, Steven. "A contingency approach to representative bureaucracy: Power, equal opportunities and diversity". *International Review of Administrative Sciences*, v. 76, nº 2, pp. 239-58, 2010.

14. Meier, Kenneth J. "Theoretical Frontiers in Representative Bureaucracy: New Directions for Research". *Perspectives on Public Management and Governance*, v. 2, nº 1, pp. 39-56, 2019.

15. Pitts, David W. "Diversity, representation, and performance: Evidence about race and ethnicity in public organizations". *Journal of Public Administration Research and Theory*, v. 15, nº 4, pp. 615-631, 2005.

16. Sowa, Jessica E.; Selden, Sally Coleman. "Administrative discretion and active representation: An expansion of the theory of representative bureaucracy". *Public Administration Review*, v. 63, no 6, pp. 700-10. 2003.

17. Idem.

18. Van Ryzin, Gregg G.; Riccucci, Norma M.; Li, Huafang. "Representative bureaucracy and its symbolic effect on citizens: A conceptual replication". *Public Management Review*, v. 19, nº 9, pp. 1365-79, 2017.

representação burocrática é um indicador de equidade para o serviço público, que deve ser um motor de práticas a serem seguidas pelo setor privado. A mera representação passiva de gênero, raça e etnicidade nas burocracias governamentais expressa valores democráticos e serve como vetor de práticas justas (Riccucci; Van Ryzin, 2016).[19]

Influência das tomadas de decisões de políticas públicas

Estudos empíricos (Meier; Nicholson-Crotty, 2006;[20] Meier; Nigro, 2003;[21] Meier, 2019[22]) demonstram que gênero, raça e etnicidade influenciam na tomada de decisões de políticas públicas, na legitimidade da política e na relação da burocracia com o público. A tradicional visão da neutralidade e da busca pela eficiência no serviço público é um limitador para a ativação da representação na burocracia. Gestores centrados na eficiência das organizações provavelmente terão menor grau motivacional para

19. Riccucci, Norma; Van Ryzin, Gregg. "Representative Bureaucracy: A Lever to Enhance Social Equity, Coproduction, and Democracy". *Public Administration Review*, v. 77, nº 1, pp. 21-30, 2016.

20. Meier, Kenneth J.; Nicholson-Crotty, Jill. "Gender, Representative Bureaucracy, and Law Enforcement: The Case of Sexual Assault". *Public Administration Review*, v. 66, nº 6, pp. 850-60, 2006.

21. Meier, Kenneth J.; Nigro, Lloyd. "Representative bureaucracy and policy preferences: A study in the attitudes of Federal Executives". In: Dolan, Julie; Rosenbloom, David H. (org.). *Representative Bureaucracy: Classic Readings and Continuing Controversies*. Nova York: Routledge, 2003. pp. 84-96.

22. Meier, Kenneth J. "Theoretical Frontiers in Representative Bureaucracy: New Directions for Research". *Perspectives on Public Management and Governance*, v. 2, nº 1, pp. 39–56, 2019.

favorecer grupos minoritários (Sowa; Selden, 2003).[23] Burocratas ativos em sua representação buscam a equidade como resultado da implementação da política, ou seja, a inclusão das pessoas que historicamente não têm acesso aos serviços e benefícios públicos. Quando gestores assumem uma posição representativa, há mais probabilidade de que as decisões tenham impacto no avanço dos interesses das minorias (Sowa; Selden, 2003).[24]

A teoria da burocracia representativa procura fazer com que as decisões públicas se tornem menos enviesadas, e não parciais como se argumenta. Uma perspectiva neutra de regras para programas e políticas públicas é uma reafirmação das desigualdades existentes entre raças, etnias e gêneros (Meier, 2019).[25] O comportamento de um ou uma burocrata que representam uma minoria social pode contribuir para mudanças significativas na formulação e implementação de políticas públicas.

A recompensa para a representação ativa está ligada ao sentimento de pertencimento e de identidade do/da burocrata com o grupo social. Assumir a posição representativa é defender seus próprios valores, uma motivação intrínseca de grande relevância (Meier, 2019)[26] dentro dos procedimentos institucionais da burocracia. Outro fator é o sentimento de justiça (Young, 2011)[27] de

---

23. Sowa, Jessica E.; Selden, Sally Coleman. "Administrative discretion and active representation: An expansion of the theory of representative bureaucracy". *Public Administration Review*, v. 63, nº 6, pp. 700–10. 2003.

24. Idem.

25. Meier, Kenneth J. "Theoretical Frontiers in Representative Bureaucracy: New Directions for Research". *Perspectives on Public Management and Governance*, v. 2, nº 1, pp. 39–56, 2019.

26. Idem.

27. Young, Iris M. *Justice and the Politics of Difference*. New Jersey: Princeton University Press, 2011.

gestores conscientes das desigualdades causadas pelas diferenças de gênero e raça na sociedade.

Os estudos desenvolvidos nas últimas décadas mostraram que os elementos que favorecem a representação ativa são: consciência ou a saliência da identidade; poder de discricionariedade; ambiente organizacional favorável; e maior proporção de minorias em cargos de liderança. Provocar mudanças na maneira de produzir e gerir políticas públicas envolve mudar a representação de poder político e ampliar a diversidade de perspectivas e interesses no aparelho burocrático. Quando as áreas de políticas públicas que visam a beneficiar grupos específicos da sociedade são lideradas e geridas por burocratas que os representam, a relação entre o público e a burocracia muda, e os resultados da representação ativa são mais prováveis (Van Ryzin; Riccucci, 2017).[28]

No entanto, os critérios de seleção de servidores públicos para cargos em comissão ignoram que grupos sociais específicos da sociedade não estão tendo a mesma facilidade de acesso às instâncias de tomada de decisão do Estado. Propaga-se a ideia de que burocratas são corpos neutros, trabalhando com *expertise*, como se eles não imprimissem valores e perspectivas próprios. Porém, é pouco democrático quando se verifica que o recrutamento tem resultado em um corpo político e burocrático estatal branco e masculino, e de classe média para alta, quando consideramos os cargos da média e alta burocracia. A gestão pública precisa alterar seus padrões brancos naturali-

28. Van Ryzin, Gregg G.; Riccucci, Norma M.; Li, Huafang. "Representative bureaucracy and its symbolic effect on citizens: A conceptual replication". *Public Management Review*, v. 19, nº 9, pp. 1365-79, 2017.

zados de decisão e de comunicação governamental, de forma a possibilitar reverter o racismo estrutural e os estigmas sexistas internalizados nas instituições. Buscar a igualdade envolve reconhecer as desigualdades e suas determinações sociais, assim como a importância da diversidade para políticas públicas mais inclusivas.

Raça e cor na diplomacia brasileira

RAFAELA SEIXAS FONTES
AUDO ARAÚJO FALEIRO

Publicado em 29 de junho de 2022

Da antiga Secretaria dos Negócios Estrangeiros e da Guerra, instituída a partir da chegada da família real portuguesa ao Rio de Janeiro, em 1808, até os nossos dias, o Ministério das Relações Exteriores (MRE) foi vital para que o país superasse enormes desafios ao longo da sua história. A diplomacia brasileira atuou nas negociações para o reconhecimento internacional da Independência, na tumultuada relação com as jovens repúblicas hispânicas da Bacia do Prata, na arbitragem dos limites territoriais na passagem do século XIX para o XX, na travessia dos anos turbulentos da Primeira e Segunda Guerras Mundiais e da Guerra Fria e, a partir dos anos 1990, na criação dos regimes de governança ambiental e na expansão do arcabouço de direitos humanos, aí incluído o de combate à discriminação racial.

Para bem desempenhar suas funções, foi preocupação permanente se buscar a adequação entre objetivos e meios na ação diplomática. Do ponto de vista institucional, várias foram as reformas que, ao longo dos últimos duzentos anos, procuraram dotar o Estado de instrumentos para bem desempenhar a tarefa de representar os interesses do país no exterior. O organograma do ministério cresceu e especializou-se. Foram criados, entre outros, o Serviço Consular, o de Comunicação, o de Documentação Oficial, o de Arquivo Diplomático, o de Protocolo e o de Administração. A rede de postos (embaixadas e consulados) ampliou-se continuamente para fazer frente às necessidades da atuação externa em defesa dos interesses do Estado e dos cidadãos brasileiros em contexto internacional cada vez mais complexo.

O mecanismo de recrutamento dos quadros também evoluiu nesse período. Durante os anos do Império e da República Velha, os funcionários do serviço exterior eram escolhidos a dedo devido aos vínculos familiares com a elite econômica e nobiliária. Representar o Brasil era reproduzir os interesses dos estamentos dirigentes, em muito influenciados pelos estereótipos projetados a partir dos centros de poder: era preciso ser branco, compartilhar a cultura e os hábitos aristocráticos europeus.

No século XX, avanços importantes ocorreram para tornar o ingresso na carreira diplomática mais democrático e menos sujeito à rede de relacionamento dos candidatos. O concurso foi instituído na década de 1930, na esteira do processo de centralização e profissionalização de todo o serviço público. O Instituto Rio Branco (IRBr), criado em 1945 em homenagem ao centenário do nascimento do patrono da diplomacia brasileira, é, desde então, a porta de entrada para a carreira diplomática. Embora tenham sido realizados concursos para ingresso direto na carreira, a regra é a passagem pelos bancos da academia diplomática.

Com a redemocratização e a Constituição de 1988, além da crescente participação do Brasil nos foros internacionais, as pressões aumentaram por maior diversidade no corpo funcional do Itamaraty. Medidas inovadoras foram adotadas para ampliar as possibilidades de acesso: os concursos anuais deixaram de ser realizados unicamente em Brasília e passaram a ocorrer também nas 26 capitais dos estados da Federação; as provas orais, passíveis de avaliações mais subjetivas dos examinadores, foram abolidas; a eliminação da idade máxima para ingresso na carreira conferiu mais prazo para a preparação dos candidatos; a nomeação imediata como diplomata, com salários mais elevados, permitiu aos alunos do IRBr melhores condições de custeio da estada em Brasília. Como resultado, há mais diversidade regional e até social, com a incorporação de camadas mais amplas da classe média.

Igualdade de oportunidades

Nessa longa trajetória, algo que, infelizmente, teima em não mudar é a composição racial do quadro funcional do ministério. O Itamaraty, a exemplo de outros órgãos da administração pública, continua a não refletir a diversidade da população brasileira. Somos um país majoritariamente de pretos e pardos, segundo o IBGE, que enfrentam enormes barreiras para ingressar na carreira diplomática, pois não chegam em igualdade de condições ao concurso de admissão.

Não pairam dúvidas sobre a lisura do processo seletivo. As provas são corrigidas sem que se saiba a identidade do candidato, que só é conhecida pelos examinadores após as notas terem sido atribuídas. Trata-se de concurso longo e exigente, que requer conhecimentos de ampla gama de disciplinas, cuja preparação pode levar anos e requer disponibilidade de tempo e de recursos para acessar a rede especializada de professores. Esse é o gargalo que impediu e impede que negros entrem na disputa por vagas em igualdade de condições.

Como o Ministério das Relações Exteriores não mantém cadastro dos seus servidores baseado no critério de raça, cor ou etnia, é difícil estimar com precisão o número de negros diplomatas. Essa lacuna será em parte preenchida quando vier à tona um estudo encomendado pela Associação dos Diplomatas Brasileiros, com vistas à obtenção desses e de outros dados sobre o perfil do corpo diplomático. Mas a persistência dessa falta de diversidade é empiricamente verificável para os que compartilham as repartições do ministério em Brasília e no exterior. Basta lembrar que a primeira mulher negra diplomata ingressou no IRBr em 1979 e que, só em 2010, o primeiro diplomata de carreira negro chegou ao cargo de embaixador. De lá para cá, só mais um negro chegou a embaixador, em 2015. Em pleno ano do Bicentenário, portanto, só dois postos do serviço exterior brasileiro são chefiados por negros em uma rede composta por 133 embaixadas, 13 missões junto a organizações internacionais, 63 consulados e três escritórios de representação.

Duas medidas mais recentes têm procurado corrigir essas distorções e fomentar mais igualdade de oportunidades. A primeira refere-se ao lançamento, em 2002, da Bolsa-Prêmio de Vocação para a Diplomacia, em comemoração ao Dia Internacional para a Eliminação da Discriminação Racial. Dados do IRBr indicam que entre 2003 e 2014, período em que essa era a única medida de ação afirmativa para candidatos negros, 21 bolsistas foram aprovados num conjunto de 758 vagas em 12 edições do concurso. Ou seja, só 2,7% dos que ingressaram.

Com a Lei nº 12.990, de 2014, que estabelece reserva de 20% das vagas nos concursos públicos para candidatos pretos ou pardos, outro passo importante foi dado em prol de maior inclusão. Entre 2015 e 2022, em sete edições do concurso, quarenta vagas de um total de 195 foram ocupadas por candidatos negros.

Em paralelo aos esforços institucionais, jovens diplomatas idealizaram e puseram prática, em 2021, programa de mentoria para orientar gratuitamente mulheres e homens negros que se preparam para o vestibular do Itamaraty. A iniciativa já reúne mais de 28 diplomatas voluntários que atendem individualmente cinquenta candidatos, dos quais 35 mulheres. O grupo, batizado de Mônica de Menezes Campos (em homenagem à primeira mulher negra diplomata), também tem atuado com os cursos particulares de preparação ao concurso do IRBr para a obtenção de descontos e bolsas de estudos. Entre outubro de 2021 e março de 2022, foram distribuídas 96 bolsas no valor de 150 mil reais. Os resultados da mentoria no concurso de 2022 são notáveis: 12 mentorandos, entre eles sete mulheres negras, foram aprovados na primeira e na segunda fases do concurso, e quatro mulheres negras que foram bolsistas e mentorandas são as mais novas representantes do serviço diplomático brasileiro.

Embora todas essas iniciativas caminhem na direção correta e tenham produzido resultados positivos, ainda são insuficientes em face dos desafios da diversidade enfrentados pelo Itamaraty. Outras medidas poderiam ser consideradas. Uma delas é a revisão do caráter eliminatório das provas de inglês no concurso de admissão, pleito frequente dos candidatos de menor poder aquisitivo. Não se trata de relativizar o mérito como parâmetro de ingresso (os idiomas continuariam a ser parte do processo seletivo na forma classificatória), mas a reelaboração desse critério de modo a torná-lo mais justo, sem reduzir a importância que ele tem como instrumento de avaliação.

Além disso, como os desafios da diversidade não se limitam apenas ao momento de entrada na carreira, mas também estão presentes no cotidiano da instituição, é fundamental reinstituir o Comitê Gestor de Gênero e Raça do MRE (CGGR), que vigorou entre 2014 e 2018, como órgão consultivo. A atuação do CGGR contribuirá para tornar o clima organizacional mais igualitário e promover a troca permanente de informações e conhecimentos orientados pela promoção da isonomia de direitos na chancelaria, além de acompanhar e avaliar a eficácia das medidas em vigor.

ORÇAMENTO PÚBLICO
COMPRAS PÚBLICAS

Apresentação

VIRGÍNIA BRACARENSE LOPES

ANDRÉA HELOISA DA SILVA SOARES

ISABELA GOMES GEBRIM

Políticas públicas. Serviços públicos. Estado. Máquina pública. Servidores públicos. Todas essas expressões são comuns em nossa mente quando pensamos na sociedade, na garantia de seus direitos, na promoção do desenvolvimento (seja social, econômico, ambiental, sustentável, sejam todas as suas outras formas) e no seu, no meu e no nosso futuro enquanto uma coletividade.

Para realizar tudo isso, o Estado se vale de diferentes recursos para formular, implementar e monitorar políticas públicas que viabilizem serviços públicos de qualidade aos cidadãos. E, entre tais recursos, estão aqueles categorizados tanto como materiais quanto humanos, podendo-se destacar dois grandes grupos: orçamento e compras públicos.

Os dois temas envolvem uma infinidade de normativos, processos e procedimentos complexos, atores que, apesar de importantíssimos, muitas vezes são relegados aos subsolos das instituições, mas sem os quais não haveria políticas, muito menos serviços públicos disponibilizados à sociedade. E eles coexistem fortemente. O orçamento mostra de pronto a que veio e atrai olhares e disputas na discussão de onde alocar o dinheiro, além de custear tudo: máquina, serviços e políticas públicas, pessoal.

Já a compra é, sob uma primeira visão, aquela que só gasta, mas, como efeito (pouco debatido), gera desenvolvimento, inovação, empregos, renda.

Em todo esse emaranhado, porém, ainda falta uma peça-chave para pôr um "tompero" (citando o *chef* Érick Jacquin) a mais nessa complexidade: os servidores públicos. Aqueles tais recursos humanos (lembra?), preparados, ou, muitas vezes, não, para exercer suas funções. Nessa perspectiva, ambos os temas sofrem do mesmo mal: a necessidade de um olhar mais atento de liderança, formação e segurança desses agentes que lidam com milhões, se não bilhões de reais, que irão mudar (ou não) a vida dos brasileiros.

E é com o propósito de discutir alguns temas afetos a esses dois mundos que foram elaboradas as notas que você poderá ler neste capítulo do livro. Discussões fundamentais para, além de trazer mais conhecimento sobre as questões, permitir refletir e estimular mudanças importantes para garantir mais qualidade do gasto, da estrutura e dos serviços públicos.

Compras públicas: o que há além de normas, processos e sistemas?

VIRGÍNIA BRACARENSE LOPES
ANDRÉA HELOISA DA SILVA SOARES
ISABELA GOMES GEBRIM

Publicado em 13 de abril de 2022

A caneta que não escreve. O transporte escolar que não é apto a transitar nas estradas de terra da zona rural. Os equipamentos e materiais hospitalares que não chegam às unidades de saúde. As obras paralisadas. Obras com problemas porque a empresa usou materiais de baixa qualidade. A mochila escolar que é maior que o próprio aluno. A empresa do figurão que foi contratada sem licitação. As verbas desviadas em licitações públicas. O respirador, a máscara, a vacina que não estão disponíveis para o enfrentamento à pandemia — para trazermos para um assunto mais recente.

Poderíamos gastar todo o espaço deste texto, e ainda sobrariam casos, para elencar as principais não tão boas lembranças que vêm à cabeça de cada cidadão quando se fala em compras públicas. Sinônimo de ineficiência, excesso de gasto, espaço fácil para práticas corruptivas, morosidade. Qualidades essas que parecem muito distantes dos princípios da legalidade, impessoalidade, moralidade, publicidade e eficiência, que regem a administração pública e estão dispostos no artigo 37 da nossa Constituição Federal desde 1988.

Apesar dos problemas que vêm à mente, uma coisa é fato: o Estado é um promotor e garantidor de políticas públicas que, para serem realizadas, inegavelmente precisarão pelo menos de uma compra pública, em algum momento, para serem viabilizadas. Seja o medicamento que se retira no posto de saúde, a alimentação escolar, a viatura que faz a ronda na região, até a caneta que um servidor público utiliza para realizar suas atividades na repartição (talvez estejamos um pouco atrasadas aqui, tanto pelo termo repartição quanto pelo uso da caneta, que já vem sendo substituída há alguns anos pelos sistemas eletrônicos) — tudo depende da compra pública!

A relevância do Estado

Ao tratar desse tema, estamos falando de uma das maiores rubricas de gastos dos governos, movimentando anualmente uma média de 12,5% do Produto Interno Bruto (PIB) nacional,[1] segundo estudo realizado pelo Instituto de Pesquisa Econômica Aplicada (Ipea), o que somaria algo próximo a 937,5 bilhões de reais em números de 2020. Em 2021, o Banco Interamericano de Desenvolvimento (BID) publicou estudo demonstrando quão importante é o poder de compra do Estado do ponto de vista da inovação e da demanda gerada pelo setor público. Todo esse valor é muito mais que um gasto. Para cada compra que os governos fazem, há que se falar nas empresas, muitas delas microempresas e de pequeno porte, contratadas, que empregam pessoas nas suas atividades; no fomento a práticas de sustentabilidade ambien-

1. Ribeiro, Cássio Garcia; Júnior, Edmundo Inácio. *O mercado de compras governamentais brasileiro (2006-2017): Mensuração e análise*. IPEA. Brasília: Ipea, 2019. Texto para discussão nº 2476.

tal e inovação; no desenvolvimento local; nas oportunidades de desenvolvimento de tecnologia. Ou seja, muito mais que olhar o copo meio vazio pelo lado da despesa, há que se perceber o copo meio cheio pela perspectiva das oportunidades geradas com as compras públicas.

Porém, parece que estamos falando de realidades muito distantes ou até opostas. Como há tantos problemas, mas também possibilidades de transformação por meio das compras públicas? Não há uma resposta única, mas temos algumas dimensões a partir das quais podemos refletir.

Entender as leis é essencial

Como diz o ditado: viver não é para amadores. E fazer compra pública também não. Isso porque, para realizar um procedimento desse, é preciso conhecer a lei. E não estamos falando de uma lei, mas de muitas outras regras. Há quase 30 anos, temos a Lei nº 8.666, de 1993, conhecida como Lei Geral de Licitações, que, apesar de carregar o qualificante "geral", não é única e vem convivendo com alterações e outras leis publicadas para ajustar o processo de compra à realidade, que exigia mais agilidade, automatização, transparência, inovação. Além disso, há ainda as normas infralegais, como decretos, instruções normativas, resoluções... E mais: normas de âmbito federal, estadual e municipal... Enfim, um incontável número de regras e que, desde 1º de abril de 2021, ganhou mais uma peça nesse quebra-cabeça: a Lei nº 14.133, conhecida como Nova Lei de Licitações, que substituirá alguns normativos vigentes (também já vigente, ou seja, pode ser aplicada).

O papel dos processos

Como não só de leis e normas vivem as compras, temos também as orientações dos órgãos de controle, sejam internos, sejam externos, como as controladorias e os tribunais de contas, que têm o papel de zelar pela conformidade dos procedimentos e vêm, ao longo dos anos, atuando fortemente na construção de entendimentos que influenciam os processos de compras públicas.

E aqui chegamos a mais uma dimensão: os processos. Cada compra pública é um processo administrativo, teoricamente proveniente de um planejamento, que precisa de documentos, pareceres jurídicos, análise de preços e de vantajosidade, publicações em diários oficiais, entrega de documentação pelos fornecedores, realização de testes de materiais, recursos, até se chegar ao resultado final e à assinatura de um contrato. Cada uma dessas etapas consome tempo e, logicamente, também representam gastos, tanto para o público quanto para o particular.

Por muito tempo, esses processos foram manuais, as disputas entre os licitantes eram presenciais e anunciavam-se as licitações nos quadros de aviso das instituições públicas. Desde 2000, impulsionados pela modalidade de licitação de pregão, sistemática que trouxe a lógica de lances para as compras públicas, tivemos a tecnologia ganhando espaço e trazendo as compras eletrônicas para serem, hoje, a forma predominante de contratação. Além da etapa de disputa, a elaboração de documentos em formato eletrônico, o desenvolvimento de grandes plataformas de compras automatizando etapas do processo, o uso de armazéns de informação e até de inteligência artificial (os tais robôs) para analisar os procedimentos e apoiar atividades e decisões vem ganhando ainda mais espaço, e um futuro de grandes *e-marketplaces* públicos parece não tão distante assim. Avançamos muito nos últimos anos e há muito ainda a ser feito.

A peça fundamental

Então, se temos normas, processos e agora tecnologia, que torna tudo tão mais rápido e supostamente simples, por que ainda temos tantos problemas nas compras públicas? Porque há uma peça fundamental que conecta todas essas dimensões, e que é, infelizmente, quase invisível: as *pessoas*. Quem são os agentes envolvidos nas compras públicas? Quais são as competências que eles precisam dominar para potencializar as oportunidades a que nos referimos mais atrás e impedir os problemas vistos no início do nosso texto? Como essas pessoas estão e são (e se são) preparadas para enfrentar essa selva de normas, processos e sistemas? Enfim, como a gestão de pessoas, tão falada recentemente, se encontra com as compras públicas e quais discussões precisam ser feitas para realmente garantirmos contratações eficientes e efetivas? Essas perguntas serão o foco dos nossos próximos textos, numa tentativa, um tanto ousada, de trazer as pessoas para o centro dessa discussão. Venha conosco!

Heróis, vilões ou vítimas? Quem são e o que precisam saber os agentes envolvidos nas compras públicas

VIRGÍNIA BRACARENSE LOPES
ISABELA GOMES GEBRIM
ANDRÉA HELOISA DA SILVA SOARES

Publicado em 23 de maio de 2022

O processo de contratação pública é formado por várias etapas e conta com múltiplos atores envolvidos. De modo geral — e a Nova Lei de Licitações (Lei nº 14.133/2021) trouxe essa estrutura explicitamente —, uma compra pública passa por três grandes fases: a preparatória, a de seleção de fornecedores e a de gestão e fiscalização de contratos.

A fase preparatória inicia-se com a identificação de um problema ou necessidade a ser atendida, passando por um entendimento detalhado e o levantamento das soluções disponíveis no mercado e cabíveis à administração, porque nem tudo que é desejado é possível ser obtido; pela preparação dos documentos que irão nortear a licitação (termo de referência, edital, minuta de ata e/ou contrato); pela precificação do valor do bem ou serviço que será contratado; pela análise jurídica do procedimento; e finda na publicação do edital. Inicia-se, então, a fase de seleção dos fornecedores, quando os particulares interessados apresentam pedidos de esclarecimento, impugnações, caso entendam haver ilegalidade no edital; propostas, passando-se à etapa de disputa entre eles; análise do cumprimento, pelo fornecedor mais bem classificado e com a proposta aceita, inclusive aprovação de amostra, se for o caso, das exigências jurídica, técnica, fiscal, social, trabalhista e econômico-financeira (sim, tudo isso tem de ser analisado pelo agente público); até chegar à decisão de com quem será firmado o contrato e as providências necessárias para a formalização. Chega-se, então, à última etapa, quando se inicia o fluxo de entrega dos bens ou prestação dos serviços, competindo à administração aferir a conformidade do atendimento das obrigações pelo contratado, atestando a tempestividade e a qualidade do objeto para fins de pagamento, bem como verificando situações de irregularidade que demandarão instauração de procedimentos de responsabilização e sanções.

Em um primeiro momento, você deve pensar: sendo um processo de compras, lógico que tudo acontece no setor de compras, ou, no máximo, envolve também o núcleo jurídico, já que tudo tem que estar dentro da legalidade. Sentimos lhe informar: ledo engano, caro leitor. Só pelas atividades listadas em cada uma das etapas anteriores é possível perceber quão diversificadas são as atividades executadas e, por isso, quantos conhecimentos, habilidades e atitudes diferentes alguém (ou "alguéns") deve dominar para conseguir fazer um processo de contratação do início ao fim. Por isso que, só por essa primeira perspectiva, podemos dizer: comprar é quase um jogo, e ele é coletivo. Exige estudo, treino, resistência e resiliência.

Conhecimentos técnicos e competências comportamentais

Na fase preparatória, de grande importância, pois determinará o sucesso ou o fracasso da contratação, devem atuar principalmente o setor demandante e outro que possua conhecimento técnico acerca do problema tratado e/ou das soluções que serão analisadas. Nessa etapa são necessárias competências tanto técnicas quanto comportamentais, como definição e enquadramento de problemas, análise de mercado, construção de cenários, visão sistêmica, foco em resultados, comunicação, análise de riscos, trabalho em equipe, análise de dados, técnicas de precificação (envolvendo estatística, matemática, economia), tomada de decisão, entre outras. Esses departamentos e seus agentes, na maioria das vezes, não conhecem nada de compras públicas, e, por terem atribuições muitas vezes relacionadas com as atividades-fim (ou *core*) da instituição, é recomendável que atuem conjuntamente com um representante da área de compras, que agregará o conhecimento das possibilidades e restrições de contratação no âmbito da legislação vigente, mitigando riscos ao processo.

Na seleção de fornecedores, temos quase o oposto. Aqui entram os especialistas no processo de compras, que dominam as normas vigentes, as doutrinas e jurisprudências (infinitas), os procedimentos e sistemas envolvidos e os documentos necessários para a instrução do processo administrativo. Isso, porém, não basta. Por ser essa a etapa em que há disputa entre os fornecedores e a análise dos documentos que certificarão o atendimento (ou não) aos requisitos mínimos necessários, os agentes públicos têm que saber analisar se o objeto ofertado atende aos requisitos técnicos exigidos (em conjunto ou com apoio da unidade demandante), conduzir negociações, analisar balanços patrimoniais e demonstrativos contábeis, identificar condutas suspeitas de conluio e fraude durante o processo, avaliar se o preço ofertado é inexequível, analisar recursos apresentados, responder a mandados de segurança... Enfim, são verdadeiros maestros de algo que parece totalmente regulamentado e, claro, sustentado por soluções tecnológicas, mas que a cada licitação se deparam com novas emoções, precisando de intensa interlocução com aquelas áreas demandante e técnica atuantes na fase preparatória, além de apoio jurídico. E para fazer isso tudo, também precisam dominar competências comportamentais de trabalho em equipe, tomada de decisão, responder a demandas urgentes e contingências, lidar com pressão etc.

Chegando à última etapa, temos os fiscais e gestores de contratos, que precisarão, de forma geral, de duas perspectivas de conhecimentos distintos. Os fiscais devem dominar o conhecimento sobre o objeto, sabendo quando solicitar o bem ou serviço, realizar análise acerca da qualidade técnica do objeto entregue/prestado, identificar situações de descumprimento de obrigações e atestar o recebimento do bem ou prestação do serviço que subsidiará um fluxo de pagamento. Já os gestores necessitam saber questões de cunho mais legal-administrativo, verificando a manutenção das condições de regularidade do fornecedor, providências quanto ao pagamento, análise de situações de reajuste de valor, prorrogação contratual, repactuação de condições para manutenção do equilíbrio financeiro do contrato e, quando necessário, instauração de procedimento de apuração de irregularidades e aplicação de penalidades. Vê-se, novamente, que esses atores precisam de competências relacionadas ao conhecimento de legislação, processos e sistemas vigentes, bem como habilidades de negociação, comunicação, gestão de conflitos, análise de dados, entre outras. E novamente temos a necessidade de esses agentes saberem articular e trabalhar em equipe, uma vez que sua atuação é conjunta.

Passadas as grandes etapas de uma contratação e a visualização dos agentes envolvidos, é importante, ainda, destacarmos três atores que têm forte influência no andamento dos procedimentos:

a) o jurídico, que irá promover o suporte e a conformidade legal dos atos, sendo ponto de apoio em momentos que precisam de interpretação e clareza quanto à aplicação da lei;
b) os órgãos de controle interno e externo, que orientam as práticas pelo viés de *compliance* e integridade, emanando diretrizes e, também, acompanhando e auditando os processos para avaliar a conformidade e o uso do recurso público; e
c) a alta administração e demais lideranças envolvidas, que irão viabilizar (ou, infelizmente, dificultar) as condições necessárias para a boa condução das compras públicas, indo desde planejamento e priorização de atividades, garantia de capacitações dos atores para que tenham competências alinhadas ao que suas atividades demandam, apoio a situações críticas, estímulo à inovação, simplificação e uso de melhores práticas de contratação.

Podemos dizer que esses são os principais atores, internos ao setor público, que atuam nas compras públicas e que, para além da complexidade do processo de contratação, agregam a ele peculiaridades, conflitos, oportunidades e dificuldades da dimensão do ser humano e de suas interações. Por isso, não basta ter somente os conhecimentos técnicos relacionados ao processo, que, como vimos, são muitos e conquistados não apenas com estudo, mas com prática. Ainda é necessária toda uma camada comportamental, a qual tende a uma dinamicidade que acompanha a própria evolução das instituições, do papel do Estado e das compras públicas, das interações sociais e econômicas.

Fica então a questão: nossos agentes estão preparados para tudo isso? Considerando o contexto atual, são eles heróis ao conseguirem vencer essa maratona que é comprar, ou são vilões responsáveis por um processo que tem fragilidades e ineficiência? Ou, ainda, são vítimas de uma estrutura que demanda muito além daquilo que eles estão aptos a ofertar? Não há resposta certa, ou melhor, talvez seja um pouco disso tudo. Resta, então, para além de uma avaliação teórico-procedimental, conhecer um pouco da vida desse alguém, suas dores, seus desejos, suas capacidades, suas limitações...

Diário de um comprador público

VIRGÍNIA BRACARENSE LOPES
ANDRÉA HELOISA DA SILVA SOARES
ISABELA GOMES GEBRIM

Publicado em 4 de julho de 2022

O dia de um comprador público começa com a ingestão de uma boa dose de ansiolítico. Opsss. Vamos recomeçar.

O comprador público tem um dia a dia, em regra, repleto de desafios. Ele precisa conviver com pressão interna e externa, baixa capacitação, pouco reconhecimento, fama de ser aquele que compra o café intragável ou medo de aparecer naquela reportagem especial do domingo à noite. Nesse contexto, ter satisfação ou realização profissional e pessoal parece um pouco difícil nesse mundo.

Diferentemente de um comprador da iniciativa privada, no setor público há uma série de regras a cumprir: leis, normas, editais, jurisprudências. Essas regras restringem em muito a liberdade de ação, mas isso é muitas vezes enxergado como excesso de burocracia por parcela do mercado, que desconhece a dinâmica da contratação pública e, infelizmente, por parte da própria administração, daqueles que não se importam com os meios para atingir os fins com o CPF alheio ou que têm interesses conflituosos com a coisa pública.

Também não se assemelha o privado ao público quanto ao conhecimento que deve ser dominante. O comprador público, no nível de maturidade no qual a administração encontra-se, precisa dominar a legislação, a avaliação de documentação de habilitação, o funcionamento do seu portal de compras. O objeto da contratação ou da aquisição parece, em uma primeira análise, não carecer de conhecimento profundo, sendo esse um tema afeto às áreas técnicas e demandantes. Ora, então é fácil, né? Não é necessário o domínio do que realmente importa: o objeto. Então, é manha ser comprador público! Claro que não!

Além de saber as regras, os procedimentos e os sistemas, todo comprador precisa ter habilidades de negociação. Na iniciativa privada, essa habilidade é a mais buscada. E por que seria diferente na área pública, apesar de ter margem menor de liberdade? Tão importante quanto ter conhecimento técnico, é saber negociar, sendo, hoje, uma obrigação legal. Mas pense na quantidade de riscos envolvidos. Cuidar de uma sessão de lances eletrônica em que participam os licitantes, mas que pode estar sendo acompanhada por dezenas, centenas, milhares de pessoas: estudantes, concorrentes de participantes, servidores públicos, jornalistas, policiais, promotores e outros. Estar no meio de um ringue misturado com palco nas licitações presenciais, com direito a gritos, ameaças e papéis sendo engolidos e sumindo (sim, não é roteiro de novela mexicana). Ser acusado por licitante de ilegalidade, sem nenhuma prova. Ser ameaçado que será denunciado ao Ministério Público e ao Tribunal de Contas. Sofrer pressão de chefias para manter ou tirar licitantes da licitação. Implorar ajuda de outras áreas para auxiliar, ou melhor, cumprir seu dever durante a sessão. Tá bom ou quer mais?

Medos, pressões e falta de reconhecimento

Tem mais. O comprador público começa seu perrengue bem antes da negociação ou da sessão pública, e esse se estende após a finalização da execução contratual. Uma vez publicado o edital, ele é o responsável legal por responder a esclarecimentos e julgar impugnação, por vezes sem contar com a ajuda da área técnica. A partir daí, a chance de ser contemplado no polo passivo de um mandado de segurança, de uma denúncia no Tribunal de Contas, na Controladoria-Geral ou na Ouvidoria é real. E pode chegar ao Oscar da carreira: uma ação civil pública por improbidade administrativa com bloqueio de bens. Tudo isso, acreditem, sem contar com auxílio do jurídico, que só agora aparece como uma obrigação na Nova Lei de Licitações (contestada pela Associação Nacional dos Procuradores dos Estados e do Distrito Federal [Anape], na ADI 6.915).

E abuso de poder? Comprador público tem medo? Muito! Quase todos, se não todos, ou foram vítimas ou conhecem alguém que sofreu abusos e não teve justiça feita, se é que existe algo que pode reparar noites de sono perdidas, o nome "sujo" no noticiário antes de ocorrer o julgamento e, às vezes, indiciamento. E hipertensão arterial, depressão, porta arrombada e arma na cabeça para averiguação e condução coercitiva seguida da constatação por um delegado de que houve um erro básico de análise de um documento feita por sua equipe? Quem paga essa conta?

Ah, mas tem o lado positivo da capacitação para desempenho de uma atividade tão crítica que é constantemente incentivada pela administração. "*É verdade esse* 'bilete'." De tanto que não capacita o servidor, a administração se vê agora obrigada a fazer seu dever de casa. Essa obrigação vem expressa na Nova Lei (como se precisasse, mas muita coisa no fantástico mundo das compras públicas não acontece se não estiver na norma, criar obrigação e responsabilidade. Afinal, compras é só algo lá daquela área-meio).

Mas a remuneração, então, só pode ser boa... Pela relevância que a compra tem para a administração atender às necessidades públicas, a carreira é muito valorizada. Nada disso. Não no contexto do Brasil. Para começo de conversa, nem carreira específica existe, como a de auditor fiscal, por exemplo (e há quem questione se de fato precisa ter). Ser valorizada, então, nem se fala. Os compradores são servidores efetivos ou contratados por recrutamento amplo. São ocupantes das mais variadas posições, detentores das mais variadas formações e experiências profissionais (e essa multiplicidade é fundamental). A maioria deles não recebe nenhuma gratificação financeira para exercício da atividade de comprador. Então, a conta aqui parece não estar fechando ou a balança entre riscos e responsabilidade *versus* contrapartidas financeiras e não financeiras parece um tanto desequilibrada.

Vamos pôr mais um elemento no nosso diário: o pouco reconhecimento pelo trabalho realizado. Licitações com dezenas ou centenas de lotes, resposta a impugnações e esclarecimentos, análise de documentação, julgamento de recursos, resposta a órgãos de controle, entre outros. Quando o processo é um grande sucesso, raramente o comprador, ou mesmo a área em que ele atua, é lembrado nas notícias oficiais. Os louros vão para os dirigentes máximos e os chefes do Poder. Mas se alguma produção de jornal manda pedido de resposta para uma pauta sobre um problema numa licitação, algum bode expiatório, muitas vezes um comprador, paga a conta, sem chance de defesa prévia (antes do *deadline* para que a pauta já inclua o afastamento dos envolvidos).

E a pressão interna? Ela aparece de várias formas: um chefe sem conhecimento técnico é fatal nessa área e um dos maiores empecilhos à lisura da compra pública. Como cargo de chefia significa pagamento a mais, indicações são disputadas e, muitas vezes, assumem aquelas que não salvam nem pelo quesito técnico nem pela habilidade de liderar e gerenciar pessoas. Mas há outras pressões de outros atores internos, que variam desde o "chefe do chefe" ao "chefe do poder" (pelo menos seu nome é usado). A pressão de outras áreas que querem um desfecho rápido a qualquer custo também é elemento que mostra a dificuldade do "trabalho em equipe". E tem a pressão externa de fornecedores que, mesmo em minoria, tiram a paz do comprador, afinal, quem nunca recebeu aquela ligação dizendo: "Queria muito ganhar a licitação x, como faço?" Entre a ânsia de vômito e o desejo de utilizar um vocabulário inapropriado, na falta de ter provas para denunciar além da sua palavra, é possível dizer, depois de muito respirar: "Pois não; é o seguinte: ofereça um produto que atenda a todas as exigências do edital e na sessão de lances seja sempre o menor preço; sucesso garantido."

Depois de tudo isso, caro leitor, você deve estar se perguntando: por que alguém, em sã consciência, entra ou permanece nessa atividade? Seria utopia? Loucura? A resposta repetida no meio é que licitação é uma cachaça. Vicia. Somos apaixonados. A razão não prevalece. Quando ela quase assume o mando de campo, de forma traiçoeira, o comprador fecha uma licitação com uma economia real fantástica ou vê seu trabalho atender ao cidadão, de pronto. Nesse dia o corpo é invadido por um prazer e uma alegria incontroláveis. A sensação de dever cumprido, a certeza de que a necessidade pública será atendida acaba por nos manter vivendo nossa síndrome de Estocolmo.

Obs.: Esta é uma obra de ficção. Qualquer semelhança com nomes, pessoas, fatos ou situações da vida real terá sido mera coincidência. #SQN

Gestão de pessoas e compras públicas: realidades paralelas?

ISABELA GOMES GEBRIM
ANDRÉA HELOISA DA SILVA SOARES
VIRGÍNIA BRACARENSE LOPES

Publicado em 10 de agosto de 2022

Realidade: um belo dia, tomamos posse para ocupar um cargo público, entramos em exercício e vem uma pessoa do Recursos Humanos (sim, ainda na velha lógica do RH) do órgão e diz que o nosso local de lotação é na área de compras e nos deseja boa sorte. Se pudessem fotografar esse momento, temos certeza de que as caras seriam de assustadas ou de desespero, porque tudo o que ouvimos falar desse mundo, em algum momento, nos remete a medo. Ou então já fomos picados, em alguma experiência anterior, pela mosquinha azul do mundo de compras e decidimos nos aventurar novamente. Ou ainda: aquele indivíduo inocente, com a famosa síndrome do Rambo ou do Buzz Lightyear, que acha que vai salvar a humanidade, no caso o Estado, de todas as mazelas e de todos os malfeitores.

Após caminhar pelos corredores e chegar à nova sala, nos deparamos com a realidade paralela (meio *Stranger Things*) das compras públicas. Sentamos à nossa nova mesa e nos entregam um arcabouço de leis, normas, compêndios, livros (e acreditem que podem ser todos físicos e muitos desatualizados, ainda), processos de contratação já realizados (às vezes digitais) e umas dicas de quem podemos procurar em caso de dúvidas. Afinal, pedir fluxogramas com áreas, atividades e responsáveis é muita ousadia ou inocência (oi? Tenho que ler e saber isso tudo até quando? — gritam as vozes já desesperadas aqui dentro, bem numa cena de *Divertidamente*, mas só com a Alegria perdida em algum lugar nessa altura do campeonato).

Isso para não falar quando são publicadas inúmeras normas novas que mudam em absoluto processos em andamento, e ninguém sabe o que fazer ou a quem recorrer. E quando temos contratos paralisados, obras abandonadas, funcionários em greve e os gestores e fiscais de contrato sendo tachados de dificultadores da lei ou burocratas em potencial ou mero executores do que já está feito (tipo cara e crachá). Parece que estamos no outro texto de nossa autoria, "Diário de um comprador público", mas é importante mostrar novamente essa realidade. Por anos a área-meio dos órgãos, em que se encontra a nossa menina dos olhos das compras públicas (pelo menos de nós, autoras), foi negligenciada ou então vista como aquela em que é melhor deixar quietinha, porque se mexer muito pode piorar ou aparecer o que não querem que seja mostrado. Síndrome de Gabriela clássica ("eu nasci assim, eu cresci assim...").

A simples alocação de pessoas na unidade, sem avaliar as competências requeridas para o desempenho das funções, sem verificar se esse ou aquele servidor atende aos requisitos mínimos, sem dedicar tempo à construção de planos de capacitação coerentes com o que é preciso para vencer lacunas de conhecimento, habilidade e atitude (sim, hoje há planos preenchidos, mas muitas vezes *pro forma* e raramente executados), compromete diretamente o êxito das contratações realizadas e demonstra que estamos longe de ter "gestão de pessoas" em sentido efetivo.

A atividade de compradores públicos requer um olhar muito mais dedicado, uma discussão em nível estratégico do que pode ser feito, para que as pessoas que ali trabalham possam desempenhar os respectivos papéis da melhor forma possível. Ora, é dessa área que sairão contratações que impactarão direta ou indiretamente a vida de cada um de nós, dos nossos filhos e das gerações futuras.

Um passo atrás para avançar

Por essas e outras questões (e ainda bem que discussões assim foram iniciadas), é que se tem falado tanto em carreira para comprador público (*lato sensu*), em desenvolvimento de trilhas de aprendizagem para essa área, em processos de capacitação inovadores. É momento de ressignificar. É momento de trazer para o centro do debate como e o que pode ser feito para reter talentos nessa área, como fazer para replicar boas práticas, criar redes, compartilhar conhecimento, promover o crescimento e a melhoria contínuos das contratações.

Mapeamento de processos, gestão do conhecimento, desenvolvimento de habilidades, internalização da cultura organizacional, alinhamento aos objetivos estratégicos do órgão são todas questões imprescindíveis à gestão de pessoas e de compras públicas.

Estamos falando em uso de ferramentas colaborativas, que permitam com que várias unidades, de diversos órgãos e entes, de diferentes localidades do país e do mundo possam trabalhar ao mesmo tempo, aperfeiçoando ideias, refutando outras e chegando ao senso, que muitas vezes não é o comum a todos, mas o melhor para a sociedade.

Vamos dar um passo atrás. Como montamos equipes de compras públicas? Que análise é feita sobre o perfil desses servidores? Que "caixinhas" (organogramas são desenhos ainda muito usados na nossa vida de burocratas) eles irão ocupar? Qual parte do todo irão entregar? Qual conhecimento devem ter ou ser oportunizado a aprender durante a jornada? De tão compartimentados, dificilmente enxergamos que a nossa contribuição, como parte da complexa cadeia logística, foi relevante na entrega final. É aí que mora o perigo... e também é onde alguns caem lindo, como diz a música, que cabe perfeitamente aqui, ao serem indicados chefes, gestores, líderes das áreas de compras sem a adequada análise dos perfis e das competências necessárias. Se há dificuldade em preparar os técnicos, que dirá quem será responsável por conduzi-los, orientá-los e orquestrar todos esses esforços.

E como esses líderes ou gestores de pessoas podem agir para que a rotina, o apagar incêndio, o esgotamento mental pelos problemas que teimam em aparecer não façam entrar em um círculo vicioso? Devem se preocupar em garantir que as equipes tenham senso de pertencimento e os processos não sejam um fim em si mesmo. Tentar (porque, de fato, a realidade não permite, por vezes) com que os servidores atuem de forma colaborativa e matricial, envolvendo quem atuará com gestão e fiscalização dos contratos e quem instruirá o processo de licitação desde o início dos estudos técnicos preliminares, que culminarão com a elaboração de um termo de referência e a efetivação da contratação. Isso faz com que as equipes enxerguem a importância do papel de cada um na entrega final e como o trabalho está alinhado aos objetivos estratégicos do órgão. E que a entrega final seja comemorada como uma realização de toda a equipe, e não de uma área somente ou de uma "autoridade".

O ambiente das compras públicas é revestido de pressão, minuto a minuto, dia após dia. Quando a contratação é finalizada (apesar de somente alguns se preocuparem com o que vem na exaustiva fiscalização das empresas contratadas), poucos se lembram do esforço hercúleo que foi para colocar "de pé" aquele projeto. Todavia, se a contratação teve algum problema, atraso, falência de empresa, qualidade ruim na entrega, foi a área demandante que não soube especificar, ou a área de licitação que não soube escolher corretamente o vencedor, ou a área de fiscalização que foi negligente. Somos lembrados somente quando as coisas não vão bem, infelizmente. Ter patrocínio da alta gestão, transparência e confiança são imprescindíveis para que nos sintamos acolhidos em momentos ruins e difíceis e motivados a entregar mais ainda quando tudo vai bem.

Transparência, diálogo e confiança

Construir um ambiente em que os erros não sejam escondidos, ao contrário, sejam aceitos e entendidos como parte do processo e corrigidos rapidamente é um dos pilares de algumas metodologias ágeis que ajudam no processo de gestão de pessoas. Realizar reuniões rápidas de acompanhamento de projetos ou durante etapas mais importantes dos processos, ter conversas para alinhamento entre as equipes do que está sendo realizado, dos pontos de atenção, do que é prioritário, ter atuação mais transversal entre as áreas fazem com que haja maior colaboração entre as pessoas, aumentando o nível de motivação e de produtividade da equipe. Oportunizar espaço de fala para o time que atua no processo — tanto para dentro da organização, seus pares e superiores, quanto para fora — é atitude que demonstra a confiança de quem está acima e reconhecimento do trabalho desenvolvido.

Saber dar e receber *feedbacks* é outro ponto importante e difícil de ser realizado (falemos a verdade, quem sabe ou está aberto a receber crítica, mesmo que construtiva?). Não temos essa cultura nem ferramentas, ou mesmo estratégias no serviço público para fazer rodadas de análise sobre as entregas e as equipes sem o receio de ser tachado de intransigente ou de estar assediando um subordinado. Isso quando a avaliação não impacta no financeiro do servidor, e lá vamos nós para mais um processo *pro forma*, desacreditado, mas fundamental para a evolução tanto individual quanto institucional.

Ainda bem que isso tem mudado. Sem *feedback* não é possível ter melhoria contínua, nem do ponto de vista pessoal, para crescimento profissional, nem do ponto de vista dos processos. É preciso ter análise crítica sobre o que não está tão bom, e que pode ser aperfeiçoado, e o que está bom, mas pode ser melhor ainda. De novo, confiança e transparência, meus caros, são as chaves para se ter um ambiente propício a isso.

Na era em que estamos, desenvolver equipes que tenham autonomia para tomar decisões, para que a contratação alcance melhores resultados, que vejam propósito no que está sendo feito, que sejam desafiadas a fazer melhor todo dia, que tenham segurança no ambiente e nas pessoas com quem trabalha, que se sintam reconhecidas parece difícil ou distante de nós e da nossa realidade. Contudo, dar um passo em direção a cada uma dessas atitudes já terá feito diferença a curto e médio prazos.

Gerir pessoas é complexo. Gerir pessoas em um ambiente árido e dinâmico como o das compras públicas é complexo. Porém, só podemos ter entregas consistentes, de qualidade, inovadoras e que agreguem valor, de fato, se soubermos aliar pessoas ao propósito maior do motivo pelo qual estamos desempenhando nosso papel como compradores públicos, gestores e líderes. As realidades das duas áreas são convergentes e intrínsecas, e é aqui que reside a beleza do desafio. E agora, com uma nova Lei de Licitações, que traz a governança, especialmente a gestão de competências — um de seus componentes —, para o centro da discussão, fica a questão: o que precisa e pode ser feito e quão mais fácil ou difícil está realizar essa tarefa?

Gestão por competências para alcance de resultados nas compras públicas: qual o papel da alta administração?

VIRGÍNIA BRACARENSE LOPES

ISABELA GOMES GEBRIM

ANDRÉA HELOISA DA SILVA SOARES

Publicado em 14 de setembro de 2022

> "Alice perguntou: Gato Cheshire... pode me dizer qual o caminho que eu devo tomar? Isso depende muito do lugar para onde você quer ir — disse o Gato. Eu não sei para onde ir! — disse Alice. Se você não sabe para onde ir, qualquer caminho serve."
>
> LEWIS CARROLL,
> *ALICE NO PAÍS DAS MARAVILHAS*

Lewis Carroll, na obra *Alice no País das Maravilhas*, trazia essa passagem que cabe para muitas situações da vida cotidiana, mas duvidamos que ele um dia achasse que alguém usaria seu texto para falar sobre compras públicas. Se ele ficaria orgulhoso ou chocado com essa aplicação, aí já são outros quinhentos na discussão.

Viemos, em outros textos, falando de alguns conhecimentos, habilidades, atitudes que os agentes que atuam nas compras públicas precisam dominar para realizar boas contratações. Também falamos um pouco da "vida como ela é" no dia a dia do nosso sofredor comprador público, e chegamos, nessa reflexão, à importância da gestão de pessoas para o êxito das compras públicas.

Esse caminho não foi à toa. Se pararmos para pensar em cada uma dessas peças do grande quebra-cabeça das contratações, parece faltar alguma coisa, aquilo que une, harmoniza e alinha o que está sendo feito. Como saber o perfil e os conhecimentos dos compradores se não sabemos as prioridades ou em que eles deverão focar os esforços? Como ajudar para o dia a dia do comprador ser menos sofrido e ainda terminar com a sensação do dever cumprido? E que dever é esse? Como ter uma gestão de pessoas que saiba quais resultados deve realizar e, portanto, saiba quais atores acionar, com quais conhecimentos, onde melhor alocá-los e qual ou quais estilos de gestão serão os mais adequados?

Governança e gestão por competências

Esse rumo, sentido e objetivo a serem percorridos e alcançados são uma das funções daquilo que se chama *governança*. Termo cunhado no âmbito corporativo, veio adentrando o setor público e, em pouco tempo, chegou às aquisições e contratações. Sua menção e recomendações de adoção começaram por meio da atuação dos órgãos de controle, especialmente pelo Tribunal de Contas da União,[1] que viram a necessidade da adoção de "mecanismos de liderança, estratégia e controle [...] para avaliar, direcionar e monitorar a atuação da gestão das aquisições, com objetivo que as aquisições agreguem valor ao negócio da organização, com riscos aceitáveis".

1. Alguns acórdãos referenciais sobre o tema são os de nºˢ 2.622/2015 — Plenário, 1.546/2016 — Plenário e 508/2018 — Plenário.

Tema que já vinha associado à alta administração das organizações, agora ganhou mais espaço e solidez ao vir previsto, expressamente, na Nova Lei de Licitações e Contratos Administrativos — NLLC (Lei nº 14.133, de 1º de abril de 2021) —, prevendo que:

> Art. 11 — O processo licitatório tem por objetivos:
>
> [...]
>
> Parágrafo único.
>
> A *alta administração* do órgão ou entidade é responsável pela governança das contratações e *deve implementar processos e estruturas, inclusive de gestão de riscos e controles internos, para avaliar, direcionar e monitorar* os processos licitatórios e os respectivos contratos, *com o intuito de alcançar os objetivos estabelecidos no caput deste artigo, promover um ambiente íntegro e confiável, assegurar o alinhamento das contratações ao planejamento estratégico e às leis orçamentárias e promover eficiência, efetividade e eficácia em suas contratações.*[2] Com um conceito multidimensional (Fenili, 2018).[3]
>
> A instituição deverá se organizar tanto a partir de processos e de estruturas para realizar suas metas como deverá ter clareza sobre quais perfis de profissionais serão demandados para realização das atividades. E é aqui, neste ponto, que temos a conexão com um mecanismo da governança para o qual damos destaque: a gestão por competências.

2. Grifos nossos.

3. Fenili, Renato. *Governança em aquisições públicas: Teoria e prática à luz da realidade sociológica*. Niterói: Impetus, 2018.

Prevista também na Nova Lei de Licitações, no artigo 7º,[4] como responsabilidade da alta administração, a gestão por competências pressupõe a definição de competências individuais que os agentes públicos deverão ter para desenvolver as funções tidas como essenciais e que balizarão tanto a seleção e designação desses agentes como seu futuro desenvolvimento e capacitação (Brito, 2022).[5]

Nesse sentido, não se definem as competências dos agentes olhando apenas para os processos de compras enquanto conjunto de atividades e documentos a serem cumpridos, mas, principalmente, para quais competências organizacionais precisarão ser desenvolvidas a fim de realizar os objetivos estabelecidos, sejam aqueles constantes do planejamento estratégico organizacional, sejam os das leis orçamentárias, ou os próprios objetivos do processo licitatório.

Por isso, ao se falar em governança, a alta administração tem papel fundamental na definição de para onde a organização deverá rumar e o que impacta diretamente nos processos de aquisições e contratações, bem como para os demais processos. As equipes devem atuar em direção ao mesmo objetivo ou as entregas esperadas não serão feitas, ou levarão mais tempo para se concretizarem. E, para cada realidade institucional, mudam os objetivos e a priorização das políticas públicas, por exemplo,

---

4. Art. 7º Caberá à autoridade máxima do órgão ou da entidade, ou a quem as normas de organização administrativa indicarem, *promover gestão por competências e designar agentes públicos para o desempenho das funções essenciais à execução desta Lei que preencham os seguintes requisitos*. (Grifos nossos).

5. Brito, Isabella. "Governança em contratações públicas: A transformação passa pelos meios". *Portal Licitação e Contrato*, pp. 1-26, 2020.

e, consequentemente, serão necessários diferentes tipos e níveis de conhecimento, habilidade, atitude e experiência, tanto dos agentes do nível operacional como dos níveis tático e gerencial.

A única certeza que se tem é quanto à necessidade de definição desses papéis, que orientarão a seleção dos agentes, e à essencialidade de "maior qualificação e certificação desses servidores, por meio de uma política de capacitação e de incentivos que garantam maior estabilidade e segurança no exercício da função" (Brito, 2022, p. 17).[6]

E aqui a responsabilidade não se limita à alta administração, mas passa por cada um daqueles responsáveis pela gestão das contratações, bem como por cada um dos envolvidos em alguma das etapas da compra pública, pois são protagonistas no desenvolvimento, mas que não podem (nem devem) estar desamparados pelas instâncias superiores. Afinal, sem a clareza de para onde ir, qualquer caminho servirá. Sem saber quais resultados e metas alcançar, não haverá capacitação suficiente que supra lacunas de conhecimentos e habilidades. Sem saber aonde dará a rota do suposto labirinto das compras públicas, não há como medir resultados, muito menos buscar melhorias ou ajustar trajetórias. Enfim, se nossas Alices das compras públicas não souberem fazer a pergunta certa ao Gato de Cheshire, certamente ele desaparecerá de nossa frente e nem aquele sorriso restará para nos acalentar.

6. Idem.

Capacitação, certificação e carreira de comprador: solução única ou possibilidades?

VIRGÍNIA BRACARENSE LOPES
ANDRÉA HELOISA DA SILVA SOARES
ISABELA GOMES GEBRIM

Publicado em 9 de novembro de 2022

Sejamos francos: quem responderia à famosa pergunta "O que você quer ser quando crescer?" com um "Quero ser comprador público!". Aliás, a partir da era digital, ser "funcionário público" deixou de ser objeto de desejo. O mundo mudou. Tudo passa rápido, tudo fica obsoleto em instantes. O 5G bate na nossa porta e mudará de forma arrebatadora não apenas as formas de trabalho, mas também a nossa vida. E, com essa reflexão, dividimos com você, caro leitor, nossas expectativas, esperanças e angústias sobre o futuro do comprador público.

Em outros textos, tratamos de pontos críticos para a atividade do comprador. Lembrem-se, é necessário conhecer a legislação atualizada, incluindo todas as normas infralegais, orientações de órgãos de controle e a jurisprudência. Nada disso é suficiente se não existe um processo bem desenhado e monitorado. Também vimos que o comprador não atua de modo solitário. Pelo contrário, a contratação pública envolve um universo de atores que atuam no planejamento, no jurídico, no controle, na execução contratual e, por isso, exige capacidade de relacionamento interpessoal e comportamental de forma a lidar com inúmeros conflitos, pessoais e profissionais.

O cotidiano do comprador público foi ilustrado em outro texto de nossa autoria, um diário dramático-ficcional.[1] Entre "os escolhidos" há os vocacionados, os que se tornaram viciados, mas também os revoltados, que caíram de paraquedas e buscam com todas as forças fugir e nunca mais ouvir falar em licitação. Chefes tiranos, incompetentes, falta de *feedback*, de transparência, falta de apoio e respeito, assédio, falta de reconhecimento, baixa remuneração, falta de capacitação... A lista parece infinita. Mas, calma, há luz em meio às trevas.

Ao longo da nossa caminhada, pudemos aliviar nossas angústias, e a base disso vem, sobretudo, da Nova Lei de Licitações: a governança, trivial no setor privado (mas não tanto, porque também ali se bate cabeça sobre o tema), finalmente tem um impulso na administração pública. Para nosso comprador público, a gestão por competências é o instrumento que poderá virar esse jogo a partir da identificação de perfis adequados às exigências do cargo. Agora podemos falar sobre aonde queremos ir e decidir qual(is) caminho(s) seguir.

A hora é de ressignificar o papel do comprador público e, para isso, entender qual o perfil adequado para dar conta da odisseia que é bem mais que uma compra de papel higiênico ou mais uma construção de um viaduto. Ser um comprador público é, em primeiro lugar, ter a consciência do seu papel fundamental na execução de políticas públicas. É fazer todo um esforço, inclusive, de mudança da imagem desse comprador: não um executor de normas e procedimentos ou operador de sistemas, mas um avaliador de estratégias, um entendedor de mercados, um negociador, um indivíduo que possui visão sistêmica. E como diria

1. Ver "Diário de um comprador público", também neste livro.

Will Traynor, no filme *Como eu era antes de você*, para fazer essa mudança é preciso "entender seu potencial". E precisa ter muito potencial!

Sobre os trilhos do serviço público

A persona comprador não é um ser de outro mundo, mas, quando corretamente alocado, capacitado, motivado, é extraordinário. Pensemos então que, para isso, um caminho precisa ser percorrido. Que tal aproveitar a presença de maioria mineira neste artigo para fazer uma viagem de trem?

A estação de partida é o ingresso no serviço público, e essa viagem já começou há um certo tempo. Nesse trem estão trabalhadores no início da viagem e outros que já passaram por várias estações. Alguns seguiram o trem... Outros desceram e partiram para outros caminhos, em outros transportes. Muitos eram excelentes, mas sucumbiram ao caos. É por isso que é importante valorizar os passageiros que já estão nessa viagem. Respeito à experiência, ao reconhecimento do serviço prestado, à valorização profissional. E, claro, à capacitação.

Estamos numa era em que a tecnologia é marca registrada. Velocidade e eficiência são requisitos de qualquer relação humana. Tudo muda muito rápido. Inclusive as leis, a jurisprudência, os processos. Tudo intercalado em meio à inovação, à exigência de transparência e ao controle, inclusive público, inclusive de *haters*. "Tem base" fazer tudo isso sem estar capacitado? Sem chance.

Para os servidores que já estão no setor público podemos (ou devemos, seria o melhor termo) pensar em uma política de desenvolvimento frequente, orientada pela oferta de conteúdos alinhados às competências previamente definidas para o exercício de uma determinada função (no caso de comprador ou dos outros atores envolvidos no processo). Outra variável importante é a construção de um plano de desenvolvimento que leve em consideração o estágio em que aquele indivíduo se encontra, bem como suas necessidades especiais, que vão desde facilidades e dificuldades de aprendizagem à afinidade e potencial com determinado conteúdo.

Trocando em miúdos: quando falamos de capacitação e desenvolvimento, pensamos não apenas em um curso *pro forma*, realizado online no mesmo horário de uma sessão pública, com inúmeras demandas ao mesmo tempo e a chefia questionando se precisa mesmo fazer o curso ou apagar o incêndio que pega na sala ao lado. Estamos falando em considerar as formas tradicionais conjugadas com novas estratégias de aprendizagem. Nesse aspecto, podemos pensar, por exemplo, em trilhas de aprendizagem (e isso não é conversa de mineiro, mas do educador e consultor Pedro Paulo Carbone).[2]

Esses caminhos contemplam um conjunto de conhecimentos cuidadosamente selecionados por curadores que atuam como aqueles que se dedicam a organizar as exposições de arte: selecionando o que há de melhor, os caminhos possíveis conforme o perfil de cada participante/visitante. À medida que a trilha vai ficando extensa, vai se subdividindo em trilhos menores para viagens mais específicas. Legislação, doutrina, jurisprudência,

---

2. Carbone, Pedro Paulo. Trilhas de Aprendizagem. Disponível em: https://www.inteletto.com/_files/ugd/89d104_01b3b47cf6a64db597489febdac9c4e2.pdf.

modelos de documentos, cursos, conteúdo básico, avançado, complementar. A trilha está aí, sempre disposta a ser percorrida, de uma única vez ou em vários trechos, conforme a necessidade do comprador, e sendo sempre atualizada.

O mesmo trem pode oferecer aos passageiros outras possibilidades, como a certificação. Já valorizada em outras áreas de conhecimento, em especial gestão de projetos, gestão de processos e tecnologia da informação, também nas compras públicas esse instrumento pode atender a determinados públicos. Se já convivíamos com certa frequência com a certificação para pregoeiros (mas ainda muito simples perto dessas mencionadas), o mesmo pode se dar para o agente de contratação, o fiscal, o gestor do contrato. E, se é possível tanta força nessa certificação, por que não pensar que ela seja frequente, robusta, de conteúdo vasto e atualizado e valorativa?

Falar em certificação é também dar mais um passo rumo à mudança da imagem e da atuação do nosso comprador público, tomando por boas práticas as certificações de compradores,[3] já existentes em outros países, como Chile e Estados Unidos, e em organismos internacionais, como o Banco Mundial. E em vários desses casos, além da certificação, que associa conhecimentos e habilidades necessários para assumir a função de comprador, é exigido determinado grau de experiência, trazendo a importância da prática e da vivência.

Independentemente se em forma de capacitação tradicional, trilhas de aprendizagem ou certificação, não podemos esquecer que, com a Nova Lei de Licitações, viabilizar e garantir o de-

---

3. Exemplo de certificação de compradores utilizada é a Certified International Property Specialist (CIPS).

senvolvimento dos compradores se trata de obrigação tanto da alta administração[4] como dos tribunais de contas.[5] Então, não demorará a exigência de comprovação de cumprimento da lei. Se não for por amor, será pela dor.

Pois bem, falamos dos passageiros do trem, das possibilidades, dos desiludidos, dos esperançosos. Mas não podemos esquecer que nas mesmas estações há chegadas e partidas. Precisamos pensar em como colocar mais passageiros nesse trem, afinal, com tanta tecnologia, esse veículo não é apenas para saudosistas. O que pode haver de atrativo? Como chegar ao destino de forma a competir com um avião? Talvez para esses a resposta seja a carreira.

Policiais, professores, auditores, juízes, médicos, bombeiros. Há carreiras bem estabilizadas, umas mais e outras menos valorizadas, mas que têm em comum a certeza do que se espera quando da inscrição num concurso público. A carreira pode permitir seleção direcionada para os conhecimentos exigidos, valorizar formações afins nos títulos, ter possibilidades reais de crescimento e valorização profissional, além, é claro, da força

---

4. "Art. 18, § 1º, x — providências a serem adotadas pela Administração previamente à celebração do contrato, inclusive quanto à capacitação de servidores ou de empregados para fiscalização e gestão contratual; art. 169, § 3º, I — quando constatarem simples impropriedade formal, adotarão medidas para o seu saneamento e para a mitigação de riscos de sua nova ocorrência, preferencialmente com o aperfeiçoamento dos controles preventivos e com a capacitação dos agentes públicos responsáveis."

5. "Art. 173. Os tribunais de contas deverão, por meio de suas escolas de contas, promover eventos de capacitação para os servidores efetivos e empregados públicos designados para o desempenho das funções essenciais à execução desta Lei, incluídos cursos presenciais e a distância, redes de aprendizagem, seminários e congressos sobre contratações públicas."

que qualquer carreira proporciona. Isso tudo passa pelo entendimento de que as compras públicas são vitais para o atendimento de necessidades públicas. Então, já não é hora de valorizar esses profissionais para que eles tenham condições de entregar todo o resultado esperado? Ou é mais fácil sentar-se à beira da janela e ver o trem passar?

Não sabemos se, ao chegar ao fim desta nossa pequena aventura, conseguimos trazer mais respostas ou provocações. Mas esperamos que tenhamos conseguido trazer um holofote para um tema que há muito carecia. Temos a certeza de que em nenhum outro momento a gestão de pessoas teve tantas possibilidades de desenvolvimento. Ser herói pode ser legal — nos quadrinhos. No dia a dia, o que se espera é ter e dar condições de trabalho, sem precisar pular de um prédio para outro numa teia de aranha. Realidade paralela? Isso não é humano. Acreditamos nisso. Iludidas? Não. Sonhadoras, talvez. Esperançosas? Muito.

"Tudo é uma questão de manter/ A mente quieta/ A espinha ereta/ E o coração tranquilo" (Walter Franco).

Orçamento público: a capacitação dos profissionais da área e suas lacunas

CILAIR ABREU

Publicado em 24 de outubro de 2022

Os profissionais do orçamento público têm trajetórias muito variadas. Na União e em alguns estados, há carreiras específicas, de nível médio e superior. Além desses, em todos os entes da Federação há uma massa de outros servidores que atuam na área sem ter passado por uma capacitação inicial. Eles aprendem a fazer botando a mão na massa, com orientação de outros colegas mais antigos na área ou por conta própria.

Um aspecto pouco discutido sobre o orçamento público é o perfil e a capacitação dos operadores. Em geral, há a ausência de uma política de formação continuada. Os profissionais da área que buscam atualização, aprofundamento e diversificação de temáticas dentro do campo o fazem por impulsos individuais. Ou, quando a formação é iniciativa das organizações centrais da área — secretarias de orçamento, finanças, planejamento ou similar —, a oferta se concentra em treinamentos para operar sistemas, aplicar novos normativos, divulgar as orientações e missões institucionais.

As atividades da gestão e a execução das políticas públicas são onerosas. Por isso, o orçamento público pode ser visto ao mesmo tempo como um instrumento da ação governamental e um processo decisório, com códigos e valores. Logo, ele tem um grande potencial para gerar informações sobre o Estado em diversas perspectivas e diversos formatos.

Temas fundamentais

Para explorar essa característica informacional e da decisão do orçamento público, são necessárias abordagens temáticas que considerem as possibilidades de enxergar o instrumento na dinâmica da decisão do quê, como, quanto e quando fazer. Para isso, é preciso capacitações que abordem a correlação da programação e execução orçamentária com os momentos da formulação e implementação das políticas públicas, enxergando como o orçamento público pode ser um vetor ou um veto da ação do Estado e como uma base de dados com potencial de expressar em formatos gráficos de compreensão fácil a organização e funcionamento do governo.

Para cobrir essas lacunas, sugere-se que as capacitações da área incluam temas tais como: instrumentos de ação do Estado; financiamento, formulação e implementação de políticas públicas; o orçamento e o funcionamento da administração pública; gestão da informação; aplicação de *business intelligence* (BI); visualização e painéis de dados e estatística básica.

Os órgãos centrais de orçamento têm maior poder de influenciar a oferta de eventos de capacitação. Os treinamentos ofertados seguem as percepções captadas por suas lentes, fazendo com que as escolhas individuais se encaixem no leque de opções delimitado por uma perspectiva unifocal.

Nesse cenário, predominam a capacitação voltada para a obtenção de capacidades operacionais de baixa complexidade e focadas no nivelamento de informações básicas sobre as atividades a serem executadas no cotidiano das unidades de orçamento, tanto no nível central quanto nos órgãos executores de políticas públicas.

Com algumas variações de nome, as capacitações na área mais recorrentes são: introdução ao orçamento público, lei de responsabilidade fiscal, execução orçamentária, conhecimento básico em sistema de execução do orçamento — Sistema Integrado de Administração Financeira do Governo Federal (Siafi) no nível federal e em vários estados e municípios — e nos de extração de dados para elaboração e execução do orçamento.

Essas capacitações são úteis para a disseminação das definições necessárias à execução das atividades básicas. Elas buscam nivelar as definições das classificações do orçamento e manejo dos sistemas. Esse tipo de treinamento tem um alcance limitado diante do potencial que o orçamento pode oferecer para a gestão pública. É preciso avançar.

O projeto de lei orçamentária anual: o processo de elaboração no contexto de disputa eleitoral

CILAIR ABREU

Publicado em 24 de agosto de 2022

Até o dia 31 de agosto, o presidente da República deve enviar ao Congresso Nacional o Projeto de Lei Orçamentária Anual (PLOA) 2023. Deputados e senadores têm até o dia 22 de dezembro para votar essa lei. Nos demais entes da Federação, a lógica é a mesma, embora o calendário possa ser diferente. A principal função do orçamento público é agregar num documento todas as receitas e despesas do Estado. Ele é o principal processo decisório político de uma coletividade, porque todas as unidades administrativas precisam de recursos para custear as despesas de pessoal, da previdência e assistência social, das políticas públicas, do funcionamento dos órgãos, da dívida pública etc.

A Lei Orçamentária Anual (LOA) é o produto de um processo complexo de elaboração, que envolve os órgãos de todos os poderes como unidades administrativas. O Executivo e o Legislativo, em cada ente da Federação, se destacam na tramitação do PLOA, porque cabe ao governante a iniciativa constitucional de elaborar e enviar o projeto aos parlamentos, que devem debater, emendar, votar e submeter à sanção dos respectivos chefes do Poder Executivo.

A complexidade do processo de elaboração do orçamento ocorre devido às características técnicas e políticas do instrumento. A LOA estima receitas e fixa despesas para um exercício financeiro. Há maior acurácia na definição de quanto se vai gastar que as receitas que serão arrecadadas pelo Estado. Há métricas relativamente objetivas para o cálculo das despesas de maior valor, chamadas de obrigatórias, tais como: a dívida pública, pensões, aposentadorias, folha de pagamento dos servidores públicos, gasto mínimo na saúde e na educação e outras despesas assistenciais.

Projeções e variações

Por sua vez, os fluxos de recursos que serão arrecadados no próximo ano são projeções com maior grau de subjetividade, pois utilizam parâmetros macroeconômicos nacionais e internacionais, que refletem o olhar do governo para o futuro próximo. Os principais indicadores que influenciam as receitas disponíveis são: variação do Produto Interno Bruto (PIB) nacional, taxa de inflação, juros básicos, cotação do dólar, meta de resultado das contas públicas, preços internacionais de *commodities* etc. Esses indicadores têm os valores médios projetados de janeiro a dezembro do próximo ano com base nos valores conhecidos de junho ou julho do exercício atual.

Neste ano, devido ao contexto eleitoral, a tramitação do PLOA ganha ainda mais importância e complexidade. De fato, na União e nos estados, os PLOAs 2023 estão sendo elaborados por mandatários que podem não ser os que irão gerir os orçamentos do próximo ano. Além disso, os projetos de lei serão enviados aos respectivos parlamentos no momento quente das campanhas eleitorais para presidente, governadores, senadores, deputados estaduais e distritais, que são os agentes políticos diretamente envolvidos na disputa por eleição ou reeleição deles próprios ou dos seus apoiados.

Então, fique atento à proposta que será enviada ao Congresso e às assembleias legislativas dos estados. Ele expõe quanto cada órgão terá de orçamento para o próximo exercício detalhado por programações e como os governos estão projetando os desempenhos da economia e da administração pública no próximo ano — e se os compromissos assumidos estão no PLOA. Na dimensão técnica, é um momento importante para que as áreas orçamentárias fiquem atentas, analisem a situação das suas unidades e informem aos dirigentes, a fim de que iniciem o planejamento de médio prazo dentro da realidade dos recursos previstos.

Já na dimensão política, será revelado qual é a projeção de vários indicadores econômicos para o próximo ano, entre eles inflação, crescimento da economia, valor do salário mínimo, recursos para a saúde, educação etc. Todos são temas usuais das campanhas eleitorais. Para além destes, este ano tem uma novidade: dos benefícios emergenciais aprovados recentemente, o principal é o complemento de R$ 200 do Auxílio Brasil com vigência até 31 de dezembro de 2022. A continuidade ou não no próximo ano estará exposta no PLOA 2023.

A execução orçamentária como um serviço público compartilhado: apontamentos para o aumento da produtividade da administração pública

CILAIR ABREU

Publicado em 16 de maio de 2023

A atual estrutura administrativa do Poder Executivo federal adotou o modelo de gestão de serviços compartilhados para as áreas de suporte administrativo.[1] Via de regra, os ministérios novos (ou recriados) têm uma pequena unidade de gestão, organizada para executar diretamente as atividades mais simples, devendo demandar serviços operacionais de maior complexidade e/ou especializados dos órgãos provedores, com equipes estruturadas para esse atendimento. Não é uma situação transitória de início de mandato, mas uma decisão do novo governo de implementar uma estratégia institucional para gerar eficiência e qualidade nos serviços de suporte administrativo, além de conter a pressão pelo aumento dos gastos que a replicação das atividades geraria caso todos os ministérios precisassem montar ou remontar áreas de suporte administrativo nas dimensões usuais. Atualmente existem oito ministérios provedores e 13 ministérios demandantes.

Serviço Público Compartilhado é uma forma de executar as atividades passíveis de padronização, distribuindo o serviço contratado entre vários outros órgãos. O objetivo é proporcionar

1. § 2º, 3º e 3º do Artigo 50 da Medida Provisória 1.154/2023 e Artigos 3º e 5º da Portaria MGI nº 43, de 31 de janeiro de 2023.

ganhos de produtividade, qualidade e economicidade da força de trabalho. Prestar serviços administrativos compartilhados possibilita que os órgãos providos possam investir atenção institucional em suas atividades finalísticas, aperfeiçoando as entregas finais e focando o esforço em políticas públicas que agreguem valor para a sociedade.

As formas de compartilhar serviços públicos são praticadas no mundo e no Brasil há décadas. No Governo Federal, em 2022, a Central de Compras atendeu 4.642 unidades, e foram celebrados 1.465 contratos oriundos das compras centralizadas, gerando uma economia de cerca de 1 bilhão de reais.[2] Portanto, o modelo não é novo, mas a atual configuração é uma inovação da gestão pública. O compartilhamento de serviços passa a fazer parte da rotina dos órgãos, com a provisão centralizada de serviços de rotina, e não somente de forma mais específica, como no caso da Central de Compras.

Esse movimento está sendo impulsionado pela desmaterialização das atividades sociais e profissionais, que avançou com passos largos no século XXI. Diversas barreiras físicas foram superadas pelas digitalização, conectividade e mobilidade. Hoje, os sistemas eletrônicos permitem que tanto a demanda de uma operação quanto a sua realização seja acessível para o servidor público com acesso à internet, a despeito do local onde se encontre. Por isso, os modelos de organização do trabalho baseados na presença física dos profissionais estão superados para muitas atividades, especialmente as de suporte administrativo.

As atividades operacionais executadas nesses sistemas eletrônicos são padronizadas. Por exemplo, é indiferente que um servidor lance um pedido de alteração orçamentária ou faça o

---

2. Relatório anual 2022 da Central de Compras do governo federal.

empenho da despesa de um órgão ou de outro. As operações são as mesmas, executadas em um único sistema, com igual exigência de procedimentos e conhecimentos técnicos. Assim, cabe refletir: será que esse profissional, que já detém o conhecimento técnico e operacional das atividades, poderia executar o seu trabalho para mais órgãos sem que a sua vinculação organizacional e local precise se alterar?

Entendo que sim. Para isso, bastam duas condições: o servidor ter acesso a mais de um órgão no sistema eletrônico em que são realizadas as atividades operacionais e existir um modelo de governança que discipline os papéis de cada ator, evidenciando a distinção entre a decisão e a execução de operações administrativas. Na gestão orçamentária, é importante restar clara a separação entre o poder de decidir do órgão que detém o recurso e dos procedimentos operacionais da unidade administrativa prestadora de serviços compartilhados, separando a decisão da operação. O que é compartilhado é só o trabalho da equipe operacional.

No modelo de compartilhamento de serviços, não há alteração no que diz respeito a regras de programação e execução orçamentária, autonomia de decisão sobre a alocação e aplicação dos recursos públicos de cada órgão. E não há necessidade de se modificar qualquer legislação. Basta que os órgãos firmem arranjos colaborativos bilaterais. Destaca-se que a construção conjunta de soluções é fundamental para o sucesso da modalidade e requer o comprometimento, a colaboração, o engajamento e o diálogo entre os órgãos. Espera-se que a tensão normal observada no início da implantação de um novo modelo seja superada tão logo a cultura de compartilhamento de serviços seja disseminada, e que os dirigentes sintam a segurança de que seus interesses e especificidades são atendidos pelos órgãos provedores.

Orçamento público: a mídia do Estado[1]

CILAIR ABREU

Se você quer saber quais as prioridades e o que os governos estão fazendo, olhe para o orçamento. Implementar políticas públicas custa dinheiro. A máquina estatal também. Para custeá-los é necessário o desembolso de recursos expressos em unidades monetárias, que são agregados em classificações e programações padronizadas no Orçamento Geral da União (OGU). Ou seja, o orçamento público é uma fonte privilegiada de produção de informação sobre a organização e o funcionamento do Estado, porque as políticas públicas e a administração pública são onerosas. Portanto, conhecer o "orçamentês" é fundamental para o controle social e o exercício da cidadania.

A organização dos dados orçamentários em uma base comum facilita o entendimento de cada unidade e as comparações entre elas em vários recortes de conteúdo e tempo. Seja no Ministério da Saúde (MS), no da Infraestrutura (MI) ou no da Educação (MEC) — órgãos que atuam em áreas completamente diferentes —, a definição, por exemplo, do que é uma despesa de pessoal, de custeio ou de investimento se aplica da mesma forma. Assim, além da compreensão direta do conteúdo de quanto foi gasto, é possível fazer comparações entre os órgãos.

O OGU tem 17 classificações no momento da sua elaboração, que combinam letras e números para formar códigos associados a

1. N. da E: No momento desta publicação, este texto não havia sido publicado no blog.

uma descrição, criando uma unidade de informação. No Manual Técnico de Orçamento (MTO)[2] é possível conhecer todas as definições. Os dados estão disponíveis em aplicações do tipo *business intelligence* (BI) de órgãos oficiais. Com isso, é possível consultar e analisar a organização e o funcionamento do Estado. Deixo aqui os links de dois BIs de acesso livre: Sistema Integrado de Planejamento e Orçamento — SIOP,[3] do Ministério da Economia, e o Siga Brasil,[4] do Senado Federal. Em ambos, as informações são atualizadas diariamente com dados do dia anterior.

Custeio e investimento

Veja alguns exemplos de análises possíveis sobre o orçamento executado em 2021. Usando duas classificações: a Institucional e por Grupo Natureza de Despesa (GND), pode-se identificar que no Ministério da Saúde (MS) há, proporcionalmente, mais despesa de custeio (88%) e no Ministério da Infraestrutura (MI), tem mais de investimento (40%). Essa concentração de um tipo de despesa por órgão ocorre devido às características das áreas, a forma como o Estado se organiza e se relaciona com a sociedade. A despesa de custeio engloba pagamento de água e luz do próprio órgão, mas também a manutenção de hospitais e a compra de vacinas ou medicação de alto custo, que são repassados aos estados e mu-

2. Disponível em: https://www1.siop.planejamento.gov.br/mto/doku.php/mto2022.

3. Disponível em: https://www.siop.planejamento.gov.br/modulo/login/index.html#/.

4. Disponível em: https://www12.senado.leg.br/orcamento/sigabrasil.

nicípios de acordo com as diretrizes do Sistema Único de Saúde (SUS). Assim, faz sentido a concentração desse tipo de despesa no MS. Já no MI, que tem como missão melhorar a infraestrutura do país, é plausível um percentual maior de despesa alocada em investimento.

Um ponto sempre polêmico no debate sobre a administração pública é a questão de quanto se gasta com os servidores. Dos três ministérios em análise, é o MEC que tem proporcionalmente mais despesa de pessoal: 63%. De fato, este é o órgão federal que presta serviços diretamente de educação média e superior, pesquisa científica e atendimento hospitalar nos hospitais universitários. Essas atividades são intensivas em mão de obra: professores, profissionais de saúde, de suporte etc.

Pode-se indagar por que o Ministério da Saúde, responsável por uma área também intensiva em pessoal, tem proporcionalmente menos despesa de pessoal. A resposta é simples. No pacto federativo brasileiro, os serviços de saúde são prestados majoritariamente por estados, municípios e Distrito Federal. A União tem um papel de coordenação e cofinanciamento do SUS, só atuando de forma direta em atividades específicas. Por isso, o MS não tem tantos servidores quanto o MEC.

Algo similar ocorre na comparação entre os ministérios da Infraestrutura e o das Minas e Energia (MME). Ambos atuam no setor de infraestrutura clássica, mas as despesas de investimentos no MME representam só 0,5% do total contra 40% no MI. Mais uma vez a diferença está na forma de relacionamento de cada órgão com a sociedade. O MI realiza obras diretamente ou repassando recursos em convênio para os demais entes da Federação. Já o MME concentra as atividades no planejamento, na concessão de direito de exploração econômica e na fiscalização das atividades nas áreas de energia e mineração, e quem investe é o setor privado.

O "orçamentês" pode parecer complicado no início, mas em pouco tempo é possível ficar fluente. O orçamento público é um instrumento técnico e político. Usei exemplos de análises simples com dados de fácil acesso e interpretação para demonstrar que o orçamento pode gerar muitas informações sobre o Estado e a relação deste com a sociedade. Atenção: esses elementos técnicos não solucionam problemas da esfera política, mas podem explicitá-los, inclusive apontando ausências. Como é o caso do orçamento "secreto".

GESTÃO DE PESSOAS E VALORIZAÇÃO DE SERVIDORES

Apresentação

ALEX CAVALCANTE ALVES

Não é possível pensar o Estado sem o seu ingrediente humano. O serviço público é feito de pessoas, que em regra dedicam suas carreiras, e não raramente suas vidas, a servir aos cidadãos e zelar pelo respeito ao interesse público. Cuidar desses servidores, portanto, é servir em dobro: além do foco no resultado aos beneficiários dos serviços — olhar que cada servidor público naturalmente traz consigo —, os profissionais de gestão de pessoas no setor público encontram sua realização em assegurar diariamente bem-estar aos colegas, para que estes consigam exercer na plenitude suas atividades, provendo, assim, o melhor de seus esforços à população.

Médicas, professoras, policiais, analistas, reguladoras, técnicas, pesquisadoras, auditoras, consultoras, assistentes, fiscais, procuradoras. Independentemente da atividade que exerçam, de qualquer aptidão ou limitação que possuam, todas essas pessoas se beneficiam caso possam contar com uma gestão de pessoas profissional e humana, capaz de acolher e criar segurança no ambiente de trabalho das diversas organizações públicas.

Mas contar com uma unidade de gestão de pessoas profissional e atenta não é suficiente. Profissionais públicos(as) também precisam de instituições sólidas, de políticas de valorização consistentes, que lhes assegurem perspectivas profissionais e reconhecimento do mérito, sem que, sob esse discurso, tais políticas possam implicar barreiras e exclusão, seja na prestação dos serviços públicos em si, no ingresso numa função pública, seja na realização de entregas pelos servidores e a motivação que sentem para a permanência e o desenvolvimento na carreira pública.

Profissionalização, desempenho, valorização, mobilidade, processos seletivos, tudo isso está em pauta. É tempo de democratizar o acesso e consolidar um serviço público moderno, eficiente e com a cara do Brasil que queremos, um Brasil plural, respeitado como nação e que garanta condições de bem-estar e dignidade a todas e todos que amam nosso país. Somente com profissionais públicos valorizados e continuamente capacitados poderemos alcançar esse estágio de desenvolvimento. Afinal, um Estado profissional é um Estado eficiente e acolhedor, que recebe e trata os anseios e preocupações de sua força de trabalho e da sociedade brasileira.

O sistema de mérito no Brasil e no mundo

RENATA GIANNINI
IGOR NOVAES LINS
MICHAEL CERQUEIRA
RAFAEL LEITE

23 de março de 2023

Introdução

A construção do serviço civil independente e profissional no Brasil acompanhou as transformações do regime político ao longo de décadas. Desde a criação dos fundamentos do sistema burocrático durante a ditadura Vargas até a Constituição de 1988, foram diversos os esforços para construir uma burocracia profissional e que desse fundamento aos diferentes planos de desenvolvimento econômico e modernização social liderados por diferentes grupos políticos. Com o advento das crises político-econômicas nos últimos anos, especialmente em nível federal, a discussão sobre a autonomia do serviço público em relação ao controle exercido pelos políticos eleitos ressurgiu.

As trocas mais frequentes da coalizão governante levaram ao aumento da frequência e à multiplicação dos tipos de intervenções realizadas pelo Executivo federal no funcionamento da burocracia. Alterações no quadro de servidores e a adoção de profundos cortes de recursos em alguns órgãos levantaram discussões sobre os limites da influência político-partidária no funcionamento do serviço público, a resistência dos servidores de carreira em implementar a agenda de governo e a fragilidade dos princípios de mérito no serviço público brasileiro.

O debate em torno da proteção dos princípios de mérito no serviço público frente à ameaça de *autocratização* representada pela ascensão de líderes populistas surgiu em diversas partes do mundo, inclusive na América do Norte e na Europa. Nessas regiões, regimes democráticos foram colocados à prova, como nos Estados Unidos de Donald Trump, na Hungria de Viktor Orbán e no México de Andrés Manuel López Obrador.

O processo de erosão democrática destaca-se pela capacidade das lideranças de subverter as regras e as instituições que garantem o funcionamento da democracia a partir de instrumentos legalmente instituídos. Ou seja, sem recorrer a golpes militares ou revoltas armadas, novas lideranças desenvolveram um arsenal de instrumentos e estratégias de ação que enfraquecem o funcionamento da democracia sem cessá-la de maneira abrupta, como, por exemplo, campanhas de desinformação, alterações constitucionais que diminuem freios e contrapesos ao poder dos governantes e o enfraquecimento das instituições que garantem o pluralismo, como supremas cortes, órgãos de controle e o Legislativo.[1]

O Instituto Igarapé, em parceria com a República.org, está publicando uma série de notas técnicas para buscar entender quais são as estratégias de ataque ao serviço público em contextos de erosão democrática e autocratização, utilizando o governo federal brasileiro como estudo de caso. Nesta nota destacaremos o papel do sistema de mérito como forma de frear processos de autocrati-

1. Mechkova, Valeriya; Lührmann, Anna; Lindberg, Staffan I. "How much democratic backsliding?" In: Journal of Democracy, v. 28, no 4, 2017, pp. 162-9.

zação. Este texto está dividido em três partes. Na primeira, apresentamos o funcionamento dos sistemas de serviço civil em diferentes países e a adoção dos chamados "sistemas de mérito" como forma de proteger a administração pública de ingerência política excessivas. Na segunda, abordaremos o surgimento do serviço público no Brasil e as fraquezas dos mecanismos de proteção do mérito no país, o que torna a administração pública mais suscetível a episódios de erosão democrática. Finalmente, na última parte, oferecemos considerações finais a fim de impulsionar o debate do fortalecimento e valorização do serviço público no Brasil.

Os sistemas de serviço civil no mundo

Não existe definição universal de servidor público ou serviço público. Os termos "serviço público" ou "serviço civil" podem ser utilizados para se referir a fenômenos administrativos e institucionais diferentes. Na França, a ideia de *fonction publique* inclui quase todos os empregados públicos dos governos central e subnacionais, pois todos são sujeitos a um mesmo estatuto administrativo. Já no Reino Unido, há uma distinção clara entre os funcionários vinculados ao governo central ou à Coroa Britânica (*civil servants*) e os profissionais contratados responsáveis pela oferta de serviços (em governos locais e no sistema de saúde).[2] A Alemanha, por sua vez, trabalha com uma distinção em três grupos: *Beamte* (estatutários), *Angestellte* (contratados) e *Arbeiter* (trabalhadores

2. van Dorpe, Karolien; Horton, Sylvia. "The public service bargain in the United Kingdom: The Whitehall model in decline?" In: Public Policy and Administration, v. 26, no 2, 2011, pp. 233-52.

manuais), cada qual regido por um tipo de estatuto em cada um dos governos subnacionais (os *Länder*).[3]

O termo "serviço civil" é utilizado para se referir a um recorte, um grupo dos profissionais contratados pelo poder público. A extensão desse recorte e o perfil dos profissionais contratados pelo Estado e que são incluídos no serviço civil varia de acordo com a tradição administrativa de cada país. Em alguns casos, a própria noção de "serviço civil", enquanto um agrupamento de trabalhadores públicos com prerrogativas específicas é pouco relevante, na medida em que tal termo tem sua origem associada ao funcionamento do Estado, tal como historicamente organizado no Reino Unido.

No modelo britânico, conhecido como Sistema *Westminster*,[4] o termo "serviço civil" é utilizado para designar uma parte da burocracia pública — no caso, os profissionais selecionados por mérito e dedicados integralmente ao exercício das funções civis do Estado, aos quais são concedidas proteções legais em troca de uma atuação técnica e livre de influências político-partidárias. Após o término da Segunda Guerra Mundial, com a expansão das responsabilidades governamentais impulsionada pela criação do Estado de bem-estar social, o universo da burocracia se expandiu em todos os países da Europa Ocidental. No Reino Unido, os profissionais responsáveis pela oferta de serviços sociais, como saúde e educação, foram excluídos do serviço civil.

O modelo de organização do Estado adotado pelo Reino Unido (chamado de modelo anglo-saxão) influenciou a formação do

---

3. Massey, Andrew (org.). *International Handbook on Civil Service Systems*. Edward Elgar Publishing, 2011.

4. O Sistema Westminster é uma variação do parlamentarismo típica do Reino Unido, cujas características principais inspiraram o desenho dos sistemas políticos em ex-colônias britânicas, como a Austrália, o Canadá, a Índia, a Irlanda e a Nova Zelândia.

serviço público em um grande número de países, dando origem a diferentes categorias, dentre as quais a variante americana é a mais relevante. A criação do serviço civil nos EUA foi influenciada por um desejo de romper com algumas das características do modelo britânico (entendido como elitista) e por uma cultura política avessa ao aumento do tamanho do Estado. Nesse contexto, a Constituição americana não instituiu um sistema administrativo coeso para a gestão do Estado, concedendo essa prerrogativa ao Legislativo e assegurando ao Executivo amplo controle sobre a gestão das funções de governo. Por essa razão, nos primeiros anos após a independência, o serviço civil em nível federal foi organizado com base em mecanismos de patronagem, e muitas competências foram atribuídas aos governos estaduais, que dispunham de liberdade para organizar suas atividades administrativas. A adoção de um sistema de recrutamento profissional de servidores públicos teve início quase um século após a independência, com a aprovação do *Pendleton Act* em 1883.

Os modelos napoleônicos (cujos principais expoentes são França e Espanha) são caracterizados por sistemas administrativos altamente centralizados e por mecanismos de regulação do emprego público mais abrangentes, nos quais a maior parte dos trabalhadores civis do Estado são considerados "funcionários públicos". Estes, por sua vez, são organizados em carreiras bem definidas às quais os servidores são vinculados por toda a vida funcional e são selecionados e capacitados por Escolas de Governo, entendidas como organizações públicas tecnocráticas. Uma variação do modelo napoleônico é o modelo continental, também chamado modelo *Rechtsstaat*. Ambos modelos compartilham fundamentos filosóficos, mas este último se caracteriza (i) pela existência do direito administrativo enquanto corpo autônomo de legislação e jurisprudência dedicado à gestão dos servidores civis; e (ii) pela existência de códigos de direito administrativos detalhados, que reduzem a discricionariedade dos servidores civis bem como a influência dos políticos eleitos sobre o exercício das funções públicas.

Os modelos ocidentais (tanto anglo-saxão quanto os europeus, incluídas as suas variações) compartilham entre si a busca pela separação entre o poder político e a atividade administrativa, instituindo diferentes mecanismos de controle e prestação de contas. Em outras tradições administrativas, como a imperial chinesa e o modelo soviético, essa separação é inexistente ou pouco relevante para entender a organização do Estado. Essa é uma diferença fundamental, pois em regimes democráticos, a gestão dos recursos humanos no setor público é marcada por uma tensão entre duas condições: de um lado, a necessidade do serviço público ser responsivo com relação às políticas definidas via processos de deliberação democrática, atuando para implementar programas e políticas que atendam às prioridades estabelecidas por políticos eleitos e, por outro lado, a necessidade de estabelecer limites à ingerência política sobre o funcionamento da burocracia, como forma de resguardar o uso de critérios meritocráticos na definição das práticas de gestão de pessoal, visando a sua profissionalização e o fortalecimento das capacidades.

Não há uma única fórmula para alcançar o equilíbrio entre autonomia e a *accountability* na gestão de pessoas no serviço público, motivo pelo qual as instituições responsáveis pela gestão do serviço civil em países democráticos se encontram em permanente processo de reforma e aperfeiçoamento. Ou seja, esse é um desafio que é enfrentado em diferentes países por meio de desenhos institucionais plurais e dinâmicos, que se ajustam ao longo do tempo para responder ao surgimento de novas práticas políticas e administrativas.

Em que pese a dificuldade em definir o que seria um "arranjo ideal" para organizar a tensão entre política e administração na gestão de recursos humanos no serviço público, os benefícios de contar com uma força de trabalho permanente, selecionada por mérito e cujos incentivos de carreira não sejam coincidentes com os incentivos que organizam a política partidária são conhecidos. Schiavo-Campo e Sundaram[5] elencam alguns deles: governança;[6] bens e serviços públicos; desenvolvimento institucional; e eficiência fiscal.

Os sistemas de mérito

A construção de sistemas de mérito no serviço público remonta aos exames da China Imperial, utilizados para recrutar a classe de funcionários letrados de primeiro nível, também conhecidos por *mandarins*, responsáveis por aconselhar a monarquia e administrar o Estado chinês. O sistema de concursos e a existência de um quadro de altos funcionários civis foi descoberto por comerciantes e diplomatas europeus no século XV, durante as grandes navegações, e, nos anos seguintes, exerceu forte influência sobre o pensamento administrativo em diferentes países da Europa. O modelo foi formalmente adaptado ao contexto institucional do Reino Unido no século XIX, a partir das recomendações do relatório *Northcote-Trevelyan (1853)*, elaborado por solicitação do parlamento para propor medidas de melhoria da gestão do

---

5. Schiavo-Campo, Salvatore; Sundaram, Pachampet. *To Serve and to Preserve: Improving Public Administration in a Competitive World*. Asian Development Bank, 2000.

6. Entendida como a capacidade de executar, monitorar e avaliar as funções de governo.

império britânico. O relatório propôs a criação de um quadro de altos servidores civis permanentes e imparciais, recrutados por mérito em exames abertos e competitivos.

As medidas tomaram forma em 1855, quando o então primeiro-ministro, William E. Gladstone, aprovou a criação da Comissão de Serviço Civil. A Comissão foi estruturada em torno de um painel de dez comissários selecionados pelo parlamento por meio de acordos políticos entre governo e oposição. O modelo de governança do serviço civil do Reino Unido tornou-se um fundamento da Constituição (que não é codificada) e do sistema político do país, que, por sua vez, foi exportado para diversas regiões do mundo sob controle do empreendimento colonial britânico. Ou seja, a existência de um serviço público autônomo tornou-se uma das características fundamentais do Modelo Westminster, que passa a se organizar em torno de uma tensão entre dois tipos de instituições:

1. Um parlamento com soberania suprema sobre os poderes Executivo e Judiciário (o que significa que o Legislativo pode aprovar ou anular quaisquer leis, sem restrições);
2. um serviço civil independente e apartidário, responsável por aconselhar e implementar as decisões de governo.

Ambas as características apontam para a existência de uma tensão natural entre política e administração. De um lado, a soberania suprema do parlamento significa que, em última medida, o serviço civil se submete ao parlamento, a quem cabe definir os parâmetros de gestão da força de trabalho do setor público. Por outro lado, o princípio da neutralidade do serviço civil emerge de um acordo político e, com o passar dos anos, foi incorporado à Constituição do Reino Unido. A tensão entre política e administração se repete em outros sistemas administrativos.[7]

O conceito de "barganhas do serviço público" entende essa tensão como um campo de negociação entre políticos e burocratas.[8] Diferentes doutrinas administrativas irão desenvolver marcos de negociação (regras do jogo) a partir dos quais tanto políticos como burocratas se relacionam e formulam estratégias de ação em três dimensões:

1. Reconhecimento (oferecido pelos políticos aos burocratas na forma de remuneração, influência sobre as políticas públicas e estabilidade em seus cargos);
2. competência técnica e administrativa (conhecimentos técnicos e capacidade de execução oferecida pelos burocratas aos políticos); e
3. lealdade política (entendida como o compromisso dos burocratas com a implementação imparcial das políticas públicas).

Com a independência dos Estados Unidos da América, surge um novo modelo administrativo a partir da influência de diferentes países europeus. De um lado, o país instituiu uma rígida constituição escrita, cuja ênfase foi instituir mecanismos de controle sobre o Poder Executivo por meio de um sistema de freios e contrapesos vertical (com a distribuição de competências entre

7. Horton, John J.; Rand, David G.; Zeckhauser, Richard J. "The Online Laboratory: Conducting Experiments in a Real Labor Market". In: *Experimental economics*, v. 14, n. 3, 2011, pp. 399-425.

8. Hood, Christopher; Lodge, Martin. *The Politics of Public Service Bargains: Reward, Competency, Loyalty and Blame.* OUP Oxford, 2006.

União e estados, os entes federativos) e horizontal (com a separação dos poderes). Dadas as limitações políticas ao escopo e funcionamento do Poder Executivo, os constituintes americanos adotaram um modelo que garantia ao presidente amplos poderes para implementar suas competências (que não eram numerosas). É por essa razão que o modelo americano foi fortemente influenciado pelo patrimonialismo até a adoção de mecanismos de recrutamento por mérito em 1883.

Mudanças mais radicais no funcionamento do serviço civil americano tiveram início nos anos 1960, na esteira do movimento de direitos civis. De maneira concreta, o *Civil Rights Act*, de 1964 (e conhecido por criminalizar limitações ao direito ao voto baseados em critérios de raça, bem como a discriminação em edifícios e ambientes públicos), instituiu uma nova agência governamental com a missão de investigar e julgar casos de discriminação no ambiente de trabalho nos setores público e privado — a *Equal Employment Opportunity Commission* (EEOC)

O fortalecimento da EEOC acelerou a transformação da gestão de recursos humanos no serviço público americano. Os governos federal, estaduais e municipais se viram forçados a aperfeiçoar seus mecanismos de recrutamento, seleção, promoção, capacitação e desligamento de servidores públicos, adotando metodologias com fundamentos científicos. A pressão por reformas surge do papel fiscalizador exercido pela EEOC, alavancado por denúncias de tratamento desigual realizadas por associações de defesa dos direitos civis, especialmente contra profissionais negros. É nesse contexto que a gestão por competências se dissemina na administração pública americana, fortalecendo o papel das unidades de gestão de pessoas no interior dos órgãos de governo. A profissionalização da área de recursos humanos

(RH) tornou-se fundamental para evitar punições por discriminação racial e de gênero.[9]

Em nível federal, a necessária modernização dos departamentos de RH representou um aumento da complexidade das responsabilidades exercidas pela Comissão de Serviço Civil.[10] Por um lado, a instituição exercia a função de unidade central de gestão de pessoas do governo federal americano, instituindo padrões e políticas que promovessem a melhoria do desempenho das agências federais — o que exigia elevado grau de alinhamento entre os comissários e a agenda de gestão do poder executivo. Por outro lado, era necessário que os mesmos comissários atuassem com independência para que a agência exercesse suas funções de supervisão e eventual punição das agências que descumprissem os princípios de mérito no exercício de suas atividades.

A solução para esse dilema ocorreu apenas em 1978, com a aprovação do *Civil Service Reform Act* pelo presidente Jimmy Carter. A reforma de 1978 promoveu uma alteração radical da governança de gestão de pessoas da administração federal, rompendo com a última herança da tradição britânica. A Comissão de Serviço Civil dos EUA foi extinta, e um conjunto de diferentes agências assumiram suas responsabilidades.

A evolução do funcionamento do sistema de proteção do mérito nos EUA é especialmente ilustrativa na medida em que há um distanciamento paulatino do modelo britânico — que também sofreu mudanças, mas que permanece mais próximo de sua

9. Daly, John L. "Employment Opportunity Management". In: Human resource management in the public sector: policies and practices. Armonk, NY: M.E. Sharpe, . pp. 37–59.

10. Shapek, Raymond A. "The Intergovernmental Personnel Act Program and Management Capacity Development". Public Personnel Management, v. 9, no 2, pp. 75–85, 1980.

formulação original. Nos EUA, diferentes funções associadas à gestão dos recursos humanos no serviço público (também chamadas de funções consultiva, executiva, regulatória, investigativa e adjudicativa) são distribuídas entre órgãos com diferentes graus de autonomia com relação ao poder executivo. Tais funções podem ser entendidas como habilidades institucionais exercidas por diferentes organizações com base em uma escala de risco.[11] Diante de uma situação real de violação dos princípios de defesa do mérito, diferentes agências são forçadas a oferecer respostas institucionais apropriadas, que podem variar de intervenções educativas à aplicação de sanções.

No caso americano, a definição das respostas institucionais diante das violações aos princípios de mérito não conta com instâncias de coordenação institucional, muito embora a distribuição de competências permite identificar mecanismos de resposta padrão que simulam o funcionamento da dinâmica judicial: denúncia — investigação — decisão. Na Austrália, que também conta com um sistema de proteção do mérito altamente descentralizado, este desafio é solucionado por meio da criação de instâncias formais de coordenação, como é o caso da *Integrity Agencies Group* (IAG).

O serviço civil no Brasil

No Brasil, a introdução de processos profissionais de gestão de servidores públicos foi residual até a década de 1930, exceção feita

11. Godwin, A. "Governance for Integrity Agencies in Australia: An examination of three models of influence." In: *Designing Governance Structures for Performance and Accountability: Developments in Australia and Greater China*, 2020, pp. 143-66. Disponível em: https://press-files.anu.edu.au/downloads/press/n6634/pdf/ch07.pdf

ao Itamaraty (Ministério de Relações Exteriores) e às Forças Armadas, principais instituições públicas a adotar critérios técnicos de seleção e desenvolvimento de profissionais no período. Foi apenas com a criação do Departamento de Administrativo do Serviço Público (DASP), em 1938, que o Estado brasileiro empreendeu um esforço coerente e articulado de modernização e racionalização da gestão de pessoal no setor público a nível nacional e subnacional.

No entanto, a despeito da recorrência de distintos projetos de profissionalização do serviço público desde os anos 1930 (como o fortalecimento da administração paralela na gestão de Juscelino Kubitschek e a profissionalização de empresas públicas durante a ditadura militar), foi apenas a partir da Nova República, como é conhecido o regime político instituído pela Constituição de 1988 (CF 88), que a realização de concurso público se tornou requisito obrigatório para a ocupação de cargos públicos efetivos, bem como foram instituídas amplas proteções aos servidores públicos no texto constitucional, restringindo a influência político-partidária na definição dos sistemas de incentivo que orientam a atuação dos servidores de carreira, indistintamente.

Com o objetivo de evitar a fragmentação do serviço público com a proliferação de regras específicas de acesso e desenvolvimento de carreira dos servidores — artifício utilizado até então para promover o controle político da burocracia —, a Constituição exigiu dos governos federal e estaduais a adoção de um Regime Jurídico Único (RJU), válido para regular as condições de trabalho de todos os servidores por cada nível de governo. Além do mais, a nova Constituição estabeleceu o concurso público como forma exclusiva de acesso à cargo público efetivo e estável, tendo o Supremo Tribunal Federal (STF) decidido,[12] anos mais tarde, pela invalidade de quaisquer outros mecanismos.

A CF 88 estabelece regras gerais para a gestão do serviço público em dispositivos constitucionais, com ênfase na regulação dos mecanismos de acesso ao emprego público — então visto como o principal entrave à construção de uma burocracia profissional no país. Soma-se a isso o fato de que a regulamentação infraconstitucional da gestão de pessoas no setor público não instituiu uma política coerente de gestão do serviço civil no país, diferentemente do que ocorreu, por exemplo, no caso das políticas sociais (saúde, assistência e seguridade social). Em que pese a existência dessas limitações, tanto a produção legislativa quanto a consolidação da jurisprudência estabeleceram no Brasil um modelo bem definido de organização do serviço público.

De maneira geral, é possível afirmar, que a Nova República[13] consolidou, no Brasil, um conceito de serviço público baseado nas seguintes características: uma burocracia profissional selecionada com base em conhecimentos técnicos, recrutada em início de carreira, a quem é assegurada estabilidade do ingresso à aposentadoria e um sistema de promoções regulares. O conceito também se fundamenta na ideia de que os funcionários públicos

---

12. Súmula vinculante no 43.

13. Ver conceitos discutidos na Revista do Serviço Público (1985 e 1988) por Gileno Fernandes Marcelino, Secretário de Modernização e Reforma Administrativa do Governo Sarney (1985-1990).
Marcelino, G. F. "A Reforma Administrativa na Nova República". In: *Revista do Serviço Público (rsp)*, 42 (1), 1985, pp. 13-18. Fundação Centro de Formação do Servidor Público (Funcep). Disponível em: http://repositorio.enap.gov.br/handle/1/2579
Ibid. "O Estado brasileiro de Cabral a Sarney". In: *Revista do Serviço Público (rsp)*, 43(1), 1988, pp. 23-30. Escola Nacional de Administração Pública (enap). Disponível em: http://repositorio.enap.gov.br/handle/1/2367

são regidos por uma cultura profissional própria (caracterizada por um conjunto específico de valores e pelo vínculo de emprego para toda a vida) e por um regime jurídico distintivo (e diferente da regulação das relações de emprego no mercado de trabalho).

Em contexto internacional, estas são características típicas do modelo de serviço público baseado em carreiras, adotado em diversos países da Europa Continental. Modelo este que deve ser entendido em oposição ao modelo adotado em países nórdicos e anglo-saxões (Noruega, Suécia, Reino Unido, Austrália, Estados Unidos etc.). Nesses países, impera o modelo de serviço público baseado em posições (*position-based*), organizado em torno de cargos com funções bem delimitadas e que são ocupadas por profissionais contratados em competições abertas. Ou seja, um sistema de pessoal mais fragmentado, entendido como um aglomerado de funções exercidas na provisão de serviços públicos. Nesse modelo, os profissionais públicos têm suas perspectivas de carreira limitadas pelo fato das promoções, via de regra, envolverem a competição com profissionais de fora do serviço público.

Como destacado, a regulação infraconstitucional do serviço público no Brasil foi influenciada pelo receio de repetição das experiências dos regimes políticos anteriores à Nova República, marcados pela pulverização das políticas de gestão de pessoas no serviço público por meio da proliferação de exceções e regimes especiais que permitiam a ampliação da influência político-partidária sobre as definições de recrutamento e gestão de pessoal. Tal contexto influenciou a criação de uma norma extensa, com mais de 250 artigos, e que se dedica à regular quase todos os aspectos da gestão do serviço público na administração federal (e que serviu de inspiração para a criação de regras semelhantes em estados e municípios): a Lei nº 8.112/1990, que dispõe sobre o Regime Jurídico Único dos Servidores Civis da União. Entre os assuntos regulados por este instituto, se destacam:

- Proteção contra a demissão imotivada (ou direito à estabilidade no cargo): assegura que não haverá demissão do servidor sem sentença judicial transitada em julgado ou processo administrativo disciplinar;
- benefícios remuneratórios, não remuneratórios e de seguridade social: elenca e descreve o funcionamento de uma série de benefícios que regulam a gestão do trabalho dos servidores, como o direito a férias, licenças, gratificações, regras para aposentadoria, benefícios de gravidez etc.;
- proibições: lista um conjunto de atividades vedadas aos servidores, como receber propina, faltar ao serviço sem justificativa, entre outras; e
- responsabilidades: o RJU indica um conjunto de deveres dos funcionários públicos no exercício de suas funções, cujo descumprimento pode acarretar responsabilização penal, civil e administrativamente.

Em que pese o anseio dos constituintes por uma uniformização das regras de gestão do serviço público, o que se viu nos anos que se seguiram à aprovação do Regime Jurídico Único foi a proliferação de diversos instrumentos legais aprovados para assegurar a diferentes categorias do serviço público federal condições de trabalho específicas. Tratam-se das leis que instituem e regulam a gestão das diferentes carreiras ou grupos de carreiras, que se consolidaram como o principal mecanismo de organização de pessoal da administração pública brasileira, em todos os níveis de governo. Nos últimos trinta anos, houve um movimento de multiplicação das carreiras em nível federal, cada qual com um conjunto de benefícios próprios, como práticas de remuneração e regras específicas de gestão da ascensão funcional. A aprovação de benefícios para as diferentes carreiras seguiu uma lógica corporativa — na ausência de uma política consistente e transversal de gestão de pessoas para todo o governo — quanto maior a capacidade das diferentes carreiras em acessar os espaços de decisão, maior sua capacidade de assegurar benefícios remuneratórios e não remuneratórios para a gestão de suas carreiras.

Uma das reações mais importantes da jurisprudência e do próprio poder legislativo a esse processo de desagregação das práticas de gestão de pessoal foi assegurar que ao menos as práticas de acesso ao serviço público se mantivessem consistentes em todo o serviço público. Essa também foi a reação de um dos principais grupos de pressão que hoje influenciam a regulação do serviço público no Brasil: os candidatos a servidores, também conhecidos como "concurseiros". Ou seja, diante da desagregação das políticas de recursos humanos, fortaleceu-se uma estratégia jurídica de limitar quaisquer flexibilidades administrativas que pudessem representar uma ameaça à igualdade entre os potenciais candidatos no acesso à função pública, institucionalizando diferentes mecanismos que pudessem garantir a impessoalidade dos processos de seleção de pessoas.

Tanto o legislador quanto os magistrados, em respeito à Constituição e diante da pressão social liderada pelos concurseiros, se ativeram ao fortalecimento do ideal republicano de garantia da igualdade entre os postulantes à servidores públicos: o primado das regras sobre as relações de natureza pessoal. Em termos históricos, percebe-se aí forte influência do pensamento político brasileiro sobre fenômenos como o clientelismo, o coronelismo e o patrimonialismo. O diagnóstico dos constituintes e ação subsequente das autoridades da Nova República sobre as disfuncionalidades do serviço público era semelhante, e o remédio adotado foi instituir um modelo de recrutamento baseado na avaliação de conhecimentos enciclopédicos, que se consolidou no imaginário nacional como o mecanismo mais adequado para a escolha de profissionais aptos ao exercício da função pública.

Em linhas gerais, houve um movimento decidido de criar uma burocracia autônoma, selecionada com base no mérito, superando as experiências dos regimes anteriores. Todavia, esse processo foi orientado pelo objetivo de garantir aos candidatos a chance de uma avaliação isonômica, livre de influências político-partidárias, em detrimento do objetivo de munir a administração do capital humano necessário para executar políticas públicas de maneira apropriada.

Desde a redemocratização, foram escassas as tentativas de reforma do modelo de seleção de pessoal, de modo que os principais projetos de lei apresentados no período trataram de reforçar a regulação da concorrência no acesso aos cargos públicos, mas não discutem mecanismos mais adequados para suprir o serviço civil de profissionais capazes de atender às demandas institucionais do Estado na provisão de bens e serviços públicos. Ou seja, não apenas as práticas de seleção como o próprio debate público em torno dos concursos ocorreram em função das demandas dos candidatos e da proteção aos seus direitos, em detrimento das necessidades administrativas do Estado e dos interesses dos usuários do serviço público, a cidadania. Assim sendo, as discussões político-legislativas sobre o instituto do concurso público se orientam em razão das estratégias de reconhecimento dos *concurseiros*.

Constituiu-se uma narrativa em torno dos usos e propósitos do concurso público, de modo a legitimar os funcionários públicos enquanto os mais competentes, em que mesmo a sua estabilidade é colocada como benefício do funcionalismo, e não da proteção do interesse público em torno de um serviço público politicamente neutro e de alto desempenho. Por meio da ação de um conjunto de atores (sobretudo as organizações de representação corporativa dos servidores) estabeleceu-se uma forte identidade em torno do concurso público "ideal", evidentemente aderente às expectativas dos candidatos.[14]

O concurso público e as fraquezas do sistema de mérito

A realidade das práticas de gestão de pessoas no setor público reflete o viés legal-racional dado ao planejamento e à execução dos concursos públicos no país — ou seja, a análise dos processos de recrutamento e seleção de pessoal no serviço público permitem compreender o funcionamento dos demais subsistemas de gestão dos recursos humanos no Estado. Em detrimento do avanço das teorias de gestão de pessoas no mundo privado e no setor público em países líderes em matéria de reforma e modernização governamental, não houve avanço significativo em termos de introdução de ferramentas de gestão de pessoas de natureza estratégica no Brasil, isto é, capazes de estabelecer práticas de gestão por competências alinhadas às diretrizes organizacionais dos órgãos públicos.

Na realidade, o que se observa é que os concursos públicos raramente levantam as competências, habilidades, aptidões e atitudes necessárias para o desenvolvimento de atividades pro-

14. Fontainha, Fernando de Castro et al. "O concurso público brasileiro e a ideologia concurseira". In: *Revista Jurídica da Presidência*, v. 16, no 110, 2015, pp. 671-702.

fissionais associadas a determinados cargos. De maneira geral, os processos de admissão não demandam provas práticas que simulem desafios profissionais objetivos, selecionando os candidatos através de mecanismos avaliativos que não guardam relação com contextos reais enfrentados pela carreira pública. Surpreendentemente, o marco jurídico nacional prevê a existência de duas ferramentas hoje pouco exploradas, mas que, caso implementadas de maneira inteligente, poderiam contribuir para a melhoria dos processos de seleção e gestão de pessoas: o estágio probatório e os cursos de formação inicial.

A legislação prevê a existência de mecanismos de avaliação de servidores recém-nomeados, como suporte ao processo de seleção. No entanto, tais instrumentos são em grande medida ignorados, sendo raros os episódios de exoneração por insuficiência de desempenho, seja nos cursos de formação inicial, seja em avaliações de estágio probatório. Desse modo, o quadro normativo e a prática administrativa permitem assegurar que não há projeto ou política institucional coerente para a seleção de profissionais públicos pelo Estado brasileiro, a despeito de importantes avanços em termos de transparência e promoção do amplo acesso aos concursos públicos, e outras experiências bem-sucedidas e isoladas, restritas a órgãos de excelência, que constituem exceção à regra.

Verifica-se a incoerência das estratégias de seleção ao contrastar determinadas características comuns aos concursos. A saber:

- *Promoção do amplo acesso*: ao mesmo tempo que a lógica de organização dos certames orienta-se em função da oferta igualitária (e objetiva) às condições de aprovação, o que desestimula a aplicação de exames psicológicos e avaliações de vida pregressa, é comum observar a cobrança de elevadas taxas de inscrição, o que dificulta ou impossibilita o acesso de parcelas substanciais da população;

- *valorização da experiência profissional*: a inscrição em conselhos de classe é requisito comum em concursos de distinta natureza, em sinal de reconhecimento da experiência profissional dos candidatos e da fiscalização exercida por tais organizações. Por outro lado, a aplicação direta de exames práticos (similares aos aplicados para registro em conselhos de classe), tal como a realização de análise curricular (tendo em vistas experiência profissional pregressa), são práticas raras, pois tendem a ser consideradas instrumentos avaliativos de caráter subjetivo;
- *valorização da experiência acadêmica*: a comprovação de títulos acadêmicos é prática comum aos concursos, trata-se da valorização da produção científica dos candidatos (como cursos de especialização, pós-graduação, mestrado, doutorado, publicações acadêmicas) enquanto atributo relevante para o exercício da função pública. No entanto, a aplicação de provas orais ou entrevistas, rito indispensável à obtenção de titulação acadêmica (aprovação por banca de especialistas), é expediente raro aos concursos, considerados instrumentos de caráter subjetivo.

Em termos de demanda por profissionais, a defasagem das leis que estipulam as atribuições de cada carreira, tais como os perfis, competências e habilidades adequadas ao seu exercício, dificulta o desenho de estratégias claras e bem definidas de contratação, capazes de atender às necessidades específicas dos diferentes órgãos. Em vistas das restrições em matéria de definição de perfil, os órgãos públicos tratam de estabelecer os pontos programáticos e a ênfase a ser empregada na correção das provas, mas acabam por não se envolver na avaliação do processo seletivo. Isto é, do ponto de vista jurídico e gerencial, o concurso é tratado como um período isolado da vida funcional do futuro servidor.

Em termos de oferta de capital humano, a ausência de um projeto institucional de seleção e as consequências em termos de indefinição das competências necessárias ao desempenho das diferentes funções públicas (de natureza lógico-matemática, linguística, interpessoal, entre outras) acabam por desorientar a oferta de capacitação técnica e de serviços educacionais de suporte ao ingresso ao serviço público. Assim, a administração pública deixa de recrutar bons profissionais por não incorporar instrumentos de avaliação de competências aos seus processos de seleção, excluindo de seu repertório avaliativo critérios indispensáveis ao desempenho das atividades profissionais próprias do serviço público. Falta coerência entre os processos de recrutamento e seleção e as competências necessárias ao exercício da função pública.

Tendo em conta as imperfeições do modelo de concursos públicos, a subutilização dos cursos de formação inicial e dos mecanismos de avaliação em estágio probatório, soma-se a esse quadro um marco normativo que dificulta a exoneração de profissionais de baixo desempenho ou que apresentem características comportamentais que influenciam negativamente o ambiente de trabalho, tal como uma política salarial geradora de alta rotatividade dos cargos de menor remuneração (comumente ocupados por "*concurseiros* profissionais"), gerando demanda constante pela abertura de novos processos seletivos.

Como resultado, o país conta hoje com uma política de ocupação de cargos públicos baseada na aplicação de mecanismos avaliativos de eficácia restrita, um quadro normativo fundamentalmente disperso e pouco coerente, vítima da dispersão regulatória causada pela multiplicação de carreiras e a virtual inexistência de um órgão central que não apenas se responsabilize pela formulação, execução, acompanhamento e avaliação das políticas de pessoal, mas que disponha das condições humanas, tecnológica e financeiras para fazê-lo.

Ainda mais preocupante é observar que, se o fortalecimento institucional dos mecanismos de seleção de servidores observado nas últimas três décadas, como destacado anteriormente, impôs limites ao loteamento do serviço público em negociações de caráter clientelista, os avanços insuficientes na institucionalização dos demais subsistemas de gestão dos recursos humanos tornaram à administração pública brasileira suscetível à diversas práticas de enfraquecimento da autonomia do serviço público que dão fundamento a estratégias mais amplas de erosão democrática. Se as portas de ingresso no serviço público por mecanismos não meritocráticos foi reduzida, o que se observa nos últimos anos é o uso de práticas administrativas que visam constranger os membros do serviço público a se submeterem à agenda política do governo de turno, mesmo quando estas se caracterizam pelo confronto às disposições constitucionais e aos princípios de mérito.

Considerações finais

Entender o papel do serviço de mérito requer cuidado com as nuances. Se, por um lado, a autonomia administrativa dos órgãos públicos é importante para evitar a captura do Estado por interesses privados, o isolamento da burocracia com relação ao poder político também representa um desafio ao princípio do controle democrático da administração pública de qualquer país. Portanto, a discussão não está apenas circunscrita ao contexto do Brasil.

O processo de aperfeiçoamento institucional baseado na expansão dos concursos públicos impessoais, bem como o fortalecimento de seu caráter de seleção livre de influências político-partidárias, não foi acompanhado de estratégias efetivas de capacitação baseadas em gestão por competências, ou mecanismos de avaliação do desempenho efetivo — que por sua vez demandam a ampliação da flexibilidade gerencial dos diferentes órgãos públicos. Por essa razão, não foram criadas as condições que, em países como os EUA e o Reino Unido, levaram ao desenvolvimento de instituições dedicadas a funções específicas de supervisão e avaliação externa das práticas de gestão de pessoas.

Observa-se que não há estratégia definida de seleção de pessoal para o Estado brasileiro. O déficit de gestão estratégica de recursos humanos associado às imperfeições do instituto do concurso público leva ao desenvolvimento de graves distorções no mercado de trabalho. O processo de construção de um sistema de proteção do mérito é uma obra inacabada, um empreendimento institucional que foi capaz de dotar o país de alguns dos fundamentos de uma burocracia autônoma, mas que carece de dispositivos que se mostram cada vez mais necessários diante das mudanças recentes do funcionamento do sistema político nacional.

Durante a gestão Bolsonaro (2019-2022), a fragilidade dos sistemas de proteção do mérito no serviço público brasileiro tornou-se notória, devido ao acúmulo de evidências sobre a ingerência política de membros do governo na formulação de documentos técnico-científicos e sobre o exercício das funções de fiscalização e controle em órgãos estratégicos. As estratégias adotadas para viabilizar a ingerência política em diferentes entidades podem variar, mas de maneira geral elas representam uma expansão da influência dos líderes eleitos e dos ocupantes de cargos comissionados (dirigentes públicos e seus assessores) sobre a condução administrativa dos negócios do Estado.

Recomendações para fortalecer o sistema de mérito do serviço público

RENATA GIANNINI

IGOR NOVAES LINS

MICHAEL CERQUEIRA

RAFAEL LEITE

Publicado em 18 de abril de 2023

Introdução

A criação de um sistema de proteção do mérito no Brasil é uma tarefa inconclusa. A construção de mecanismos que permitam equilibrar a autonomia do serviço público com a necessária *accountability* democrática por parte dos servidores (isto é, com a existência de incentivos para que estes implementem as políticas da agenda de governo) ainda é um desafio carente de evidências e diagnósticos adequados.

O reconhecimento das fragilidades do sistema de mérito reforça a necessidade de uma agenda de reformas que permita ao Estado brasileiro introduzir normas para reduzir a influência política sobre as políticas de gestão de pessoas no serviço público. Mais que normas pontuais e descoordenadas entre si, é necessária a criação de uma rede de constrangimentos procedimentais que permitam ao governo instituir políticas de pessoal, mas não determinar os resultados dessas políticas em situações específicas do cotidiano da administração. Chamamos constrangimentos procedimentais à existência de um conjunto de normas formais e informais e procedimentos padronizados que assegurem que as razões de mérito sejam levadas em conta na definição das políticas de recursos humanos. A adoção de tais constrangimentos, desde que desenhados de maneira adequada, tem potencial de assegurar a impessoalidade do serviço público, bem como torná-lo mais eficiente.

Aperfeiçoar o sistema de proteção do mérito torna-se, portanto, uma tarefa necessária para fortalecer a democracia. Nesse contexto, o Instituto Igarapé, em parceria com a República.org, analisou cuidadosamente o caso brasileiro à luz de referências internacionais e elaborou uma série de recomendações de reforma e aperfeiçoamento da gestão de pessoas no serviço público brasileiro. Acreditamos ser necessário promover um amplo debate a esse respeito à luz do acúmulo de aprendizados sobre os desafios de profissionalização da administração pública, em especial os observados desde a crise econômica brasileira de 2014 e seus efeitos sobre a política nacional.

Em nosso entendimento, são quatro os eixos de atuação necessários: 1) melhor controle da discricionariedade; 2) profissionalização das funções de recursos humanos; 3) revisão da governança de gestão de pessoas; e 4) regras mais acessíveis e transparentes.

Recomendações

Como aperfeiçoar o sistema de proteção do mérito no serviço público? Com base no diagnóstico elaborado, sugerimos quatro grandes áreas de melhoria:

1. Melhor controle da discricionariedade

Avaliamos que são frágeis e pouco consistentes os mecanismos responsáveis por incentivar o equilíbrio entre política e administração na gestão do serviço público brasileiro, e uma das razões para tanto é a carência de regulamentação clara sobre os limites da influência dos políticos eleitos sobre os resultados da política de pessoal, além do papel dos burocratas enquanto implementadores da agenda dos governos eleitos. Tal lacuna resulta em uma dinâmica de enfrentamento que frequentemente se traduz em políticas públicas pouco eficientes e eficazes. Esse é um cenário que se torna ainda mais complexo devido à abordagem legalista dominante na regulamentação de recursos humanos no setor público, por sua natureza hermética — o que contribui para aumentar a complexidade da gestão de recursos humanos.

A ausência de uma orientação gerencial para a gestão de pessoas no serviço público acarreta um desequilíbrio na relação entre política e administração. Esse desequilíbrio se manifesta, por exemplo, na concentração de poder em servidores com conhecimento das normas infralegais e na criação de espaços para atuação arbitrária dos dirigentes políticos nas áreas cinzentas da regulamentação.

A fim de estabelecer uma relação harmoniosa entre política e administração na gestão do serviço público, é imperativo redefinir e regulamentar os limites entre a influência dos políticos e o papel dos burocratas. Para tanto, é necessário:

a) estabelecer normas claras, simples e transparentes para os principais processos na gestão pública, garantindo uma conexão explícita entre os objetivos da organização e os servidores responsáveis pela execução;

b) desenvolver uma abordagem gerencial eficiente em recursos humanos, que considere critérios meritocráticos e esteja alinhada aos desafios e objetivos dos órgãos públicos;
c) padronizar atividades de gestão dos recursos humanos por meio do dimensionamento adequado do quadro de servidores, respeito às regras para distribuição de pessoal e adoção da descrição de cargos e competências esperadas para o exercício de funções de liderança, entre outras medidas;
d) limitar a discricionariedade arbitrária dos gestores, adotando mecanismos de supervisão que assegurem que as decisões de gestão de pessoal sejam pautadas pelo mérito e pela transparência.

2. Profissionalização das funções de recursos humanos

A discussão aprofundada acerca das funções consultivas, executivas, regulatórias, investigativas e adjudicativas da área de recursos humanos (RH) revela uma concentração dessas funções nas unidades de RH nos órgãos públicos brasileiros ou em estruturas descentralizadas e com escasso conhecimento técnico.

As unidades descentralizadas de RH enfrentam a falta de suporte e dependem de estratégias definidas por suas unidades centrais, geralmente embasadas em critérios limitados e insuficiente tecnicidade. Tal cenário é evidenciado ao se comparar diferentes órgãos federais, onde não se observa qualquer relacionamento ou construção de ações e normatizações orientadas por uma diretriz central.

Essa lacuna afeta diretamente a execução da gestão de pessoas, visto que cada órgão implementa políticas de acordo com suas necessidades e capacidade institucional. Tal deficiência repercute na qualidade da regulação e na resolução de eventuais conflitos na aplicação do que é regulamentado. A análise das respostas dos órgãos consultados indica pouca presença de conhecimentos técnicos em gestão de pessoas ou aplicação de conceitos modernos nessa área, seja em termos de competências técnicas, seja no uso estruturado de dados. A situação é um reflexo da legislação que aborda os processos na área de forma legalista, sem atenção a uma perspectiva estratégica e gerencial.

A resolução de conflitos na área de RH também é afetada por essa problemática. Atualmente, não há varas especializadas em tratar do assunto no âmbito do serviço público, resultando em uma abordagem legalista, sem consideração aos impactos gerenciais na implementação de políticas públicas.

Para enfrentar esse desafio, é crucial investir na criação e formação de capital humano especializado em temáticas de RH. Embora a previsão de estruturas administrativas seja essencial para a estratégia de construção de um sistema meritocrático, a formação de servidores capazes de abordar o tema de forma específica é determinante para a elaboração de normatizações, operacionalizações e julgamentos que considerem as necessidades particulares de cada política pública.

3. Revisão da governança de gestão de pessoas

Em um sistema de mérito no serviço público, existem diversas funções que se complementam, podendo ser agrupadas em cinco tipos: consultivas, executivas, regulatórias, investigativas e adjudicativas. No Brasil, todas essas funções são geralmente exercidas de maneira concentrada pelas unidades de RH dentro dos órgãos públicos. No entanto, em outros países, como o Reino Unido e os Estados Unidos, essas funções são distribuídas entre diferentes órgãos, conferindo maior especialização e autonomia às atividades de gestão de pessoas.

O modelo britânico funciona a partir de duas grandes estruturas autônomas: a *Civil Service Commission*, responsável pelas funções reguladoras, investigativas e adjudicativas, e a *Civil Service Human Resources*, encarregada da função executiva. A autonomia desses órgãos permite maior distanciamento de decisões políticas e garante aos eleitos a segurança de uma estrutura especializada que atenda às necessidades.

No modelo americano, há descentralização entre diferentes agências responsáveis por cada uma das funções. Isso garante um controle mútuo entre elas e maior especialização em cada função. A *Office for Personnel Management* (OPM) trabalha com as funções regulatória, consultiva e executiva; o *Merit System Protection Board* (MSPB) atua nas funções consultivas e adjudicativas; o *Office of Special Counsel* (OSC), na função investigativa; e o *Federal Labor Relations Authority* (FLRA), na adjudicativa. Apesar da complexidade e do número considerável de agências, há grande especialização temática, garantindo que todos os temas possuam um olhar criterioso do governo e suporte direto aos gestores.

Nesses modelos internacionais, alguns órgãos são responsáveis pela gestão executiva do dia a dia da gestão de pessoas, enquanto outros órgãos, mais autônomos, ficam encarregados de funções investigativas e adjudicativas. Essa estruturação possibilita maior liberdade para que os órgãos responsáveis possam investigar e tomar medidas corretivas em casos de decisões executivas ou regulatórias mal executadas ou que favoreçam interesses políticos em detrimento do mérito.

Não há uma resposta única sobre qual caminho o Brasil deve seguir em termos de estrutura. No entanto, fica evidente que o modelo atual de concentração de atribuição e pouca especialização das atividades não é efetivo na gestão de pessoas nos governos. Diante desse contexto, é relevante que o Brasil repense o desenho e a governança das estruturas de RH, visando à garantia de um sistema mais adequado de proteção do mérito no serviço público, inspirado pelos modelos britânico e americano.

A criação de agências autônomas responsáveis por definir questões regulatórias de RH e garantir que a gestão de pessoas no serviço público seja feita de maneira profissional é uma possibilidade. Além disso, a criação de outro órgão especialmente dedicado a investigar se os gestores estão utilizando sua flexibilidade de gestão do RH para tomar decisões que não beneficiam o mérito, e sim interesses políticos, também pode ser uma estratégia eficaz. Assim, o Brasil pode construir um sistema mais robusto e eficiente de proteção do mérito no serviço público com a finalidade de garantir um governo mais eficaz e transparente para a população.

4. Regras mais acessíveis e transparentes

A transparência e a acessibilidade das políticas de gestão de recursos humanos em administrações públicas são consequências diretas de sua estruturação. No contexto brasileiro, observa-se a presença de normativas legalistas, centralizadas em um único órgão e caracterizadas por um enfoque limitado no aspecto estratégico. Dessa maneira, os processos tendem a priorizar o cumprimento de requisitos legais em detrimento da qualidade dos serviços prestados.

Tal abordagem dificulta a compreensão por parte dos servidores públicos a respeito das normas necessárias para solicitar transferências, bem como dos critérios considerados na definição de promoções. Ademais, políticas de desenvolvimento profissional raramente levam em conta a realidade vivenciada pelos servidores e os desafios enfrentados no cotidiano laboral.

Para garantir um sistema meritocrático efetivo na gestão pública, é fundamental que os valores norteadores do sistema sejam claramente compartilhados e a acessibilidade à informação sobre seu funcionamento seja garantida a todos os envolvidos. Portanto, torna-se imperativo revisar e simplificar as normas de recursos humanos no serviço público brasileiro, visando a maior consistência, clareza, objetividade e compreensibilidade, a fim de evitar abusos e tratamentos preferenciais e de promover o alinhamento entre a busca por aprimorar o desempenho no setor público e os mecanismos de avaliação e incentivo ao desempenho dos servidores.

Quadro-síntese

Dimensão a ser trabalhada	Problemas a serem evitados	Exemplo de ação a ser implementada
Melhor controle da discricionariedade	Decisões sobre nomeações, transferências, promoções e desligamentos realizadas com base em critérios pessoais ou político-partidários. Nomeação de dirigentes públicos com base em critérios exclusivamente políticos.	Melhor definição das atribuições e objetivos das unidades de gestão de pessoas. Criação de descrição de cargos (com atribuições e competências) para posições de lideranças. Revisão das normativas de RH, criando critérios claros e baseados nos perfis de cargo para instituir processos de transferência e remoção de servidores.
Profissionalização das funções de recursos humanos	Decisões de RH tomadas por profissionais sem aptidão ou competência para análise estratégica de gestão de pessoas.	Elaboração de mecanismos de supervisão das políticas de RH (com ênfase na análise de impacto das políticas, e não no cumprimento de ritos legais e burocráticos). Criação de canais específicos para a denúncia de decisões que contrariam os princípios de mérito, bem como a proteção de denunciantes.
Revisão da governança de gestão de pessoas	Concentração de atribuições em unidades de gestão de pessoas, mesclando em um único órgão atribuições que demandam diferentes tipos de alinhamento entre política e administração. Pouco conhecimento sobre gestão estratégica de gestão de pessoas.	Redistribuição das competências de gestão de pessoas com maior independência para as funções de supervisão e monitoramento do resultado das políticas de RH.
Regras mais acessíveis e transparentes	Concentração de poder em gestores ou servidores que conheçam meandros da legislação em gestão de pessoas. Uso de espaços não regulamentados na legislação para fins político-partidários ou pessoais.	Consolidação e simplificação das regras e normativas, evitando distorções e favorecimentos. Criação de guias de orientação acessíveis e transparentes. Portal da Transparência de RH, simplificando informações como o perfil de cargo, o currículo e a remuneração de profissionais públicos.

Conclusão

Dessa forma, concluímos que a institucionalização de um sistema de proteção ao mérito, capaz de reduzir a arbitrariedade das decisões discricionárias em políticas de pessoal, passa necessariamente pelo fortalecimento dos chamados "constrangimentos procedimentais". Esses elementos orientam as decisões do Poder Executivo em relação à gestão da função pública e consistem em um conjunto de normas formais e informais, além de procedimentos padronizados, que garantem a consideração do mérito na definição das políticas de recursos humanos. Esses constrangimentos se materializam por meio de processos gerenciais normatizados, pautados não apenas por leis, mas também pela prática administrativa.

Identificamos que, no contexto brasileiro, os constrangimentos procedimentais que precisam ser instituídos ou aprimorados com urgência envolvem as práticas de alocação de recursos humanos. Isso inclui a admissão e demissão de cargos de liderança nas áreas de ouvidoria, corregedoria e gestão de recursos humanos, assim como as práticas de movimentação vertical (promoção) ou horizontal (transferência física ou mudança de equipes). Além disso, é necessário aperfeiçoar os procedimentos de recebimento de denúncias e proteção de denunciantes em assuntos relacionados à gestão de pessoas — hoje sob responsabilidade das unidades de ouvidoria em cada órgão de governo. Também observamos a fragilidade das unidades de corregedoria, responsáveis por investigar e adjudicar decisões relacionadas ao eventual descumprimento de regras de gestão de recursos humanos.

Avaliamos que o aperfeiçoamento dos constrangimentos procedimentais nos casos mencionados pode ocorrer de diversas maneiras, como por meio da profissionalização dos mecanismos de seleção dos responsáveis pelas áreas de gestão de pessoas. Isso envolve a divulgação ampla de perfis de cargos objetivos (em vez de listas de atribuições) e a exigência de processos estruturados de seleção por competências (orientados por guias detalhados que promovam a integridade e a replicabilidade dos processos avaliativos). Outras medidas relacionam-se à criação de padrões mínimos para procedimentos sobre a movimentação vertical e horizontal de recursos humanos e da fundamentação de todas as decisões de gestão de pessoal em pareceres técnicos e gerenciais transparentes.

A existência desses constrangimentos procedimentais, traduzidos em instrumentos detalhados de regulação das políticas de pessoal, juntamente com a definição de uma autoridade responsável por supervisionar e garantir sua aplicação em todo o serviço público são medidas que permitiriam ao governo brasileiro fortalecer de forma inédita o emergente sistema de proteção ao mérito em desenvolvimento no país. A implementação dessas medidas contribuiria para fortalecer uma doutrina transparente que nos permita avaliar as práticas de gestão de recursos humanos no setor público e julgar eventuais desvios de forma objetiva, superando o cenário atual de ausência virtual de critérios para analisar as políticas de pessoal. O cenário atual, como vimos, gera amplo espaço para abuso da discricionariedade que, nos últimos anos, tem se manifestado em repetidos episódios de arbitrariedade política.

Valorização do servidor público no Brasil

DOLORES TEIXEIRA DE BRITO
BÁRBARA CARDOZO
RENAN MAGALHÃES
VICTORIA LACASA
ISABELA TRAMANSOLI

Publicado em 2 de maio de 2022

O projeto Valorização do Profissional Público no Brasil é uma iniciativa da República.org que teve como objetivo explorar este tema na literatura acadêmica e a partir da percepção de servidores públicos e especialistas em administração pública para melhor compreendê-lo. O trabalho foi realizado de setembro a dezembro de 2020, por meio tanto de levantamento de sua base teórica e sua associação com a literatura da administração pública e da psicologia, privilegiando a identificação de políticas, programas ou iniciativas de valorização do servidor público, como da realização de dois grupos focais com servidores estaduais de diferentes estados do país e de entrevistas com especialistas responsáveis por políticas de valorização no setor público brasileiro. Os resultados do trabalho proporcionaram, então, diferentes perspectivas sobre o tema: teórica, dos próprios servidores e a de políticas/iniciativas de valorização, nacionais e internacionais.

Esse exercício exploratório apontou três eixos de valorização do servidor público: sociedade, gestão ou organizacional e remuneratória ou de carreiras. Assim, as diferentes perspectivas serão apresentadas em uma série de textos, sendo este dedicado à fundamentação teórica sobre o tema.

O que nos diz a teoria sobre valorização do profissional público

Diferentemente de outros conceitos relacionados a pessoas no âmbito do setor público, tais como motivação para o serviço e engajamento, a valorização do servidor público não é encontrada na literatura como um conceito ou constructo claramente definido. Nas discussões iniciais, surgiram dúvidas e perguntas que nortearam nossa busca por respostas: o que significa reconhecimento? É semelhante à valorização? Como a valorização se relaciona com os conceitos de Motivação para o Serviço Público, engajamento e o *éthos* do serviço público? A opinião da sociedade em relação aos servidores públicos importa para se sentirem valorizados? O significado de valorização é o mesmo para todos os servidores públicos?

A área de estudo que investiga a valorização de um empregado e os efeitos que ela tem em seu desempenho ainda é muito recente e fragmentada, havendo diferentes campos de pesquisa com metodologias que não estão bem conectadas. Essa área é ainda mais difusa quando o foco da análise se trata essencialmente de estratégias de valorização do servidor público. Tais análises são majoritariamente encontradas no campo de estudo da Motivação para o Serviço Público (*Public Service Motivation* [PSM]), uma área de conhecimento estruturada a partir das perspectivas da psicologia, economia e, finalmente, por meio da junção dessas duas áreas com a economia comportamental.

Apesar da crescente aceitação geral das práticas de valorização de funcionários de corporações também no setor público e dos sistemas de reconhecimento ganharem popularidade entre gestores, o tema da valorização, assim como do reconhecimento, foi objeto de poucos estudos empíricos. Tal escassez de pesquisas gera lacunas de conhecimento entre a perspectiva teórica e os estudos sobre sua aplicação prática que demonstrem o impacto da valorização nos indivíduos e nas organizações. Para Cowley e Smith (2014),[1] a falta de pesquisas acadêmicas na área tem como resultado a ausência de um modelo teórico a partir do qual pesquisas sobre reconhecimento de funcionários possam ser construídas.

Quando profissionais discutem mecanismos de reconhecimento, eles se referem a uma diversidade de ações que podem variar desde um simples "obrigado por fazer um bom trabalho" dito espontaneamente até complexos programas de valorização na organização. Nesse sentido, o reconhecimento pode ser considerado "um conceito ambíguo com pouca base teórica" (Neckermann; Cueni; Frey, 2009).[2]

Da mesma forma, quando tratada de maneira específica a partir da administração pública, a valorização do funcionário também ganha um foco maior dos teóricos dos estudos de motivação, embora de maneira fragmentada pelos autores que

1. Cowley, Edd; Smith, Sarah. "Motivation and mission in the public sector: Evidence from the World Values Survey". *Theory and Decision*, v. 76, nº 2, pp. 241-63, fev. 2014.

2. Neckermann, Susanne; Cueni, Reto; Frey, Bruno S. "What is an Award Worth? An Econometric Assessment of the Impact of Awards on Employee Performance" (15 de maio, 2009). *CESifo Working Paper Series*, nº 2657, 2009, pp. 1-43.

trabalham com conceitos de gestão de pessoas, abordando identidade, qualidade da gestão, saúde organizacional e capital social. O tema é ainda encontrado indiretamente na busca por soluções econômicas para a gestão de pessoas, quando se advoga por reconhecimento não remuneratório de funcionários como uma alternativa mais efetiva e acessível que o de natureza pecuniária, como um instrumento para aumentar desempenho e produtividade, assim como reduzir o absenteísmo.

Mesmo fragmentado em diferentes áreas de conhecimento, de forma não estruturada, o conceito de valorização do funcionário pôde ser definido como:

> [...] primeiro e acima de tudo uma resposta construtiva; é também um julgamento feito sobre a contribuição da pessoa, que reflete não somente o desempenho no trabalho, mas também a dedicação pessoal e engajamento. Por fim, reconhecimento está inserido em uma base regular ou *ad hoc*, e é expressa formal ou informalmente, individual ou coletivamente, privada ou publicamente e monetariamente ou não monetariamente. (Brun; Dugas, 2008, p. 727).[3]

Esse simples exercício de tentar definir a valorização do servidor público pode ser visto como uma grande tarefa, especialmente se tentarmos defini-lo isoladamente. É importante, portanto, realizar alguns passos preliminares antes de irmos ao termo propriamente dito.

---

3. Brun, Jean-Pierre; Dugas, Ninon. "An analysis of employee recognition: Perspectives on human resources practices". *The International Journal of Human Resources Management*, v. 19, nº 4, pp. 716-30, apr. 2008.

Definições: motivação, reconhecimento, valorização

Compreender as estratégias efetivas de valorização de funcionários da administração pública é principalmente analisar o campo motivacional e seus diferentes aspectos e como suas estratégias se desenvolveram ao longo do tempo a partir das diferentes áreas até serem consolidadas pela Motivação para o Serviço Público. Assim, optou-se por realizar uma pequena revisão das teorias que tratam de motivação no contexto geral como base para uma análise mais específica, segundo a qual: "[...] motivação descreve processos pelos quais certas motivações são ativadas e transferidas a ações. Isso resulta em um estado de comportamento orientado para um objetivo, caracterizado por direção, intensidade e persistência. A motivação para buscar um objetivo depende de incentivos situacionais, preferências pessoais e suas interdependências." (Ritz; Neumann; Vandenabeele, 2016, p. 347).[4]

Vários campos teóricos consideram a motivação para o trabalho um fator de sucesso organizacional. Diferentes disciplinas tentaram ao longo do tempo provar empiricamente os processos de motivação dentro das organizações e os mecanismos que a fazem aumentar ou diminuir. Para Ritz, Neumann e Vandenabeele (2016),[5] a motivação atua como uma maneira de predizer comportamentos e desempenhos de indivíduos, que, por sua vez, contribuem para o desempenho e o sucesso da organização. A motivação sozinha, entretanto, não explica sucesso, mas, sim,

---

4. Ritz, Adrian; Neumann, Oliver; Vandenabeele, Wouter. "Motivation in the Public Sector". In: Klassen, Thomas R.; Cepiku, Denita; Lah, T. J. (orgs.). *The Routledge Handbook of Global Public Policy and Administration. Routledge international handbooks*. Nova York: Routledge, 2016. pp. 414-26.

5. Idem.

age de forma catalítica, de modo a encorajar indivíduos a transformar motivações em comportamentos — ou como criar a vontade de agir sobre aquela motivação para produzir resultados. Os autores concluem que essa vontade está baseada em atenção focada, na gestão das emoções, na autoeficácia, na autodisciplina orientada para objetivos e na observação do sentido de uma tarefa. Esse conjunto de atributos é especificamente relacionado ao contexto da administração pública, já que "a vontade de agir de acordo com a motivação para atingir um resultado depende muito do entendimento de por que existem instituições públicas e que papel elas desempenham na sociedade" (Ritz; Neumann; Vandenabeele, 2016, p. 347).[6]

Nas ciências da administração, aspectos da psicologia e economia buscaram explicar os fatores determinantes da motivação e mecanismos que interferem no ganho motivacional dos trabalhadores, apresentando diferentes respostas à mesma pergunta. Pesquisadores da área da psicologia concentraram as respostas nos fatores intrínsecos, ou seja, fatores que se originam internamente no indivíduo e são inerentes à atividade desempenhada — prazer, sentimento de missão e diversão. Teorias econômicas, por sua vez, foram fundamentalmente associadas a fatores extrínsecos como causas da motivação — recompensas externas ao desenvolvimento da atividade, tais como salário, prêmios e punições.

No campo da economia, o desempenho de funcionários foi explicado pelos diferentes incentivos financeiros recebidos, considerados os únicos mecanismos de valorização. Várias teorias ao longo do século xx tentaram estruturar a relação entre motivação

6. Ibidem.

ção e remuneração, sendo a teoria da agência um conceito formal precursor, segundo a qual a remuneração de Jensen e Meckling (1976)[7] é usada como uma ferramenta de controle para alinhar os interesses individuais dos funcionários às expectativas da organização e do empregador, bem como minimizar a possibilidade de os funcionários perseguirem objetivos diferentes das responsabilidades estabelecidas no contrato. "Para a teoria da agência, uma das melhores e mais eficientes maneiras de lidar com este problema é desenhar incentivos, principalmente financeiros, ligados ao desempenho" (Assis, 2019).[8]

Outras teorias emergem como resultado da teoria da agência, todas com o mesmo grau de evidência empírica. A teoria da eficiência (Solow, 1979)[9] postula que aumentar o salário-base de uma organização acima da média do mercado aumenta o nível de motivação dos funcionários. A teoria do salário justo (Akerlof; Yellen, 1990)[10] propõe que o funcionário realiza um cálculo individual subjetivo para determinar o nível de esforço em relação ao salário — quanto mais justo e apropriado ele considera esse salário, mais ele irá se esforçar. A teoria do torneio (Lazear;

---

7. Jensen, Michael C.; Meckling, William H. "Theory of the firm: Managerial behavior, agency costs and ownership structure". *Journal* of *Financial Economics*, v. 3, nº 4, 1976, pp. 305-60.

8. Assis, Luís Otávio Milagres de. *Compreendendo as variações e os determinantes do engajamento e motivação para o trabalho de servidores públicos.* Tese de Doutorado, Escola Brasileira de Administração Pública e de Empresas, Fundação Getulio Vargas, 2019.

9. Solow, Robert M. "Another Possible Source of Wage Stickiness". *Journal of Macroeconomics*, v. 1, nº 1, 1979, pp. 79-82.

10. Akerlof, George A.; Yellen, Janet L. "The fair wage-effort hypothesis and unemployment". *Quarterly Journal of Economics*, v. 105, nº 2, maio 1990, pp. 255-83.

Rosen, 1981)[11] considera que os incentivos financeiros devem ser combinados com algum grau de competição entre funcionários para motivá-los, concedendo aumento de salário ou bônus somente para parte deles, motivando-os por acreditarem que, pelo desempenho, eles também irão ganhar aumento (Assis, 2019).[12]

No campo da psicologia, o debate sobre motivação ultrapassa valores puramente financeiros, com a inclusão de fatores psicológicos complexos que explicam o desempenho de funcionários dentro de uma organização. Os principais desenvolvimentos teóricos nesse campo passaram pela teoria da expectância (Vroom, 1964),[13] da equidade (Adams, 1963),[14] da justiça organizacional (Greenberg, 1987)[15] e da teoria de fixação de objetivos (Locke; Latham, 2002).[16] A primeira delas apresenta três fatores de motivação: "a percepção de que um certo nível de esforço irá levar ao resultado desejado; a expectativa do funcionário de que, ao atingir o resultado, isso irá fornecer-lhe a recompensa desejada; e o valor afetivo dessa recompensa para o trabalhador" (Assis, 2019,

---

11. Lazear, E. P. e Rosen, S. (1981). "Rank-order tournaments as optimum labor contracts". *Journal of Political Economics*, v. 89, nº 5, out. 1981, pp. 841-64.

12. Assis, Luís Otávio Milagres de. *Compreendendo as variações e os determinantes do engajamento e motivação para o trabalho de servidores públicos.* Tese de Doutorado, Escola Brasileira de Administração Pública e de Empresas, Fundação Getulio Vargas, 2019.

13. Vroom, Victor H. *Work and motivation*. Nova York: John Wiley, 1964.

14. Adams, J. Stacy. "Toward an understanding of inequity". *Journal of Abnormal and Social Psychology*, v. 67, nº 5, 1963, pp. 422-36.

15. Greenberg, Jerald. "A taxonomy of organizational justice theories". *Academy of Management Review*, v. 12, nº 1, 1987, pp. 9-22.

16. Locke, Edwin. A.; Latham, Gary P. "Building a practically useful theory of goal setting and task motivation: A 35-year odyssey". *American psychologist*, v. 57, nº 9, 2002, 705-17.

p. 17). A hipótese da teoria da equidade nos diz que indivíduos se comparam uns com os outros, principalmente pela remuneração, para considerar se a situação em que se encontram é justa ou não em relação a outras pessoas. A situação considerada injusta pelo funcionário funciona como um elemento desmotivador.

Como resultado, a teoria organizacional propõe que a remuneração não seja o único fator a causar o sentimento de justiça e, consequentemente, valorizar funcionários. Fatores como equidade na distribuição das recompensas (conceito de justiça distributiva); procedimentos justos com decisões transparentes (justiça processual); e qualidade e abertura da comunicação dos gestores (justiça informacional) também serviriam como elementos de valorização e explicariam a motivação e o desempenho de funcionários ao executar algumas tarefas. Por fim, a teoria de estabelecimento de metas afirma que a motivação dos funcionários gira ao redor dos objetivos que o funcionário se sente capaz de atingir, e ao atingi-los ele é, de alguma forma, recompensado.

Com a emergência do campo da economia comportamental, as duas linhas de conhecimento previamente descritas (psicologia e economia) se aproximam no estudo da motivação, apresentando explicações mais complexas e multifacetadas para engajamento. Inicialmente, a proposta da nova disciplina foi investigar os efeitos negativos da motivação extrínseca na motivação intrínseca — o efeito *crowding-out*.

> [...] Esse efeito ocorre quando se associa um incentivo extrínseco, financeiro, a uma atividade que originalmente seria feita por vontade própria, prazer ou senso de dever. A introdução do incentivo financeiro provoca o "deslocamento do lócus de causalidade' ou a monetização da relação, e passa a ser visto como um controle para

o indivíduo, diminuindo sua motivação intrínseca e consequentemente seu esforço na atividade. (Assis, 2019, p. 19).[17]

Porém, a desmotivação não ocorre em todos os casos: Frey e Jegen (2001)[18] identificaram três condições necessárias para que recompensas financeiras ligadas ao desempenho levem a uma redução no esforço no trabalho: 1) a tarefa era originalmente intrinsecamente motivada; 2) a recompensa era interpretada como uma forma de controle; e 3) a motivação extrínseca gerada pelo incentivo não conseguia contrabalançar a perda da motivação intrínseca.

Estudos também mostram que participação dos empregados na organização, tomada de decisão baseada em princípios altruístas, sentimento de justiça organizacional e pagamento de salários fixos em valores iguais ou acima do valor de mercado — desde que sejam um sinal de boa vontade e reconhecimento do empregado pela organização — podem aumentar a motivação intrínseca, ou o efeito *crowding-in*, que ainda vem sendo investigado (Weibel; Weimann; Osterloh, 2014).[19]

A teoria da autodeterminação — *self-determination theory* (SDT), uma das teorias de motivação mais bem aceitas atualmente,

17. Assis, Luís Otávio Milagres de. *Compreendendo as variações e os determinantes do engajamento e motivação para o trabalho de servidores públicos*. Tese de Doutorado, Escola Brasileira de Administração Pública e de Empresas, Fundação Getulio Vargas, 2019.

18. Frey, Bruno S.; Jegen, Reto. "Motivation crowding theory: A survey of empirical evidence". *Journal of Economic Surveys*, v. 15, nº 5, dez. 2001, pp. 589-611.

19. Weibel, Antoinette; Weimann, Meike; Osterloh, Margit. "A behavioral economics perspective on overjustification effect: crowding-in and crowding-out intrinsic motivation". In: Gagné, Marylène (ed.) *The Oxford Handbook of Work Engagement, Motivation, and Self-Determination Theory*. Nova York: Oxford University Press, 2014. pp. 72-84.

avança nesse debate ao propor que, sob certas condições, incentivos financeiros podem, sim, servir para aumentar a motivação. A SDT se propõe a olhar motivações intrínsecas e extrínsecas de forma combinada, mostrando que há diferentes graus de motivação extrínseca, em uma escala que pode gradualmente aproximá-la da motivação intrínseca.

Esse movimento que segue um *continuum* é estimulado na medida em que três necessidades psicológicas básicas postuladas pela SDT sejam satisfeitas: autonomia, competência e relacionamento. A necessidade de autonomia é satisfeita quando os indivíduos acreditam que o que eles estão fazendo foi livremente escolhido e é consistente com seus valores pessoais. A necessidade de competência é satisfeita quando as pessoas acreditam que são capazes e têm disponíveis os recursos para cumprir suas tarefas e atingir os objetivos. A necessidade de relacionamento é satisfeita quando os indivíduos se sentem valorizados pelos outros (Meyer, 2014). A SDT ainda é um campo com bastante potencial para desenvolvimento e aprofundamento, integrando ao estudo da motivação os efeitos da liderança e das estruturas organizacionais como meios para produzir autonomia e, consequentemente, engajamento.

Teoria da Motivação para o Serviço Público

Os estudos brevemente apresentados acima, apesar de servirem de norteadores, não tratam a motivação a partir da perspectiva do serviço público. Para tratar de suas especificidades, encontra-se em construção um campo que tem sido chamado de Motivação para o Serviço Público [PSM]. Assis (2019) chama atenção para o fato de que a PSM não é o nível de motivação de um servidor público: a PSM é um valor, uma crença individual na importância de servir ao coletivo, cuja mensuração amplia analiticamente a compreensão sobre a estrutura motivacional de um profissional que trabalha para organizações com fins públicos.

Ao construir uma metodologia e seus conceitos, a área de PSM atua para resolver problemas centrais de todo o campo da administração pública, como, por exemplo, mudanças demográficas e econômicas que resultam em competição entre os setores público e privado para a contratação de profissionais treinados. Assim, a gestão da motivação pode ser uma das ações para atrair, reter e recompensar os servidores públicos. Com o aumento da pressão para que as organizações públicas melhorem o desempenho, valorizar seus profissionais é visto como uma maneira de aumentar o desempenho individual e, consequentemente, o da organização como um todo.

Para Ritz, Neumann e Vandenabeele (2016),[20] os valores institucional e social são a base da motivação no serviço público, com consequente resultado no desempenho. Dessa forma, a eficiência na esfera pública possui um significado mais amplo e complexo, cujas explicações podem ser ampliadas ao aderirem a conceitos que são típicos da PSM: "a criação de resultados sociais, a formulação de políticas públicas, a garantia dos direitos dos cidadãos ou aderência ao Estado de direito são alguns exemplos do complexo

20. Ritz, Adrian; Neumann, Oliver; Vandenabeele, Wouter. "Motivation in the Public Sector". In: Klassen, Thomas R.; Cepiku, Denita; Lah, T. J. (orgs.). *The Routledge Handbook of Global Public Policy and Administration. Routledge International Handbooks.* Nova York: Routledge, 2016. pp. 346-59.

conjunto de objetivos e princípios que guiam o desempenho das tarefas públicas" (Ritz; Neumann; Vandenablee, 2016, p. 346). Os servidores agem não a partir de um interesse individual, mas suas ações são guiadas por regras de comportamentos adequados inerentes à instituição, buscando cumprir as obrigações previstas no contrato, mas imbuídos de identidade, vistos como membros de uma comunidade ou grupo político. De forma que "incorporados a uma coletividade social, eles fazem o que consideram apropriado em um tipo específico de situação" (March; Olsen, 2009, p. 3).[21]

O desafio, entretanto, é medir a PSM, considerando as diferenças encontradas no perfil da administração pública nos diferentes países e a universalização de uma escala para mensurar o grau de motivação desses profissionais. Várias escalas têm sido propostas ao longo do tempo, com mudanças de alguns aspectos para torná-las mais compreensíveis, mais amplamente aceitas ou para se adequarem à realidade de um país específico.

Diversos estudos também apontam para fatores que conduzem o sentimento de motivação de servidores públicos em contextos específicos — um tipo de função, um país específico. Quando comparados a profissionais do setor privado, por exemplo, Crewson (1997)[22] e Houston (2000)[23] mostram que servidores

21. March, James G.; Olsen, Johan P. "The logic of appropriateness. *Arena Working Papers*, pp. 1-28, 2009.

22. Crewson, Philip E. "Public-service motivation: Building empirical evidence of incidence". *Journal of Public Administration Research and Theory*, v. 7, nº 4, out. 1997, pp. 499-518.

23. Houston, David J. "Public-service motivation: A multivariate test". *Public Administration Research and Theory*, v. 10, nº 4, 2000, pp. 713-28.

públicos nos Estados Unidos valorizam mais recompensas intrínsecas do que trabalhadores do setor privado. A mesma conclusão foi observada por Buelens e Broeck (1997)[24] na Bélgica.

Ademais, os estudos nesse campo apresentam outras especificidades para explicar motivação, tais como a natureza da tarefa, a congruência entre os valores do indivíduo e da organização (adequação entre pessoa e organização), o comprometimento organizacional e as características do trabalho, além de como as lideranças podem valorizar e criar condições propícias para que os servidores se sintam motivados. As possibilidades de pesquisa ainda envolvem a relação entre PSM e desempenho dos servidores e como melhorar as práticas de gestão pública para valorizá-los de forma organizacional, convertendo a teoria de PSM para a prática (Perry; Hondeghem, 2008),[25] com a possibilidade de valorizar os servidores públicos como instrumento para transformar motivação em desempenho organizacional.

Valorização do profissional público: o que é? Como avançar?

Após as definições preliminares, é importante realizar um exercício de definição do que é a valorização do profissional público. Se, por um lado, é difícil fazê-lo em um campo desestruturado, esse exercício possui um valor simbólico, ao delimitar o que foi

24. Buelens, Marc; Broeck, Herman van den. "An Analysis of Differences in Work Motivation between Public and Private Sector Organizations". *Public Administration Review*, v. 67, nº 1, jan-fev. 2007, pp. 65-74.

25. Perry, James L., Hondeghem, Annie (orgs.). *Motivation in Public Management: The Call of Public Service*. Oxford: Oxford University Press, 2008.

compreendido da literatura até o momento e refletir sobre cenários futuros.

Assim, a valorização do servidor público a princípio pode ser compreendida como um *caminho para a motivação*. É uma das estratégias preliminares para motivação intrínseca. Herzberg (1974)[26] foi um dos primeiros a reconhecer que a valorização melhora a motivação e a satisfação. Assim, valorização sinaliza "reconhecimento da individualidade de uma pessoa, realizações e qualidades. Implica elogiar alguém, mostrar interesse pelas suas preocupações e por esse indivíduo como pessoa" (Semmer et al., 200, p. 49)[27] e se refere a reconhecer as qualidades e os comportamentos de uma pessoa. Isso melhora a autoestima, satisfaz a necessidade de pertencimento e pode, portanto, ser vista como um valioso recurso no contexto de trabalho. Valorização também se relaciona com a avaliação feita pelos outros e está proximamente relacionada à autoestima: "[...] quando indivíduos se sentem valorizados e têm suas contribuições reconhecidas no ambiente de trabalho, seguem-se bons resultados, o que inclui um aumento no engajamento do funcionário, menor rotatividade de funcionários, maior índice de satisfação dos clientes e a organização cresce em propósito." (White, 2016, p. 20).[28]

26. Herzberg, Frederick. *Work And The Nature Of Man*. Londres: Staples, 1974.

27. Semmer, Norbert K.; Jacobshagen, Nicola; Meier, Laurenz L.; Elfering, Achim. (2007). "Occupational stress research: The 'Stress-As-Offense-to--Self' perspective". In: Houdmont, Jonathan; McIntyre, Scott (org.). *Occupational Health Psychology: European Perspectives On Research, Education, And Practice*, v. 2. Castelo da Maia, Portugal: ISMAI Publishing, pp. 43–60.

28. White, Paul. "Appreciation At Work Training And The Motivating By Appreciation Inventory: Development And Validity". *Strategic HR Review*, v. 15, nº 1, pp. 20-4, 2016.

No entanto, em um sentido um pouco diferente, o termo valorização pode ser visto como moderador entre as várias relações acima citadas, e não necessariamente como um efeito direto — aumentar a valorização aumenta a motivação. Na visão de Muntz e Dormann (2020),[29] a relação entre valorização e motivação é, na verdade, de moderação. Valorização não atua com efeito direto e aumenta fatores relacionados a condições de trabalho, como motivação, mas permeia todas elas. Seria, portanto, "uma condição de fronteira que modera os efeitos" da motivação intrínseca para o trabalho, "tanto em uma direção, como na direção causal reversa" (Muntz; Dormann, 2020, p. 392),[30] quando associada, por exemplo, a tarefas ilegítimas.

Complementarmente, o professor Christopher Schuster, em entrevista para fins deste trabalho, diz acreditar que a valorização do servidor público pode ser um antecedente para a PSM e o engajamento. Contudo, é importante notar que, mesmo concisa, essa definição requer um olhar mais aprofundado. Como antecedente, a valorização pode ser encontrada tanto em escala micro como em escala macro. Em outras palavras, a valorização permeia diferentes esferas, não somente a valorização entre gerentes e colegas de trabalho, mas também a instituição — como os servidores públicos e a administração pública são tratados por diferentes governos, seus representantes e, finalmente, como eles são vistos pela própria sociedade.

---

29. Muntz, Julia; Dormann, Christian. "Moderating Effects of Appreciation On Relationships Between Illegitimate Tasks And Intrinsic Motivation: A Two-Wave Shortitudinal Study". *European Journal of Work and Organizational Psychology*, v. 29, nº 3, pp. 391-404, 2020.

30. Idem.

Assim, a definição de Schuster pode ser estendida para uma discussão tanto sobre os mecanismos internos que os gestores e as instituições dispõem para valorizar servidores públicos, e, dessa forma, criar condições para motivar e engajar, como também sobre como pensar a valorização do servidor público por parte do governo e da sociedade. Entretanto, mudar a visão da sociedade em relação aos servidores públicos pode parecer uma mudança difícil, lenta e gradual, uma vez que, conforme a fala de Schuster, "governos não são particularmente bons em usar as ferramentas ao alcance para fazer com que servidores públicos se sintam valorizados nesses níveis mais baixos — pelos gestores ou suas organizações". Nesse sentido, é improvável que a sociedade como um todo valorize os servidores públicos enquanto isso não ocorrer no ambiente de trabalho dos governos. Ao pensar em iniciativas para a valorização dos servidores públicos, é preciso compreender que existem diferentes métodos ou ferramentas, a depender de que nível se trata e que, de alguma forma, esses objetivos estão conectados.

Que políticas, programas ou iniciativas de valorização do servidor público já existem no Brasil?

DOLORES TEIXEIRA DE BRITO

BÁRBARA CARDOZO

RENAN MAGALHÃES

VICTORIA LACASA

ISABELA TRAMANSOLI

Publicado em 30 de novembro de 2022

Neste texto, reunimos políticas e programas vigentes no país que têm como objetivo a valorização do servidor público.

Políticas implementadas por meio de decreto:

Estado do Acre (AC)

Decreto Governamental nº 3.357/2008.

Institui a Política de Atendimento ao Cidadão para a Administração Pública Estadual e constitui instâncias responsáveis pela implementação e o acompanhamento.

Essa política direciona o servidor público para a razão da sua existência, a sociedade, orientando o cidadão sobre seus direitos e deveres, ao mesmo tempo que coloca o servidor público como agente com voz ativa nessa prestação de serviços, com foco na humanização. A gestão é realizada de forma participativa (Marques; Cavalcanti, 2016),[1] e isso promove envolvimento e engajamento com o trabalho. Com foco na sociedade, a área de gestão de pessoas realiza toda a capacitação desses servidores, voltada para a boa qualidade da prestação dos serviços prestados. É feita também uma avaliação de desempenho que leva em conta a satisfação com os serviços prestados para que o servidor progrida na carreira. A avaliação da sociedade sobre os serviços recebidos é compartilhada com os servidores, assim eles percebem os resultados do trabalho.

Estado de Goiás (GO)
Programa Movimentos e Vivências na Educação Integral (Move) — instituído pelo Decreto nº 9.462, de 11 de julho de 2019.

O programa foi desenvolvido com o envolvimento de atores de RH das unidades parceiras. Para elaborar o programa, foram usadas metodologias de *design thinking* e optou-se por atuação em rede.

O Programa Move Goiás foi estruturado em quatro macroiniciativas estratégicas:

I — Merecer: Definir critérios, perfil profissional e os procedimentos gerais a serem observados para a ocupação de cargos, designação de funções comissionadas para áreas e projetos estratégicos, evoluções funcionais, bem como desenvolvimento de metodologias que permitam aferir desempenho relacionado à produtividade e ao resultado dos servidores;

II — Oportunizar: Criar soluções que permitam o crescimento profissional por merecimento e competência aos servidores

1. Marques, Janaína de Lima Benites; Cavalcanti, Margareth Rose Ramos de Macedo. *Gestão de pessoas: Estratégias de valorização do servidor como agente de transformação*. In: IX Congresso Consad de Gestão Pública. Brasília, 2016.

do Poder Executivo, implementar ações inovadoras em seleção, dimensionamento da força de trabalho e novas formas de contratação, visando abrir oportunidades de modo transparente e imparcial aos servidores e à sociedade de modo geral, além de criar mecanismos de participação destes em soluções nos desafios do governo;

III — Valorizar: Desenvolver instrumentos de valorização do servidor, para além dos financeiros, incluindo definição de trilhas de desenvolvimento profissional por eixo estratégico, programas de certificação e capacitação continuada, projetos de aprimoramento de lideranças com foco em alcance de resultados, premiação e reconhecimento por melhores práticas, entre outros; e

IV — Envolver: Implementar ações que busquem zelar pela qualidade de vida dos servidores durante o período de atividade e prepará-los para a aposentação, humanizar os trabalhos desenvolvidos por eles e o cumprimento da Política de Segurança e Saúde no Trabalho com foco na prevenção, além de incentivar maior engajamento dos colaboradores, alinhando seus objetivos individuais aos institucionais.

- Política de Gestão de Pessoas do Instituto Federal de Goiás (IFG)

Política construída de forma amplamente participativa, cuja discussão foi iniciada em 2014. Em 2019, foi realizada uma consulta pública aberta a todos os servidores para que comentassem sobre a minuta de política. A minuta da Política de Gestão de Pessoas do IFG está estruturada em quatro eixos:

I — Dimensionamento de pessoal e institucional;

II — Capacitação e qualificação de servidores;

III — Avaliação de desempenho; e

IV — Saúde e segurança no trabalho.

Ela apresenta os objetivos e as diretrizes de cada um dos eixos, com indicação de ações futuras.

Distrito Federal (DF)

Decreto nº 37.648, de 22 de setembro de 2016.

Institui a Política de Valorização de Servidores no âmbito da administração direta, autárquica e fundacional do Distrito Federal.

O artigo 7º, alterado em 2017, cria o Prêmio Inovação na Gestão Pública do Distrito Federal — Inova Brasília como forma de reconhecer e premiar resultados expressivos alcançados por equipes de trabalho, por meio de projetos que evidenciem práticas inovadoras de gestão em determinadas categorias.

Município de Cascavel (PR)

A política de valorização do servidor público do município de Cascavel, no Paraná, foi instituída pelo Decreto nº 14.065, de 28 de fevereiro de 2018.

Essa política está estruturada em função dos quatro pilares abaixo:

I — Servidor em foco: Ações que objetivam valorizar o servidor além da relação funcional com o município, homenagear e premiar os servidores que se destacam por seu empenho e dedicação, evidenciar as habilidades dos servidores a partir de eventos de lazer, cultura e esporte, sensibilizar o servidor para o envolvimento em ações de responsabilidade social e promover a aproximação entre os servidores para a construção de vínculos de união e amizade;

II — Qualidade de vida: Ações que objetivam a melhoria contínua no local de trabalho, proporcionando um ambiente adequado para as práticas laborais e ações de promoção de hábitos de vida mais saudáveis;

III — Desenvolvimento profissional e pessoal: Ações que visam, a partir de treinamentos, o crescimento pessoal e profissional do servidor, preparando-o para os desafios no desempenho de suas funções; e

IV — Educação formal: Ações que visam incentivar e viabilizar o acesso do servidor à educação formal, englobando desde a educação básica até a superior.

Adicionalmente às políticas mencionadas acima, também foram identificadas iniciativas em outros estados, tais como Bahia, Mato Grosso, Pará e municípios, como o de Arapiraca. De forma geral, essas iniciativas estavam focadas em capacitação, formação e qualidade de vida no trabalho, no entanto, as atuações foram de forma pontual. Não foram encontradas políticas ou programas mais estruturados nesses estados.

No estado do Pará, na Escola de Governança Pública do Estado, há o Núcleo de Programas de Valorização do Servidor (NPVS), que tem por finalidade planejar, organizar e coordenar os procedimentos referentes ao planejamento e à execução de projetos e programas de valorização dos servidores e gestores públicos no estado do Pará, por meio de ações culturais voltadas para a melhoria da qualidade de vida do funcionalismo público e, ainda, implementar projetos de valorização como fonte de potencialidades e recursos estratégicos.

Prêmios:

Estado de Alagoas (AL)

A Medalha Silvio Viana foi instituída em 2008, pelo Decreto nº 3.986 e se destina a agraciar e reconhecer o trabalho de destaque dos servidores públicos do quadro permanente de cargos do serviço civil do Poder Executivo do estado de Alagoas. A cada ano, dez servidores que se fizeram notar pelo zelo, dedicação e presteza no exercício das funções e nas causas de interesse público são foco de homenagens e valorização no evento.

Análise das políticas nacionais

O foco de todas as iniciativas nacionais foi aprimorar a gestão de pessoas, seja por meio de melhorias na própria legislação, na desburocratização das garantias dos direitos dos servidores, na consolidação de política de desenvolvimento, no aperfeiçoamento do processo seletivo e ações para impactar positivamente o clima. Há uma correlação entre a boa gestão de pessoas e os resultados do trabalho. A atuação do líder de uma equipe impacta fortemente o grau de engajamento das pessoas. A teoria mostra forte correlação entre engajamento e resultados. Portanto, uma boa gestão de pessoas propicia um ambiente organizacional saudável e condições para que os servidores consigam atingir todo o potencial de realização profissional. Adicionalmente, reduz-se possíveis adoecimentos relacionados ao trabalho, e as pessoas trabalham de forma mais engajada, o que, por consequência, gera melhores resultados para a sociedade.

As abordagens das iniciativas identificadas e relatadas acima foram diversas: tratar a valorização do servidor por meio da implementação de uma política de gestão de pessoas ou por política de valorização, ou, ainda, o caso do Acre, no qual o que conduziu o trabalho de valorização foi uma política de atendimento ao cidadão. Política essa que orientou a gestão do desenvolvimento das pessoas, a avaliação de desempenho e o atendimento das necessidades extrínsecas e intrínsecas dos servidores. As necessidades extrínsecas se relacionam aos incentivos financeiros e as intrínsecas são as de caráter biopsicossocial, relacionadas ao bem-estar, à qualidade de vida do trabalhador, ao desenvolvimento de competências relacionais e de conhecimento.

Cabe ressaltar que, no exemplo da política do Acre, trata-se da burocracia do nível de rua, ou seja, o trabalho caracteriza-se por atendimento na ponta, direto para a sociedade. Nesse caso, com a realização contínua de uma pesquisa de satisfação com os usuários do serviço, eles conseguiram demonstrar os resultados do trabalho e verificaram como alguns dos índices de atendimento melhoraram ao longo dos anos.

No entanto, muitos servidores não trabalham no nível de rua, atendendo o público diretamente, como, por exemplo, aqueles que atuam nas áreas-meio das organizações. Nesses casos, pode ser um grande desafio mostrar o resultado do trabalho para a sociedade, pois isso implica a criação de indicadores que sejam capazes de estabelecer a relação de um trabalho indireto desempenhado pelo servidor com o retorno gerado para a sociedade. Demonstrar essa relação pode ser algo muito complexo e de difícil mensuração.

Na política do Acre, apesar de terem implantado uma pesquisa de satisfação com os usuários, não foi identificada menção à realização de pesquisa que medisse o grau de engajamento dos servidores. As políticas de gestão de pessoas implementadas geraram um crescente índice de satisfação com os serviços prestados, mas não foi medido o grau de engajamento dos servidores para saber como essas políticas impactaram no engajamento. É possível que tenham impactado positivamente, pois o engajamento está correlacionado com o resultado. Contudo, é importante realizar pesquisa com os servidores a fim de mensurar e acompanhar o engajamento ao longo do tempo, para ter um histórico e entender que ações afetam índices de motivação e engajamento, por exemplo. Assim, as áreas de gestão de pessoas poderão contar com dados para embasar suas políticas.

As outras iniciativas citadas são muito recentes e ainda não houve tempo hábil para avaliar continuidade e resultados. Ressalte-se que nenhuma delas faz referência a pesquisas para mensurar o grau de engajamento dos servidores e, portanto, o impacto de sua implementação nesses profissionais. Também ainda não houve avaliação para saber se a iniciativa gerou de alguma forma melhoria nos resultados do trabalho dos servidores para a sociedade.

Vale ainda uma menção ao fato de que, no âmbito internacional, foram encontradas apenas ações pontuais, como a semana do servidor público ou prêmios e medalhas. Apesar disso, vários países já realizam pesquisas anuais do serviço público, nas quais avaliam os níveis de motivação para o serviço público e de engajamento dos servidores. Essa é uma ação que permite atuar na gestão de pessoas com base em dados e, se de fato utilizada para melhorias, também pode ser vista como uma iniciativa de valorização. Sempre que se melhora a gestão, há impacto positivo nas pessoas, uma vez que a motivação do servidor para o serviço público cresce, e ele se sente realizado quando encontra condições para realizar bem o seu trabalho.

No Brasil, o governo federal, por meio da Secretaria de Relações de Trabalho, do Ministério da Economia, em parceria com a Great Place To Work (GPTW), empresa certificadora dos melhores ambientes de trabalho em noventa países e apoiada pela Escola Nacional de Administração Pública (Enap) e pela República.org, realizou a primeira pesquisa nacional de clima organizacional com servidores públicos federais, no período entre 21 de setembro e 23 de outubro de 2020. É importante que esse tipo de pesquisa contemple perguntas capazes de mensurar indicadores essenciais para a gestão de pessoas, tais como motivação para o serviço público (PSM) e engajamento, e que seja realizada periodicamente, para assim subsidiar o aprimoramento das políticas nacionais nessa área. O questionário utilizado nessa primeira pesquisa foi o padrão da GPTW. Contudo, o governo incluiu um módulo proposto pela Organização para a Cooperação e Desenvolvimento Econômico (OCDE), criado para permitir a realização de comparações entre países. Esse módulo continha um grupo de seis perguntas, as quais incluíam um item sobre PSM e alguns sobre engajamento.

O ideal é que, nas próximas pesquisas do serviço público no Brasil, seja possível a elaboração de questionário com escalas para mensurar PSM e engajamento de forma mais aprofundada, ambas as escalas já validadas no Brasil. Por agora, a inclusão do módulo da OCDE nessa primeira pesquisa já apontou resultados encorajadores para o serviço público: os servidores brasileiros apresentaram uma alta PSM nas comparações com os outros países que participaram.[2] O índice de engajamento não foi tão alto quanto o da PSM, e isso pode ser um reflexo do momento desafiador que o serviço público enfrentava e aponta para a necessidade de investimento em iniciativas que permitam aumentar os níveis de engajamento, como, por exemplo, as de valorização dos servidores públicos.

2. OECD. *Government at a Glance 2021*. OECD Publishing: Paris, 2021. pp. 144 e 145.

Por fim, cabe aos gestores públicos refletirem sobre o que é mais adequado para sua realidade na hora de aperfeiçoar a gestão de pessoas. Podem tratar no escopo da gestão ou criar uma política de valorização que, para alguns temas, pode se sobrepor a processos de gestão de pessoas já existentes, como desenvolvimento de pessoas e capacitação.

Valorização do servidor público: perspectiva de especialistas

DOLORES TEIXEIRA DE BRITO
BÁRBARA CARDOZO
RENAN MAGALHÃES
VICTORIA LACASA
ISABELA TRAMANSOLI

Publicado em 8 de junho de 2022

O que dizem especialistas sobre valorização do servidor público?

Dando continuidade à discussão do texto anterior sobre o conceito de valorização do servidor público no Brasil, entrevistamos sete especialistas, entre eles pesquisadores, consultores e servidores públicos que atuam na área de pessoas ou áreas afins à gestão de pessoas, com perguntas relacionadas à valorização do servidor público. As entrevistas seguiram um roteiro semiestruturado que explorou temas como: o que caracteriza o trabalho no serviço público, o que se entende por valorização do servidor público, a relação do reconhecimento da sociedade com a valorização, a carência de pesquisas sobre o tema, os desafios a ele relacionados, assim como sugestões para temas de pesquisa sobre o assunto. Para organizar os dados das entrevistas, optou-se pela elaboração de um quadro, apontando convergências e divergências sobre os aspectos abordados, assim como questões para reflexão.

A opinião dos diferentes entrevistados convergiu em vários aspectos. Para os especialistas, a valorização do servidor público engloba aspectos relacionados a carreira, qualidade de vida no trabalho e condições de trabalho (infraestrutura e gestão), que permitam que seu trabalho gere impactos positivos para a sociedade.

A dificuldade de encontrar pesquisas sobre o tema, de acordo com os especialistas, pode estar relacionada a questões acadêmicas: não haver interesse ou incentivo em estudar o tema; nomenclatura, pois questões relacionadas a esse tema podem estar sendo tratadas com outra nomenclatura, por exemplo, na literatura de psicologia ou do trabalho; diferentes aspectos do tema já são tratados no âmbito de outras áreas, como por exemplo na literatura de gestão de pessoas no setor privado, em temas relacionados a sindicatos e na literatura de motivação para o serviço público.

O servidor e o público

Sobre a relação com a sociedade, todos concordaram que, com algumas exceções, a imagem da sociedade em relação ao servidor público é muito negativa, seja porque o serviço público não atende aos anseios da população, seja por esta, muitas vezes, não olhar para o serviço público de uma perspectiva histórica, por exemplo: ressaltar as falhas do SUS sem lembrar como era quando o país não dispunha de um sistema de saúde universal, seja porque a imprensa não contribui para um debate qualificado sobre os reais desafios do serviço público, seja, ainda, porque alguns dos problemas existentes não são resolvidos ao longo dos anos. Por outro lado, surgiu também como dificuldade na relação entre servidor público e sociedade o fato de esta não saber cobrar por bons serviços públicos e, por vezes, agir de forma clientelista.

Quando perguntados sobre como deveria ser um programa ou uma política de valorização do servidor público, as respostas apontaram para questões de desenvolvimento de pessoas, qualidade de vida no trabalho, ajustes nas carreiras, melhorias da gestão de equipes, o papel das lideranças e a ênfase no sentido do serviço público. Em relação a esse ponto, as opiniões divergiram sobre a abordagem do assunto. Para alguns, não faz sentido se falar em valorização dos servidores, e sim em melhoria da gestão pública como um todo, pois uma boa gestão pública promove as condições adequadas para o bom desempenho do trabalho. Esse novo contexto permitiria a entrega de melhores serviços públicos e geraria o sentimento de valorização entre os servidores. Consequentemente, serviços públicos de mais qualidade contribuiriam para melhorar a percepção da sociedade no que diz respeito aos servidores públicos.

Quadro — Resumo dos resultados das entrevistas com especialistas

Caracterização do servidor público	Temas/grau de alinhamento	Entendimento sobre valorização	Desafio
Questões legais e vocação para o bem comum.	Convergência	Carreira desenhada adequadamente, com salários competitivos. Qualidade de vida, gestão. Condições adequadas para desempenhar o trabalho.	Diferenças de carreiras no nível federal e entre os níveis federal, estadual e municipal, assim como entre os Três Poderes. Limite de gastos com pessoal nos estados.
	Divergência	Enfatizar valorização × Tratar de reconhecimento. O reconhecimento ocorre pela boa gestão.	
O sentido/razão de ser do trabalho público está sendo explorado pelas organizações públicas?	Questões para reflexão.	A valorização está relacionada com questões salariais e de gestão, aspectos tratados em diferentes âmbitos das organizações públicas.	Como ajustar as discrepâncias salariais no setor público entre diferentes níveis da Federação e entre os Três Poderes? Como mudar a cultura do serviço público para a criação e manutenção de um ambiente de valorização?

Fonte: Elaboração própria com base nas entrevistas com especialistas em administração pública e/ou gestão de pessoas (2020).

Razões para lacuna empírica	Prioridade de pesquisa	Reconhecimento da sociedade/valorização
Falta de interesse acadêmico no assunto. Pouco incentivo para que se pesquise esse assunto. Nomenclaturas diferentes. Assunto já estudado na administração geral e psicologia.	Dados para tomada de decisão na área de gestão de pessoas. Motivação para o serviço público no contexto brasileiro.	Melhorar a comunicação com a sociedade, aproximando-se dela. Consultar a sociedade quando da elaboração de políticas públicas. Avaliar a satisfação da sociedade com os serviços prestados. Mostrar à sociedade como cobrar o Estado.
A valorização é a mesma encontrada na literatura do setor privado, que pode ser adaptada para o setor público × Há necessidade de estudar valorização da perspectiva do setor público.		A qualidade do serviço público é a principal responsável pela percepção negativa da sociedade sobre o serviço público × O impacto do papel da imprensa.
Faz sentido investir em uma linha de pesquisa especificamente sobre valorização do servidor público ou faz mais sentido aprofundar outros temas relacionados à valorização que já são estudados?	Como a realidade brasileira afeta a motivação e o sentimento de valorização dos servidores públicos?	Como os diferentes estratos da sociedade percebem o serviço público? Quanto a imprensa influencia a opinião da sociedade sobre o servidor público? Como o envolvimento da sociedade na discussão das políticas públicas influencia na percepção sobre o serviço público e sobre a valorização dos servidores?

As perspectivas e os questionamentos apontados pelos especialistas entrevistados na pesquisa, e condensados no quadro acima, trazem para o dia a dia do serviço público temas que são encontrados na literatura estudada sobre motivação, reconhecimento e valorização de profissionais públicos, numa tentativa de aliar teoria e prática. Assim, no próximo texto desta série, aprofundaremos esse tema a partir da voz de quem efetivamente opera as políticas públicas brasileiras: os próprios servidores públicos. A partir de seus lugares de fala, veremos como a valorização — ou não valorização — de suas atuações profissionais afetam não somente suas vidas de forma individualizada, como também impactam sobremaneira a prestação dos serviços públicos em nosso país.

Valorização do servidor público: perspectiva dos servidores

DOLORES TEIXEIRA DE BRITO
BÁRBARA CARDOZO
RENAN MAGALHÃES
VICTORIA LACASA
ISABELA TRAMANSOLI

Publicado em 21 de setembro de 2022

O que dizem os servidores públicos sobre valorização?

Conduzimos dois grupos focais, ambos com servidores estaduais do Executivo e de diferentes estados brasileiros. Para o grupo A, convidamos servidores de carreira, ocupantes de cargo de confiança; e para o grupo B, servidores não ocupantes de cargo de confiança, que trabalhavam na área de pessoas ou apresentavam interesse por temas relacionados à gestão de pessoas.

Os servidores foram questionados sobre o que mais trazia sentido para o trabalho de servidor público, o que entendiam por valorização do servidor público, quando mais se sentiram valorizados, como percebiam a relação da sociedade brasileira com o serviço público, como a opinião pública afetava o seu sentimento de valorização enquanto servidor, como acreditavam que deveria ser uma política de valorização e o que consideravam prioridade em pesquisa sobre valorização.

O sentido do trabalho para os servidores que participaram dos grupos focais está muito relacionado ao resultado do seu trabalho para a sociedade. Com base nas respostas do Quadro 1, há fortes indícios de que esses servidores tenham uma alta motivação para o serviço público (PSM), ou seja, para trabalharem pelo bem comum, para servir à sociedade. É comum pessoas com alta PSM buscarem trabalho no serviço público ou no terceiro setor. Nesse caso, as pessoas já entrariam no serviço público com uma alta PSM, no entanto, as organizações públicas também podem, em condições favoráveis, tais como alocação adequada, liderança, autonomia para trabalhar e ambiente de aprendizado (Brito, 2016),[1] ser um ambiente capaz de promover a PSM entre a sua força de trabalho.

A literatura de PSM tem como pilar do conceito o trabalho para a coletividade e o bem comum. No primeiro texto desta série,[2] apresentamos a base teórica sobre valorização do servidor público. Ao se explorar a relação entre a valorização do servidor e o conceito de motivação para o serviço público, a valorização pode ser vista como um antecedente da PSM. Seguem no Quadro 1 algumas das respostas à pergunta sobre o que mais trazia sentido para o trabalho como servidor público:

---

1. Brito, Dolores Teixeira de. *Towards a public service motivation theory for Brazil*. Dissertação de Mestrado. Escola Brasileira de Administração Pública e de Empresas, Fundação Getulio Vargas, 2016.

2. Ver o capítulo "Valorização do servidor público no Brasil", também publicado neste livro.

Quadro 1 — Respostas por grupo de servidor sobre o sentido do seu trabalho

Pergunta: O que mais traz sentido para o seu trabalho como servidor público?	
Respostas Grupo A	Respostas Grupo B
"Resultado. Ver que o que você faz tem um resultado, representa alguma coisa para quem está recebendo aquele produto." "Ajudar o outro. A entrega envolve o outro, seja um servidor ou um cidadão. É isso que dá sentido ao que faço. Poder servir." "Entrega à sociedade."	"Propósito: servir de coração gerando valor público." "Essa capacidade de transformação. Essa possibilidade de ter algum impacto na vida do cidadão em qualquer área que seja, na implementação de uma política pública, é que me faz acordar de manhã e querer ir trabalhar." "Vocação. Não é possível olhar para um órgão público da mesma forma que você olha para uma empresa privada." "Atuar com empatia." "Mesmo quando você não trabalha na ponta, é importante estabelecer o sentido do seu trabalho com foco na sociedade."

Fonte: Quadro montado pelos autores com base nos grupos focais realizados.

No Quadro 2, estão algumas das respostas dos servidores sobre o que entendiam por valorização e quando mais se sentiram valorizados.

Quadro 2 — Respostas por grupo de servidor sobre o que é valorização e quando se sente valorizado

	Pergunta: O que é valorização de profissionais públicos para você?	Pergunta: Quando é que você mais se sente valorizado como servidor público?
Respostas Grupo A	"A gente seria valorizado se a gente pudesse ser ouvido. Nós não somos ouvidos. A maioria das coisas são impostas. Uma das primeiras formas de valorização é ele ter espaço para falar. Ter lugar de fala. Ter esse momento que estamos tendo agora." "Duas formas: financeira, pelo trabalho bem realizado ou por premiação, e a não financeira: um elogio, ouvir a equipe. Ouvir a ponta. Investir no líder. A liderança faz um papel essencial na valorização." "Dar condições para a boa execução do trabalho. Ter subsídios e ferramentas para desempenhar suas atividades." "O que é valorização para mim é diferente do que é valorização para um colega. Como é que eu vou falar de valorização com um servidor que não tem uma luva para realizar seu trabalho?" "Os instrumentos da própria carreira estejam funcionando. Existe algum tipo de adicional vinculado a carreira? Isso está sendo atendido? Fazer obrigação legal, de maneira ágil." "Salário emocional, além do salário financeiro. Fazer parte da tomada de decisão, poder contribuir com todo o seu potencial, cuidar do clima da instituição. Alinhar os valores. Trabalhar dentro das limitações da legislação, mas, por exemplo, tentando atender aos anseios dos servidores, em termos de capacitação, flexibilização de horários."	"As vezes em que eu fui ouvido. Todas as vezes em que eu dei uma ideia que foi levada em conta, eu me senti muito valorizado. Isso também permite o sentimento de partícipe da tomada de decisão." "Quando eu faço parte, quando eu construo projetos que acontecem. Quando a gente percebe o trabalho dando certo e a gente participando desse trabalho." "Eu poder dar continuidade a minha formação, para mim, é me valorizar." "Desafio. Ter alguma situação que você precisa resolver, e eu ser convocada a construir uma solução junto com o gestor, e isso ser colocado em prática, ver o resultado." "Um simples elogio, agradecimento. Reconhecimento em forma de elogio." "Quando uma série de ideias que eu tive foram implantadas. Eu vi minhas ideias concretizadas em uma lei. Receber feedback positivo de subordinado. Em geral, o espaço para isso não é criado, e eu ter recebido alguns feedbacks positivos espontâneos me fez sentir bastante valorizado."

Fonte: Quadro montado pelos autores com base nos grupos focais realizados.

	Pergunta: O que é valorização de profissionais públicos para você?	Pergunta: Quando é que você mais se sente valorizado como servidor público?
Respostas Grupo B	"Trabalhar com motivação. Pessoas felizes trabalham melhor. A valorização mexe na motivação e faz as pessoas mais felizes. Um servidor feliz pode ser um cidadão feliz. Um servidor sempre pronto a fazer o melhor trabalho para o cidadão." "Valorização passa por remuneração, reconhecimento, envolvimento do servidor de ver sentido no seu trabalho, entender qual é o papel dele. Uma chefia também saber orientar o servidor. Oportunidades de crescimento profissional, oportunidades de capacitação." "Sentir-se útil, enxergar o seu trabalho valorizado. Alguém sendo beneficiado com o que você faz. Isso é mais importante que o financeiro. É claro que o financeiro é importante, mas isso vai até um certo ponto. É o próprio reconhecimento da sociedade. Nós precisamos nos valorizar. Mostrar que somos úteis para a sociedade, temos a contribuir em todas as áreas." "Um ambiente que aproveite todo o potencial dos servidores para gerar benefícios para a sociedade." "O valor financeiro tem um limite de quanto ele reflete no bem-estar das pessoas. Autonomia, capacidade criativa. Dar condições para que as pessoas criem. Um ambiente de confiança, relações de confiança, que permitam que cada um se autodesenvolva. Quanto mais uma pessoa se desenvolve, mais ela pode contribuir para a sociedade."	"Quando a gente tem um feedback positivo espontâneo, normalmente quando não vem do chefe imediato. Quando pessoas que não estão ali no meu dia a dia elogiam meu trabalho." "Quando eu sou convidada a participar de algo. Quando se tem essa abertura para participar. Quando dizem: a sua opinião é importante, você tem como contribuir. O que o República está fazendo, convidando a gente para participar desse tipo de reunião é valorização. É um reconhecimento de um ator externo sobre o seu valor." "Quando eu sou envolvida em determinados projetos. Foi quando um chefe lembrou de mim depois de anos e me chamou para trabalhar junto. Esse reconhecimento e essas oportunidades que são decorrentes desse reconhecimento são quando eu mais me sinto valorizada." "Ser chamada para construir coisas juntos é valorizar. Às vezes você é reconhecido por gente de fora, mas não internamente pela própria chefia. Eu preciso que X esteja no meu grupo, eu preciso da opinião dela sobre isso. Alocação maluca gera muito sentimento de desvalorização, fica muito pesado para o servidor. O contrário, uma boa alocação, seja para uma área ou para um projeto, gera muita valorização."

As respostas dos servidores sobre valorização remetem aos pilares gestão, sociedade e remuneração. As respostas estão relacionadas a fatores extrínsecos da motivação, ou seja, a fatores externos ao indivíduo. A motivação extrínseca é importante, pois os servidores devem ter uma remuneração compatível com o trabalho que realizam, e o setor público precisa ser capaz de atrair pessoas qualificadas. No entanto, a motivação extrínseca não é suficiente para manter a motivação do servidor em médio e longo prazo. Por isso, é importante o setor público saber equilibrar os fatores extrínsecos e os intrínsecos ao desenvolver políticas de gestão de pessoas.

Os fatores intrínsecos à motivação são internos ao indivíduo. No setor público, a PSM é um bom exemplo dessa motivação. A PSM é um constructo baseado em quatro dimensões: inclinação para o serviço público, comprometimento com o interesse público, solidariedade e altruísmo (Perry; Wise, 1990),[3] e essa motivação é a base da vocação para o trabalho no setor público, o trabalho para a sociedade, para o bem comum. A gestão, um dos pilares apontados pelos servidores, é o instrumento que viabiliza as condições para um ambiente propício à PSM. As falas dos servidores enfatizam a importância da escuta, da participação e da inclusão no ambiente de trabalho. Essas são características de uma gestão do tipo participativa, que promove e valoriza a autonomia do indivíduo e o desenvolvimento do seu potencial para contribuir com o trabalho. Ressalte-se, aqui, a importância da capacitação e mudança de cultura para a implementação de gestão participativa.

---

3. Perry, James Lee; Wise, Lois Recascino. "The Motivational Bases of Public Service". *Public Administration Review*, v. 50, pp. 367-373, 1990.

As condições favoráveis para promover a PSM são importantes não somente para a construção de uma força de trabalho vocacionada para trabalhar para a sociedade, mas também porque há uma chance maior de que servidores com alta PSM, frequentes no setor público, quando impossibilitados de concretizar sua missão, tornem-se insatisfeitos e, com frequência, adoeçam. Esse é o lado negativo da PSM (Mari van Loon; Vandenabeele; Leisink, 2015),[4] comumente identificado em organizações públicas que não fornecem condições adequadas para que o servidor realize o seu trabalho, gerando uma força de trabalho frustrada e aumentando os índices de adoecimento dos servidores.

Em relação à visão da sociedade e como são afetados, houve unanimidade de que o serviço público e os servidores ainda são vistos de forma negativa, embora a percepção seja de que a visão tem melhorado ao longo do tempo. O processo seletivo via concurso público foi citado como fator positivo para essa mudança, uma vez que há um reconhecimento da qualificação dos servidores públicos e de um processo isonômico de entrada: "Hoje sabem que se você está no serviço público, você não entrou pela janela."[5]

Os servidores entendem que nem sempre podem ser responsabilizados por uma imagem negativa, apesar de serem afetados pela opinião pública, como em casos que a sociedade tem dificuldade de separar o trabalho técnico, realizado por eles, de escândalos políticos de uma determinada gestão. No entanto,

---

4. Mari van Loon, Nina; Vandenabeele, Wouter; Leisink, Peter. "On The Bright And Dark Side Of Public Service Motivation: The Relationship Between PSM And Employee Wellbeing". *Public Money & Management*, v. 35, nº 5, pp. 349-56, 2015.

5. Fala de um dos participantes do grupo focal.

reconhecem que a postura de alguns colegas pode também contribuir para uma visão negativa da sociedade, mesmo quando exceção. Ademais, mencionaram o desafio, em alguns casos, de criar indicadores capazes de mostrar os resultados à sociedade e, finalmente, a necessidade de planejamento, gestão e boa comunicação com a sociedade, fatores esses que precisam vir de cima para baixo.

Valorização: escuta ativa, participação e boa comunicação

Durante o grupo focal, os servidores sugeriram como políticas de valorização: propostas de ações de qualidade de vida no trabalho com participação dos servidores, escuta ativa, boa política de comunicação, plano de comunicação e abertura de canais que permitam a participação dos servidores nas tomadas de decisão. A necessidade de haver escuta e participação é recorrente nas falas em diversos momentos.

Para os interessados em estudar assuntos que possam contribuir para melhorar o serviço público, seguem as principais sugestões de temas de pesquisa sugeridos pelos servidores, com base nas necessidades e nos desafios diários enfrentados por eles:

- A área de gestão de pessoas precisava ser uma área de envolvimento dos servidores.
- Uma boa política de desenvolvimento de pessoas iria resolver essas questões de valorização.
- Como tornar a área de pessoas mais estratégica?
- Engajamento. “Nós começamos a ouvir sobre isso agora.” O que estão estudando? Como aplicar?

- O que o servidor entende como valorização? "Para que a gente possa criar um programa de valorização."
- Absenteísmo e adoecimento. "Isso gera uma despesa enorme para os governos. Um professor ou policial doente, o governo precisa pagar a outro. Isso gera um gasto extra."
- Causas de adoecimento, causas de absenteísmo. "Isso nos permitiria agir com base em evidências."
- O teletrabalho.
- A questão do clima organizacional. "Precisamos de pesquisa, de base de dados."
- A questão da capacitação: ela é ou não eficaz para a melhoria dos serviços? "Tudo o que envolve gastos do governo precisa ser embasado teoricamente."
- Inovação, qual o impacto de uma inovação desenvolvida por um servidor? O Estado está se apropriando disso? Quantas vezes os estados e municípios se apropriam das inovações de servidores? De resultado de prêmios?
- Avaliação de impacto sobre capacitação.

Diante dessas sugestões, esperamos motivar pesquisadores a realizar estudos que tragam respostas para contribuir com as políticas públicas de gestão de pessoas no governo.

Gestão de pessoas no setor público: a necessidade de conciliar o olhar humano com a eficiência da gestão

ALEX CAVALCANTE ALVES

Publicado em 7 de março de 2023

Quando se fala de gestão de pessoas no setor público, uma das pautas recorrentes é a necessidade da profissionalização com vistas ao atendimento cada vez mais efetivo das necessidades da população. Investimento em capacitação, alinhamento de propósitos, monitoramento do clima organizacional, adequações de estrutura, melhorias de gestão. Todos esses são pontos importantes e que consistem em desafio adicional quando se acrescenta, no meio da implantação dessas políticas, uma inesperada pandemia de covid-19.

Momentos desafiadores como esse exigem dos gestores públicos, em especial os que são responsáveis pela vida dos demais — alta direção, gestores de pessoas, gestores de equipes —, um grau elevado de rapidez na tomada de decisão, a qual só será de qualidade se contar com quadros capacitados para enfrentar com altivez esses desafios. Se, diante de um processo de capacitação estruturado por anos, a instituição contar com esses quadros nesse momento, o que mais faltará à organização pública?

Sem dúvida um ingrediente é algo que podemos chamar de "coragem administrativa". Diversos articulistas já reiteraram quanto é mais cômodo a um gestor público ou gestora pública passar uma carreira inteira sem assumir funções gerenciais ou grandes responsabilidades, se amparando em orientações normativas que apontem quanto é difícil executar determinada medida de gestão, que se colocar à disposição para enfrentar desafios, implementar medidas inovadoras e eventualmente correr o risco de responder a algum questionamento na esfera de controle administrativo por conta disso.

Sem a predisposição dos gestores a assumir responsabilidades e desafios, dificilmente o serviço público conseguiria entregar o que a população espera, seja na gestão de pessoas, seja na gestão de uma crise como a pandemia, seja na conjugação de ambos. Isso porque, de fato, diante da cultura de foco excessivo no controle *a priori* e no viés punitivo a agentes públicos — apesar dos preceitos da Reforma do Aparelho do Estado da década de 1990, que previam um foco no controle *a posteriori*, bem como dos inegáveis avanços em termos de segurança aos agentes públicos com a recente reforma da Lei de Introdução às Normas do Direito Brasileiro —, pode sempre parecer mais fácil dizer que implementar determinada medida de gestão é inviável, negando o seu prosseguimento, do que buscar construir uma fundamentação robusta que dê conforto à sua implementação.

Estrutura adequada e pesquisa comparativa com outros órgãos

Além disso, é necessário contar com estrutura adequada. Não é viável se esperar que um órgão público consiga, por exemplo, fazer uma migração ampla para o modelo digital, se os cidadãos que a ele se dirigirem pessoalmente não encontrarem local para se sentar ou mesmo quem os atenda. Não é possível adotar o regime híbrido de trabalho, com a força de trabalho atuando remotamente parte dos dias, se a estrutura de tecnologia do órgão não tiver condições de garantir a continuidade das comunicações, internamente ao órgão e com a população.

É necessário, também, promover *benchmarking* continuado. A crença em "ilhas de excelência" pode vir a causar o insulamento burocrático, caracterizado pelo isolamento da organização pública e de seus técnicos na crença de que executam o estado da arte das políticas públicas. Pode ser verdade em algum tema, e se for, é importante que essa instituição compartilhe o conhecimento e as tecnologias que levaram a esse patamar. E nos demais temas, certamente sempre haverá o que aprender com a experiência das demais instituições. Nesse sentido, o Relatório de Atividades 2018-2022 SRH/ANEEL[1] visa contribuir com o *benchmarking* continuado sobre gestão de pessoas no setor público e dar publicidade a um trabalho de equipe de gestão de pessoas realizado durante um período desafiador, que contemplou o da pandemia de covid-19.

Por fim, e sem dúvida o mais importante, o aspecto humano, caracterizado por uma preocupação genuína com o bem-estar de todos, tanto do público interno quanto da sociedade, destinatária dos serviços públicos e políticas públicas a cargo da instituição, sem descuidar do cumprimento da missão institucional. É possível aos gestores respaldar suas decisões de forma técnica, com amplo respeito ao ordenamento jurídico, mas também com um olhar humano no planejamento e na execução das atribuições. A sensibilidade pode, sim, caminhar lado a lado com a eficiência da gestão, sabendo que um quadro de pessoal capacitado, motivado e acolhido certamente estará mais bem preparado para os desafios que se avolumam na gestão pública.

1. Disponível em: https://gestaopublicaeficiente.com.br/wp-content/uploads/Relatorio-de-Atividades-SRH-ANEEL-2018-2022.pdf

Organizadoras

Vanessa Campagnac é graduada em Ciências Sociais pela Universidade do Estado do Rio de Janeiro (Uerj), mestra em Estudos Populacionais e Pesquisas Sociais pela Escola Nacional de Ciências Estatísticas (ENCE/IBGE) e doutora em Ciência Política pela Universidade Federal Fluminense (UFF). Tem experiência em pesquisa social há quase vinte anos, com foco em gestão pública, participação social e políticas públicas setoriais, tendo atuado como pesquisadora por mais de dez anos no Instituto de Segurança Pública (ISP-RJ). Faz parte da rede de lideranças femininas da Universidade de Columbia e atualmente é gerente de dados e comunicação da República.org. Desde 2022, atua como editora da coluna online *República em notas*.

Gabriela Lotta é professora de Administração Pública e Governo da Fundação Getulio Vargas (FGV) e vice-presidente do conselho da Republica.org. Foi professora visitante em Oxford (Blavatnik School of Government), Aalborg (Dinamarca), na Universidad del Chile e na PUC Peru. É doutora em Ciência Política pela USP, mestre e graduada em Administração Pública pela FGV. Atua como coordenadora do Núcleo de Estudos da Burocracia (NEB) e docente da Escola Nacional de Administração Pública, ENAP. Além disso, é pesquisadora do Centro de Estudos da Metrópole (CEM). Em 2021, foi nomeada uma das cem acadêmicas mais influentes do mundo na área de governo pela organização Apolitical.

Autores

Alex Cavalcante Alves é servidor público federal, integrante da carreira de analista administrativo da Agência Nacional de Energia Elétrica (ANEEL), onde é coordenador de assuntos de integridade. Foi assessor da diretoria (2012-15) e superintendente de Recursos Humanos (2018-22). É mestre em Direito, área de concentração Políticas Públicas, Estado e Desenvolvimento, pelo Centro Universitário de Brasília (UniCEUB). É professor de Direito e de Administração Pública, conselheiro do Centro de Altos Estudos do Tribunal de Contas da União (TCU) e fundador do Movimento Gestão Pública Eficiente (MGPE).

Ana Flávia Barros é professora associada da Universidade de Brasília (UnB), no Instituto de Relações Internacionais, desde 2002. É também colíder do grupo de pesquisa Sistema Internacional no Antropoceno — CLIM/CNPq e conselheira do Women Leaders for Planetary Health, Alemanha. Atua como diretora do Research Centre Brasilia, da Rede Earth System Governance e é *Senior Research Fellow* e membro da Ocean Task Force da Rede Earth System Governance, além de pesquisadora do Centro de Estudos Globais/IREL/UnB e bolsista PQ do CNPq.

Andréa Heloisa da Silva Soares é especialista em Direito Público (Unipac), em Direito Processual Civil (AVM Educacional), bacharel em Direito (UFMG) e em Administração (UFMG). É certificada em Formação de Líderes em Cibersegurança (FIA) e em Formação Profissional Gestão de Privacidade (TI Exames). Com 27 anos na área pública e 18 na área administrativa, trabalha há seis anos como superintendente de compras, contratos, logística e patrimônio. Atualmente, é gerente administrativo-financeiro da Conexis Brasil Digital.

Audo Araújo Faleiro ingressou no Instituto Rio Branco em 1996. Das funções que já desempenhou, destacam-se o trabalho por seis anos (entre 2009 e 2015) na Assessoria Internacional da Presidência da República e o cargo de ministro-conselheiro na embaixada em Paris (entre 2015 e 2019). Desde janeiro de 2023, é assessor-chefe adjunto da Assessoria Especial do Presidente da República.

Bárbara Cardozo é graduada em Administração pela Escola Brasileira de Administração Pública e de Empresas da Fundação Getulio Vargas (FGV/EBAPE). Tem experiência no terceiro setor, com trabalhos em projetos relacionados à formação e valorização de profissionais no setor público e agendas de transformação do Estado. Atualmente, atua como coordenadora de projetos da República.org e lidera iniciativas de apoio a políticas públicas realizadas pela organização e pela Parceria Vamos (aqui, em conjunto com a Fundação Lemann e o Instituto humanize), que buscam contribuir para o fortalecimento das lideranças do setor público e do terceiro setor.

Cilair Abreu é doutor em Administração Pública, atual secretário de Serviços Compartilhados do Ministério da Gestão e da Inovação em Serviços Públicos e servidor desde 2000 na carreira de Analista de Planejamento e Orçamento do Ministério do Planejamento e Orçamento.

Dolores Teixeira de Brito é doutoranda em Desenvolvimento Internacional (Estudos Globais) na Universidade de Sussex. Mestre em Administração na Escola Brasileira de Administração Pública e de Empresas (FGV/EBAPE). É formada pela Academia de Gestão da Governança Global (MGG/Academy), do Instituto Alemão de Desenvolvimento e Sustentabilidade (IDOS), e psicóloga formada pelo UniCeub. Servidora pública federal desde 2008.

Felix Lopez é técnico de planejamento e pesquisa na Diretoria de Estudos e Políticas do Estado, das Instituições e da Democracia do Instituto de Pesquisa Econômica Aplicada (Diest/Ipea); além de coordenador da plataforma Atlas do Estado Brasileiro.

Iara Alves é servidora pública federal da carreira de Especialista em Políticas Públicas e Gestão Governamental (EPPGG). É doutora em Estudos sobre Mulheres, Gênero e Feminismos pela Universidade Federal da Bahia (UFBA). Atua como diretora de Educação Executiva da Escola Nacional de Administração Pública (Enap).

Igor Novaes Lins é cientista político, doutorando em Ciência Política pela Universidade de Brasília (UnB), mestre e graduado pela mesma instituição. Tem experiência na área de pesquisa, advocacy e políticas públicas e trabalhou na iniciativa privada, no poder público e no terceiro setor. Atuou em projetos de direitos humanos, competitividade econômica, clima, segurança pública e comunicação internacional. Tem produção científica nos temas de crime organizado, relações raciais, democracia e instituições. Articulou projetos internacionais no Peru e na Colômbia com mulheres defensoras da Amazônia.

Isabela Gomes Gebrim é graduada em Administração pela Universidade de Brasília (UnB), pós-graduada em Gestão Pública pela União Pioneira de Integração Social (UPIS) e tem MBA Executivo em Economia e Gestão: Planejamento, Financiamento e Governança Pública pela Fundação Getúlio Vargas (FGV). Recebeu o prêmio Mérito Acadêmico em Administração (CRA/DF) e foi premiada no 22º Concurso de Inovação (Enap). Com mais de 15 anos de experiência nas áreas de logística, contratações públicas e centralização de compras, ministra cursos na Escola Nacional de Administração Pública (Enap) e palestras em eventos de capacitação.

Isabela Tramansoli é gestora pública formada pela Universidade de São Paulo (USP) e mestre em Planejamento Urbano e Regional pela Universidade Federal do Rio de Janeiro (UFRJ). Atua há mais de dez anos em projetos de apoio à gestão pública, com propósito de gerar transformação social e promoção de uma sociedade democrática e inclusiva.

José Celso Cardoso Jr. É doutor em Economia pela IE/Unicamp. Desde 1997 é Técnico de Planejamento e Pesquisa do Instituto de Pesquisa Econômica Aplicada (Ipea) e atualmente ocupa o cargo de secretário nacional de Gestão de Pessoas no Ministério da Gestão e da Inovação em Serviços Públicos.

Juliana Rocha Miranda é doutoranda em Administração Pública e Governo pela Fundação Getulio Vargas (FGV) e mestra pela mesma instituição. Pesquisadora júnior do Centro de Estudos da Metrópole (CEM) e do Núcleo de Estudos da Burocracia (NEB).

Maria Aparecida Chagas Ferreira é Especialista em Políticas Públicas e Gestão Governamental (EPPGG), doutora em Sociologia e mestre em Educação. Foi secretária de Planejamento e Formulação de Políticas na Secretaria de Políticas de Promoção da Igualdade Racial. Atualmente, é diretora de Provimento e Movimentação de Pessoal da Secretaria de Gestão e Desempenho de Pessoal do Ministério da Gestão e da Inovação em Serviços Públicos.

Marina Meira é professora do Colégio Pedro II. Doutora em Educação pela PUC-Rio. Membro da Rede de Estudos sobre Implementação de Políticas Públicas Educacionais (REIPPE).

Michael Cerqueira é mestrando em Administração Pública na Harvard Kennedy School, com bolsa integral pela Jorge Paulo Lemann Fellowship e pela Fundação Estudar. É graduado com bolsa de mérito em Administração Pública na Fundação Getulio Vargas (FGV). Foi diretor de Recursos Humanos da Secretaria de Agricultura e Abastecimento do estado de São Paulo, atuou como gerente-geral de Recursos Humanos e Seleções da Prefeitura de Caruaru. No Vetor Brasil, foi gerente de projetos, em 2019, e líder de Relacionamento com Governos, entre 2015 e 2017.

Rafael Leite é especialista em gestão pública. É graduado em administração pública na FGV/EAESP, com intercâmbio acadêmico na Pontifícia Universidade Católica do Chile (UC). É pesquisador associado ao *think tank* sul-africano New South Institute (NSI) e ao Instituto Millenium. Foi consultor da Fundação Lemann, líder de Relações Institucionais do Vetor Brasil, coordenador de projetos na Comunitas e consultor em Gestão Pública do Banco Interamericano de Desenvolvimento (BID). Teve experiência de trabalho no Governo do Chile (Direção Nacional de Serviço Civil) e na Prefeitura de São Paulo (Controladoria Geral do Município). Também desenvolveu projetos de pesquisa acadêmica

(Centro de Estudos em Administração Pública e Governo/GVceapg e Laboratório de Gestão e Políticas Públicas/GPPlab), recebendo premiações e participando de congressos nacionais e internacionais. Tem interesse em iniciativas de modernização e reforma do Estado.

Rafaela Seixas Fontes é segunda secretária da carreira diplomática, mestranda em direito na Universidade de Brasília (UnB) e graduada em direito pela Universidade Federal da Bahia (UFBA).

Regina Luna Santos de Souza é especialista em Políticas Públicas e Gestão Governamental pela Escola Nacional de Administração Pública (Enap), mestre em Ciência Política (UnB) e doutora em Comunicação (UnB). Atualmente, concilia a função de Especialista em Políticas Públicas e Gestão Governamental (EPPGG) com a experiência acadêmica e de pesquisa, ao coordenar os programas de pós-graduação profissional *stricto sensu* da Enap/MGI.

Renan Magalhães é doutorando em Economia pela Europa-Universität Viadrina, mestre em Políticas Públicas pela Hertie School, em Berlim, e bacharel em Políticas Públicas pela Universidade Federal do ABC (UFABC). Foi servidor público em diferentes órgãos da administração direta e indireta.

Renata Giannini é fellow do Wilson Center em Washington DC, coordenadora de projetos pelo Instituto Igarapé e consultora em participação política e liderança para a ONU Mulheres. Ela é especialista em gênero e já facilitou diversos cursos, treinamentos e capacitações sobre o assunto em organizações militares e internacionais como a Comissão Econômica para a América Latina e Caribe (CEPAL), Nações Unidas e a Organização para a Segurança e Cooperação da Europa (OCDE). No Brasil, ela foi membro do grupo de trabalho, responsável pela elaboração do primeiro e do segundo Plano Nacional de Ação do Brasil sobre a resolução 1325 das Nações Unidas. Suas principais áreas de interesse são: prevenção da violência, violência contra mulheres e meninas e a agenda sobre mulheres, paz e segurança, espaço cívico e democracia e impactos de gênero da insegurança climática.

Vanessa Dolce de Faria ingressou no Instituto Rio Branco em 1999. Entre os muitos cargos que já ocupou, destacam-se o de chefe de gabinete da Secretaria-Geral da Presidência da República entre 2013 e 2015, assessora na Assessoria Internacional da Presidência da República de 2015 a maio de 2016, e chefe da Divisão de África Austral e Lusófona do Itamaraty entre junho de 2016 e julho de 2019. Desde julho de 2019, é cônsul-geral adjunta em Barcelona.

Victoria Lacasa é mestre em Administração Pública — Desenvolvimento Político e Econômico pela Universidade de Columbia. Bacharel e mestre em Economia pela Universidade Torcuato di Tella. Trabalhou como consultora para o Banco Interamericano de Desenvolvimento (BID), como assessora na Secretaría de Comercio de la Nación na Argentina. Atuou como associada de pesquisa da organização Innovations for PovertyAction (IPA).

Virgínia Bracarense Lopes é especialista em Direito Público (PUC-MG) e em Liderança e Gestão Pública (CLP - turma 7), bacharel em Direito pela Universidade Federal de Minas Gerais (UFMG) e em Administração Pública (Fundação João Pinheiro). Com mais de 15 anos de atuação no setor público, recebeu o Prêmio Espírito Público 2019 na categoria Gente, Gestão e Finanças Públicas. É membro da Rede de Líderes MLG e do Instituto Nacional da Contratação Pública (INCP). É da carreira de Especialista em Políticas Públicas e Gestão Governamental (EPPGG) do governo federal e professora na Escola de Governo da Fundação João Pinheiro.

República.org é um instituto que se dedica a melhorar a gestão de pessoas no serviço público do Brasil. Por meio de uma filantropia apartidária, não corporativa e antirracista, o instituto vem, há sete anos, desenvolvendo e apoiando iniciativas centradas na valorização dos profissionais do setor. Nos mais de duzentos projetos em que esteve presente, contribuiu para o avanço da cultura de inovação, para o fortalecimento do espírito público e para o reconhecimento de gestores em todas as esferas de governo. Conectou e qualificou lideranças, disseminou conhecimento junto a especialistas da administração pública e lançou luz sobre pessoas que atuam com excelência para a entrega de serviços que possam refletir os anseios e a diversidade da população.

CIP-BRASIL. CATALOGAÇÃO NA PUBLICAÇÃO
SINDICATO NACIONAL DOS EDITORES DE LIVROS, RJ

R336

República em notas / organização Gabriela Lotta, Vanessa Campagnac. - 1. ed. - Rio de Janeiro : Cobogó, 2023.

424 p. ; 21 cm.

ISBN 978-65-5691-123-65

1. Administração pública - Brasil. 2. Diversidade no ambiente de trabalho - Administração pública - Brasil. 3. Burocracia - Brasil. 4. Serviço público - Brasil - Cargos e funções. I. Lotta, Gabriela. II. Campagnac, Vanessa.

23-85912 CDD: 352.60981
CDU: 35.083(81)

Meri Gleice Rodrigues de Souza - Bibliotecária - CRB-7/6439

Editora-chefe
Isabel Diegues

Coordenadora editorial
Julia Barbosa

Editor
Tiago Velasco

Gerente de produção
Melina Bial

Assistente de produção
Bento Gonzalez

Revisão final
Eduardo Carneiro

Projeto gráfico e diagramação
Mari Taboada

Capa
Daniel Trench

Cobogó República.org

2023

1ª impressão

Este livro foi composto em Calluna.
Impresso pela BMF Gráfica e Editora,
sobre papel Offset 75 g/m².